国家哲学社会科学规划项目

国家社科基金项目（19BYY104）结项成果

王湘玲 著

面向人工智能的翻译能力研究：
理论、方法与实证

AI-Empowered Translation Competence:
Theories, Methods and Tools

上海外语教育出版社

外教社 SHANGHAI FOREIGN LANGUAGE EDUCATION PRESS

图书在版编目（CIP）数据

面向人工智能的翻译能力研究：理论、方法与实证 /
王湘玲著. -- 上海：上海外语教育出版社，2025.
(国家哲学社会科学规划项目). -- ISBN 978-7-5446
-8267-1

Ⅰ. H059-39

中国国家版本馆 CIP 数据核字第 2024KZ2761 号

出版发行：**上海外语教育出版社**

（上海外国语大学内）　邮编：200083

电　　话：021-65425300（总机）

电子邮箱：bookinfo@sflep.com.cn

网　　址：http://www.sflep.com

责任编辑：梁晓莉

印　　刷：上海昌鑫龙印务有限公司

开　　本：635×965　1/16　印张 14　字数 229 千字

版　　次：2025 年 2 月第 1 版　　2025 年 2 月第 1 次印刷

书　　号：**ISBN 978-7-5446-8267-1**

定　　价：**45.00 元**

本版图书如有印装质量问题，可向本社调换
质量服务热线：4008-213-263

自序

编辑老师问我是否考虑请一位专家为这本《面向人工智能的翻译能力研究：理论、方法与实证》作序，我一直犹豫请谁。请导师的话，他一定会亲力亲为，但又感觉自己到了这个年纪还不懂事，要麻烦耄耋之年的老师为自己做事，心有愧疚，遂作罢。

前段时间我无意翻到《苏东坡传：一蓑烟雨任平生》，翻开第一页就是自序，于是想到或许也可以自己给自己写序，谈谈撰写本书的心路。

本书是我的第二本专著。第一本是我的博士论文，具体探究了如何基于建构主义的学习理论来实施项目式翻译教学，以最大效度培养学生的翻译能力。该书出版已有数年，偶尔上当当网去看一下书评，有好评称它是"实实在在做翻译教学的实证研究"，也有评论抱怨"不应该用英文写"，还有读者认为"除了实证方法论值得一看，其他可以忽视"。一看之下，不禁内心忐忑。时光荏苒，随着科技的不断发展，人工智能技术在各个领域（包括翻译行业）得到了广泛应用，为翻译行业的未来带来了新趋势和新变革，同时也给翻译人才培养带来了新挑战和新机遇。当今，高校学生已经越来越广泛地使用 AI 技术辅助翻译实践。作为翻译教师和翻译教学研究者，我一直在思考：在这个科技和人的思维迅速发展变化的时代，学生的需求是什么，我能为他们做些什么。

本书力求回答以上问题，探究面向人工智能的翻译能力研究的理论和方法。由于该领域研究目前主要的参考文献来自国际期刊，因此期待本研究能为 AI 时代国内翻译教学研究提供参考，比如术语概念、理论以及研究方法和工具的借鉴等等。我的研究成果主要来源于自创的"产学研一体化"模式。"产"是指我和团队积极服务社会，每年与各级政府部门、企业、高校合作完成多项翻译项目。我把这些翻译项目用到我的翻译技术教学课堂，以准实验方式让 MTI 学生以工作坊的形式完成；同时，我还实施"建构主义学习模式"等翻译教学实验，记录学生各项翻译能力变化数据，通过比对前后能力变化，验证该模式效果并加以修正完善。这一"产学研"三位一体模式较好地满足了社会、教学以及科研的需求，具有较好的信效度和可操作性。

随着机器翻译的更广泛使用，基于以上思路，我将在下一本专著里专门探究机器翻译人机交互和翻译认知问题，力求从使用者角度探究机器翻译对高校学生的可适用性，同时通过认知过程研究探索在人机交互中学生翻译能力的发展变化。

接下来再谈谈我自己：我是 70 后女教师，从教 32 年，本科、硕士和博士分别读了外国文学、应用语言学和翻译学三个不同方向。自 2003 年读博开始，我就思考是否要将应用语言学的理论方法与翻译学结合起来。2005 年赴英国剑桥大学做访问学者期间，我在大学图书馆喜见大量翻译教育的馆藏，遂自费购置扫描仪扫描了 28 本相关专著带回国，由此开始了 20 年翻译能力研究领域的摸索。2008 年我博士毕业，博士论文名称为《基于建构主义的中国高校翻译能力发展实证研究》。此后，我以博士论文为新起点继续研究之路，并于 2013 年首次获得国家社科基金资助项目立项。

21 世纪，认知科学作为标志性的新兴研究领域和探究人脑心智工作机制的前沿学科，已经引起全世界科学家的广泛关注。在国际学界，知名学者 Ricardo Muñoz 首次提出"翻译认知研究"（CTS，2016）这一概念。我在 2013 年开始把自己的翻译教学研究进行"认知转向"，大胆尝试探讨译者的生理和心理认知因素对翻译能力的影响。我的翻译认知研究和之前做的翻译能力研究密切相关，具体而言，我关注的是翻译能力变化中的认知过程，多采用翻译与认知科学交叉的研究工具和方法，如眼动法、键盘记录法、屏幕录制法以及有声思维法、访谈问卷法等。至此，我顺利完成了我的第一个国家社科基金资助项目，并于 2019 年和 2022 年接连获得国家社科基金资助项目立项。

本书为国家社科基金资助项目成果，主要聚焦人工智能时代翻译能力的理论探索与实证研究。人类文明在经历了农业文明、工业文明后，跨入了信息化时代。21世纪初的技术革命浪潮，又将我们引入人工智能时代。本书涉及的人工智能既指运用计算机技术来实现智能翻译的方法和手段，也指认知过程研究中使用的现代技术。翻译能力研究是应用翻译研究的重要课题之一。本书研究的翻译能力指创新能力，即传统翻译能力与人工智能时代翻译技术能力的总和。本书认为全面培养这种复合型翻译人才的创新能力应是高校翻译教育教学改革的出发点，为此提出以下三个建议：

一、人工智能时代翻译教学实践应该与时俱进，实现翻译"技术"转向，即开设系统的、针对性强的翻译技术能力培养教学实践；

二、翻译能力研究有必要实现"认知过程转向"，即不再仅从译文质量看翻译能力，还要考察译者认知心理过程中大脑"黑匣子"里发生的状况，以测量和评估翻译能力的习得；

三、作为语言服务企业新的业务增长点，机器翻译译后编辑是人机交互翻译的重要表现，也可为机器翻译的改进提供反馈，代表着职业化翻译的发展方向。

本书分为七章。第一章为绪论，提出本书的研究意义，并进一步厘清本书的三大研究方向，即翻译教学、翻译过程与机器翻译译后编辑。这三个方向相互交叉，构成本书研究选题。第二章为本书的理论基础，本书跨学科借鉴认知科学、教育学、语言学、心理学、计算机科学等理论，把与翻译教学、翻译过程和机器翻译译后编辑最紧密相关的理论方法和核心变量进行系统化梳理评介，为后续的实证研究提供理论指导。第三章探究富有特色的翻译能力实证研究方法论，主要从认知科学的工具和方法入手，提出多元互证模式是翻译能力习得认知过程的主要方式。第四章至第七章通过"交互式翻译移动学习共同体模式实证研究""建构主义的项目式翻译能力培养研究""MTI学生网络信息搜索能力实证研究"和"不同翻译方向下信息加工模式的眼动研究"等实证案例，详细展示了结合翻译能力培养的实验研究与翻译能力认知过程的实证研究，介绍了相关理论和实证研究的设计、方法与工具，汇报了数据收集和分析的情况，并探讨了结果，期望对翻译教育研究，尤其是实证研究有一定启示。

时至今日，我基于三个国社科基金资助项目发表了60余篇论文，近五年发表的论文达 25 篇。此外，我也和国际学者广泛合作，体会到了"学术无国界，天涯若比邻"的学术友谊。

虽然我的团队发文据称在本领域国际排名前三（王华树，2021），但我本人仍遇到不少质疑，其中之一就是我作为一个普通的外语老师，怎么会和人工智能、机器翻译、人机交互关联在一起。是啊，我到底能不能做呢？我也经常反躬自问。

《苏东坡传》中有如是描写："苏东坡的一生无论穷达祸福，无论顺境逆境，始终积极有为。"我一个平凡得不能再平凡的老师，当然不能与苏东坡这样的伟大人格相比，但是他的精神可以像夜明珠一样照亮我，照亮我在无数个漫长的夜晚，等两个孩子相继入睡后，独自伏案写作、修改。

始于初心，终于热爱。是为自序。

目录

绪　　论

1.1　研究背景

  翻译是一项复杂的大脑认知活动,深受多种因素的影响,因此这项活动要求译者具备一定的翻译能力(translation competence)来应对翻译过程中可能出现的情况。20 世纪 70 年代学界开始围绕翻译能力展开系统且深入的研究,自此翻译能力研究开始成为国内外翻译研究领域的一个重要课题。最初,翻译能力被认为是各种语言能力的简单相加。Wilss(1982)在《翻译科学》(*The Science of Translation*)一书中指出,译者"必须拥有源语文本分析能力和目标语文本创造能力"。他认为译者必须精通两种语言,且要很好地把两种语言能力结合起来(同上)。随后几十年间,愈来愈多的国内外学者开始致力于探讨翻译能力的定义、性质、特点、构成、发展阶段等方面。西班牙巴塞罗那自治大学 PACTE 翻译研究小组将翻译能力定义为"进行翻译所必需的知识和技能组成的内在系统。它包括理解源语文本—转换过程—重新表达目标语文本的过程,综合考虑翻译目的和目标语文本读者的特征"(2000:100)。该团队提出的翻译能力模型涵盖六项次级能力，即双语能力（bilingual competence）、语言外能力（extra-linguistic competence）、策略能力（strategic competence）、运用工具能力（instrumental competence）、翻译专业知识能力（knowledge about translation competence）和心理-生理能力（psycho-physiological competence）（PACTE, 2000, 2003, 2005）。国内学者对翻译能力的研究也作出了贡献，对翻译能力的构成、译者能力的培养等进行了积极探讨（如王华树、王少爽，2016；胡珍铭、王湘玲，2018a；杨艳霞、王湘玲，2020）。

21 世纪见证了互联网及移动通信技术的迅猛发展。在此背景下，语言翻译服务行业也发生着日新月异的变化，表现为语言服务需求空前增长，多样化和专业化趋势日益凸显，翻译技术和工具层出不穷、功能越来越完善，并出现多技术融合的趋势；翻译流程和翻译环境不断完善，系统从 C/S 发展到以 B/S 架构为主，并逐步走向云技术（王华树，2012；王华树、李莹，2021）。信息化时代背景下语言翻译服务行业的巨大变革给现代译者带来了前所未有的机遇和挑战，对译者翻译能力也提出了新要求，由此，国内外翻译学者开始围绕"信息化时代的翻译能力"展开广泛深入的研究。王华树和王少爽（2016）指出，信息化时代的译者不但要拥有传统的翻译能力，还应具备娴熟的翻译技术能力，包括计算机基本技能、信息检索能力、CAT 工具应用能力、术语能力以及译后编辑能力。马艺之和易永忠（2016）结合"互联网+"时代背景下的翻译人才的现状和翻译市场的需求，提出 MTI 学生应夯实双语基础、掌握信息处理能力、提高技术应用能力以及加强职业素养能力。这些学者的研究皆表明信息化时代已经赋予翻译能力新的内涵，因此继续深化信息化时代下的新型翻译能力研究，以及研究如何根据新时代的翻译能力要求适时、合理地调整教学模式，以更好地培养符合时代要求的译者成为各大学者的关注重点，同时也是新时代翻译研究领域的重中之重（崔启亮，2019）。

本研究将聚焦信息化时代背景下翻译能力研究的三项重要内容——翻译教学、翻译过程与机器翻译译后编辑，分析其研究现状、理论基础、方法论及在此框架下的具体案例。

1.2 研究现状

本节将重点分析翻译教学、翻译过程及机器翻译译后编辑这三项内容的研究现状。

1.2.1 翻译教学

翻译教学旨在培养和提升译者的翻译能力,这一目标奠定了翻译教学在翻译能力研究当中的重要地位。20世纪90年代,整个欧洲乃至全世界掀起了译者培训的狂潮,无数公办和私营教育机构迅速壮大(Caminade & Pym, 1998)。随着众多高校纷纷开设翻译职业课程,翻译教学研究也受到愈来愈多国际学者的重视。我国于2006年和2007年分别开设了第一个翻译本科和翻译硕士专业学位,这极大地促进了国内翻译学科以及翻译教学研究的发展。本节将基于Web of Science及CNKI数据,分析自2000年以来国内外翻译教学的研究现状。

通过分析 *Babel* 等13本国际期刊(被SSCI或A&HCI收录)上2000年至2017年期间有关翻译教学研究的论文数据,我们发现:21世纪以来,国际翻译教学研究数量呈总体上升趋势,研究方法也日益增多。总体而言,国际翻译教学研究主要包含以下研究主题:翻译教学模式(Kelly, 2014)、翻译能力(Beeby et al., 2000; PACTE, 2005; Robert et al., 2017; Tomozeiu et al., 2018)、翻译测试评估(Wang et al., 2015; Huertas Barros & Vine, 2018)、语料库与翻译教学(Bale, 2013)、现代技术与翻译教学(Flanagan & Christensen, 2014; Lee, 2014; Mellinger, 2017; Yang et al., 2021)、译者培养(Kelly, 2014; Wang & Wang, 2021;王湘玲、王婷婷,2019;穆雷,2020)等。此外,在这10多年中,这些研究主题并无明显的发展轨迹。

通过分析《中国翻译》等14本期刊(被CSSCI收录)上2000年至2017年期间有关翻译教学研究的论文数据,我们发现:21世纪以来,国内翻译教学研究数量同样呈总体上升趋势。但就研究主题而言,相较于国际翻译教学研究主题,国内翻译教学研究主题的发展轨迹比较明确。2000年至2002年期间,国内翻译教学研究处于萌芽时期,发展缓慢且研究成果较少。在此期间,研究主题多为课堂教学改革、翻译理论与实践,注重博士生的翻译能力培养。冯庆华(2002)在《翻译教学体系的探索》一文指出,学习翻译的一条主要途径是翻译实践,高校翻译教学需丰富教师讲课形式,增加学生学习翻译的途径并扩宽翻译练习的路子,从而完善翻译教学体系。

2003 年至 2011 年,国内翻译教学研究开始进入快速发展阶段,研究成果日益增多,研究主题也变得愈加多样化、愈加细致,包括翻译能力、翻译测试评估、国(境)外翻译教学介绍、翻译教学师资发展等(吴耀武,2020)。苗菊(2007)指出,因为翻译教学的最终目标是提高译者的翻译能力,培养翻译人才,所以研究翻译教学应该建立在研究译者翻译能力的基础之上。由此,其着重分析了翻译能力的构成,而后指出翻译能力研究可作为依据和参照来制定教学大纲,设计教学内容,创新课程设置,改革教学方法,强化质量评估(同上)。王树槐(2009)在《西方翻译教学研究：特点、范式与启示》一文中描述了西方翻译教学研究的特点,并总结其中三大范式,最后指出西方翻译教学理论对我们的启示在于,国内的研究应该具备前瞻性与后顾性、和谐性、折衷性、跨学科性、二阶段模式性及实证性等特征。鲍川运(2009)指出翻译教学成功的关键是翻译师资培训,应设立专门针对本科的翻译师资培训证书课程,并提出该课程设计中的两个重要理念,即建立以过程为基础的翻译教学规范和建立操作性较强的翻译教学规范,使翻译教师对翻译的认知过程、翻译技能及训练方法有正确的认识和掌握。

2012 年至今,国内翻译教学研究进入平稳发展阶段,研究成果数量开始趋于平缓,但随着科学技术的迅速发展,研究主题有了创新性突破。这个时期的研究主题主要是现代技术与翻译教学、语料库与翻译教学等,研究者们开始运用信息时代新工具,例如 APP 与云计算学习平台等研发创新型教学模式。《基于社交 APP 的翻译移动学习共同体模式构建与实验研究》一文基于"共同体"理论,整合社交 APP 的功能,构建由学习者、教师、社会助学者组成的翻译移动学习共同体模式(王湘玲、王律、尹慧,2017)。《云计算学习平台下 MTI 翻译工作坊教学模式研究》一文提出了云计算学习平台下 MTI 翻译工作坊教学模式,并对河北某高校 MTI 学生进行了一个学期的教学实验,结果显示受试的翻译能力有了明显的提高(董洪学、张坤媛,2016)。王克非、秦洪武(2015)于《论平行语料库在翻译教学中的应用》一文中指出,平行语料库的有些研究发现,如有关词性分布、句段长度和结构容量等,可以直接应用于教学过程,可以提升翻译学习效率和效果,有助于改善译文评估方式。再进一步,平行语料库数据运用得当,还有助于创建高质量的自主学习和发现式翻译教学环境。

通过分析 2000 年至 2022 年的研究成果可发现:就研究数量而言,国内外翻译教学研究数量自 2000 年以来都呈上升趋势;就研究主题而言,国内外翻译教学研究主题相似性很大,国内外较热门的翻译教学研究主题主要包括翻译教学模式、翻译能力、翻译测试评估、语料库与翻译教学、现代技术与翻译教学,但国内研究主题出现的时间与国际研究主题相比较为滞后。由此可见,翻译能力研究的确是国内外翻译教学研究领域的一大重点,但国内外还鲜有学者在翻译能力模型的基础上,构建以教学为导向的信息化时代背景下的翻译能力模型,并将其运用于教学实践当中。

1.2.2 翻译过程

翻译过程是翻译能力研究的一项重要内容,翻译过程研究可以反映译者翻译能力的发展和变化,因此本小节将重点探讨有关翻译过程的国内外研究。苏联翻译理论家 Barkhudarov 在《语言与翻译》一书中提出,人们使用的“翻译”一词具有两层含义:一是指特定过程的结果,即译文本身;二是指翻译过程本身,即翻译这一动词表示的行为(巴尔胡达罗夫,1985)。对于翻译过程一说,许钧(2003)认为“过程”一词是指翻译的动态意义,有广义和狭义之分。狭义的翻译过程一般理解为译者对具体文本的转换活动,具体而言,就是译者将既定的文本从一门语言翻译成另一门语言的过程。广义的翻译过程则不仅包含狭义的语言转换过程,还包括文本的选择、文本的生成以及文本的生命历程等过程。

目前国内外的学者对于翻译过程的研究,根据方法论,可划分为两种:思辨研究和实证研究(郑冰寒,2012)。对于翻译过程的思辨研究又可细分为总结经验描述翻译过程和借助理论论述翻译过程两大类。第一类翻译过程思辨研究主要通过总结经验和直观体会描述总结翻译过程。语文学派对于翻译过程的认识即源于个人实践经验的总结,但其往往是从狭义的翻译过程来论述,其中最普遍的认识就是将翻译过程划分为理解和表达两个阶段(同上)。美国翻译学家 Herbert 指出,翻译的心理过程由两部分组成,即首先要以正确的方法理解全文,而后如实地反映原文的思想和风格(谭载喜,2004)。第二类翻译过程思辨研究主要以语言学理论、符号学理论、心理学理论、阐释学理论等作为翻译研究的基础。Nida 与 Taber（1974）基于语言学理论，提出翻译过程的具体步骤包括：分析（从语法和语义两方面分析原文信息）、传译（将经过分析的信息在大脑中从源语转为译语）、重组（将传递过来的信息重组为符合要求的译语）以及检验（对比原文意义与译语意义是否对等）。近年来，受到西方学界的影响，中国学者也开始探讨翻译过程。Herbert 与 Nida 的翻译过程模式都着眼于狭义的翻译过程，而许钧（2003）在构建其翻译过程论时，以思辨思维分析了广义的翻译过程，其翻译过程论包括翻译过程的实际体验与总结、翻译过程的理论探索、阐释的空间与限度、翻译的历史性以及文本生命的扩展与延伸五个部分。

　　由于缺乏研究手段，翻译过程的实证研究始终发展缓慢。20 世纪 80 年代中期，研究者将心理学领域的"有声思维法"（thinking‐aloud protocols，简称 TAPs）引入翻译过程研究，由此翻译过程实证研究在 90 年代快速发展。在 20 世纪末期，研究者运用有声思维法获取研究数据，考察翻译单位、翻译策略、译者的自我形象、翻译态度等变量。Kiraly（1995）以九名初学译者和九名职业译者为受试，进行英德互译的有声思维法实验，分析翻译单位、翻译策略、自动化过程以及译者自我形象等变量，而后运用实证研究结果论证翻译认知过程假设，最后提出研究成果对翻译教学的启示。进入 21 世纪后，翻译过程实证研究进入成熟期，在方法论上，研究者们开始运用多元互证模式（triangulation）①，将有声思维法数据、键盘记录数据、问卷采访数据和译文评估数据等结合起来，从内部思维和外部行为两方面入手综合体现翻译过程。此外，这一时期的研究还显示出实证研究与思辨研究相结合的趋势（郑冰寒，2012）。Alves 等人（2003）运用关联理论，进行以能力为导向的翻译研究，以探究译者在翻译过程中解决问题以及做决策能力的特征。他们在研究中采纳多元互证模式，通过键盘记录软件和内省法（introspection）等方法获取数据。郑冰寒（2008）运用三元数据分析模式（即时有声思维法、译文评估、问卷采访、实时观察记录以及译文修改记

---

① 目前，在翻译实证研究中，triangulation 的译法有八种之多，分别为三元数据分析模式（郑冰寒、谭慧敏，2007；郑冰寒，2008）、三角验证（项霞、郑冰寒，2011）、三方验证（李德超、王巍巍，2011）、三维立体式处理（邓志辉，2011）、三元数据分析方法（李占喜，2012）、三角论证（李晨，2012）、立体法（肖开荣、文旭，2012）、多元数据验证法（王少爽，2012）。考虑到术语的准确性和简明性，本书采用"多元互证模式"这一译法，这样既可以避免数字"三"可能造成的望文生义，也可以顾名思义，使读者明白 triangulation 即指多种数据、理论、方法或多位研究者的交叉验证。

录)探究译者翻译单位的选择、翻译问题的探究与决策以及翻译工具的选择与运用。随着时代发展与科技进步,现在的研究开始使用更为先进的工具,如眼动仪(eye-tracker)、脑电图(electroencephalogram,即EEG)以及功能性磁共振成像(functional magnetic resonance imaging,即fMRI)等来研究翻译过程。Lachaud(2011)运用脑电图、眼动仪以及键盘记录法,探究翻译过程的认知负荷,以期帮助译者提高翻译能力。中国学者开始翻译过程实证研究的时间晚于西方学者,且分析的变量主要是翻译策略以及翻译单位。刘立香(2006)采用有声思维法探究英语专业大三学生、外国语言学专业硕士研究生以及英语专业教师这三类受试在翻译过程中的翻译策略运用状况以及对翻译单位的选择情况,结果显示三类受试在翻译策略的运用和翻译单位的选择上差异较大。

翻译过程研究按方法论划分可分为思辨研究与实证研究(郑冰寒,2012),翻译过程思辨研究历史悠久,而实证研究虽于20世纪80年代才日趋成熟,但时至今日也取得了丰硕的研究成果。中国学者开始翻译过程研究的时间晚于西方学者,且研究多集中在宏观方面。从上述研究现状可见,国内外对翻译过程的实证研究多采纳多元互证模式,运用内省法、键盘记录法、眼动仪等研究方法和工具,研究分析翻译单位、翻译策略、自动化过程以及译者自我形象等变量。虽也有学者通过研究翻译工具使用能力来探究译者的翻译能力,但他们还是以纸质词典和电子词典为考察重点,鲜有研究涉及信息化背景下的新型翻译能力,如网络搜索能力等。

1.2.3 机器翻译译后编辑

机器翻译译后编辑是一种人机交互的翻译过程。译后编辑是指根据一定的目的对机器翻译的原始产出进行加工与修改的过程,包括更改翻译(语言)错误、提高机器翻译产出的准确性与可读性等(冯全功、崔启亮,2016)。机器翻译译后编辑的发展有效地提高了翻译活动的效率,而这一人机互动也向译者提出了新的要求——译后编辑能力。目前,国际上针对该领域的研究多为实证研究,近年来已收获丰硕成果。

机器翻译译后编辑实证研究数量自2000年以来呈上升趋势,研究内容与研究方法也日益增多。根据研究目的,机器翻译译后编辑的实证研究可分为四类。

第一类研究的关注点在于译后编辑过程及产品评估。译后编辑过程及产品评估是指对译后编辑的速度、质量、认知负荷等方面进行评测,通常采用与传统人工翻译或翻译记忆进行实证对比的模式(如王湘玲、贾艳芳,2018)。Guerberof(2009)对比了译后编辑、80%至90%匹配区间的翻译记忆以及人工翻译三种模式在翻译速度和质量上的差异,指出译后编辑明显比翻译记忆及人工翻译更快,译后编辑的错误数量远低于翻译记忆,且在准确性、误译以及语言方面有明显优势。在对译者认知心理过程的探究中,认知负荷评测成为焦点。Sekino(2015)以关联理论为研究视角,发现译后编辑需要同时进行概念编码和过程编码,所耗认知负荷较人工翻译反而更高。

第二类研究的关注点在于探究译后编辑效率的影响因素。译后编辑效率的影响因素主要包括原文特征与机译质量等。Tatsumi 与 Roturier(2010)证实过长或过短的句子都不利于译后编辑,因为过长的句子分析起来更有难度,而过短的句子所提供的语境有限。因此,不完整的句子以及复合句译后编辑需要更长的时间来处理。O'Brien(2011)根据 GTM 得分,将源语及其对应的机器翻译句子质量分为低分组、中间组和高分组,三组得分与其译后编辑所需负荷大小正好相反,即低分组需要高负荷而高分组需要低负荷,且高分段的句子均比中等及低分段句子翻译耗时短且认知负荷低。

第三类研究的关注点在于研发译后编辑工具。现阶段译后编辑常依附机辅翻译工具完成,但此类工具专为翻译记忆开发,许多功能对于译后编辑工作来说并不理想,因此愈来愈多的学者致力于研发适用于译后编辑过程的专业工具。Penkale 与 Way(2012)介绍了一个自助式在线机器翻译平台 SmartMATE,用户可以根据已有数据对平台功能进行个性化设置,从而进行译后编辑。作者通过一个大型游戏公司使用该平台的案例,分析并展示了其应用优势。Roturier 等人(2013)描述了一款专为社区用户开发的在线译后编辑平台 ACCEPT,该软件不但可以灵活满足译后编辑的不同需求,还可以实时记录用户的译后编辑过程并生成活动报告,便于随时查看、分析译后编辑过程。

第四类研究的关注点在于培养译后编辑人才。人机交互是译后编辑的最主要表征,作为此项任务的承担者,译后编辑者的作用至关重要。因此,此类研究主要关注译后编辑者的相关情况,包括其态度、能力及培养方式等(Aranberri et al., 2014; Wang & Wang, 2021)。现阶段,译后编辑培训主要通过公司内部及在职培训实现。高校作为译者培养重地,很少把译后编辑纳入常规翻译课程的设置。近年来,部分学者通过自身译后编辑课堂实践,积极探索最佳译后编辑教学方案。Koponen(2016)介绍了其在赫尔辛基大学为期一学期的译后编辑教学实践及评估课程,该课程包括机器翻译系统对比、译前编辑、单语译后编辑、译后编辑质量水平和机器翻译质量评估等几大模块。实践表明,一学期的课程时间较为有限,很难对每个模块展开深入讲解与剖析。

国内译后编辑研究起步较晚,研究成果较少,且多为与机器翻译译后编辑相关的综述研究。冯全功与崔启亮(2016)在《译后编辑研究:焦点透析与发展趋势》一文中分析译后编辑的主要研究对象,进而分析其在翻译界的研究现状;此外,两位学者还结合语言服务行业的发展与高校翻译教育的转型,总结出译后编辑研究的若干发展趋势。近年来,随着学术交流的增多与技术的发展,国内学者也开始进行译后编辑实证研究,主要关注译后编辑错误分析、译后编辑工具的研发、译后编辑人才培养等(Jia et al.,2019a, 2019b; Wang & Wang, 2020)。国内学者积极开发译后编辑工具。黄河燕与陈肇雄(2004)提出了一种基于多策略的交互式智能辅助平台设计方案,这一方案有机融合多种翻译策略,为译者提供高效的译后编辑修改环境,实现了译后编辑的智能性,提高了译后编辑的效率和质量。同时,国内研究者根据我国教育情况,积极探讨译后编辑人才的培养途径。冯全功与张慧玉(2015)从译后编辑的行业需求、译后编辑能力、译后编辑课程设置、译后编辑教学及工具选择等方面探讨了译后编辑人才的培养途径,呼吁在高校单独开设译后编辑课程,或把译后编辑模板融入计算机辅助翻译课程中。

作为一个跨学科新兴研究领域,译后编辑研究涉及翻译学、语言学、认知心理学、计算机语言学、统计学等多个领域。进入新世纪以后,国际机器翻译译后编辑研究内容、研究方法丰富,角度新颖,成果丰硕,而国内该领域研究仍处于探索性阶段,研究成果较少,尚集中在引进国外研究成果和结合国内研究语境尝试性提出选题阶段,仍需进一步使用实证研究方法深入探究。

1.3 研究意义

本研究聚焦信息化时代背景下翻译能力研究的三项重要内容,即翻译教学(最终目标是培养译者的翻译能力)、翻译过程(观察并测试翻译能力的提高、发展与变化）以及机器翻译译后编辑（信息化时代下的新型翻译能力），分析其研究现状、理论基础、方法论以及在此框架下的具体案例，具有以下几方面的意义。

1.3.1 社会意义

2013 年 9 月和 10 月，中国国家主席习近平分别提出建设"丝绸之路经济带"和"21 世纪海上丝绸之路"的合作倡议，简称"一带一路"。"一带一路"的合作重点是"五通"，即政策沟通、设施联通、贸易畅通、资金融通以及民心相通。在这五个合作重点的指导之下，中国秉持着开放的合作精神，积极发展与沿线国家的伙伴关系，经济贸易、文化交流往来密切，交通基础设施建设与旅游开发等活动也得以积极开展。政治、经济与文化交流活动都离不开翻译活动，"一带一路"倡议带来的海量翻译需求给中国语言服务行业带来了前所未有的机遇和挑战。在此背景下，如何提高译者翻译能力，从而提高翻译的效率和质量，发挥翻译联通中外、沟通世界的重要作用，成为研究者关注的重点。与此同时，技术的发展已经彻底改变了译者的工作方式，传统的人工翻译已无法满足海量翻译要求，而机器翻译译后编辑等新型翻译模式已经登上历史舞台。由此，培养译者新型翻译能力，如译后编辑能力，变得至关重要。本研究关注信息化时代背景下的新型翻译能力，旨在促进新型翻译专业人才的培养，给翻译行业注入新鲜血液，从而更好地满足社会翻译需求，最终有利于服务"一带一路"倡议下的政治经济交流与文化传播（刘宏伟、王湘玲，2020）。

1.3.2 经济价值

中国翻译协会发布的《2016 中国语言服务行业发展报告》显示，2015 年中国语言服务行业创造的产值约为 2 922 亿元，在 2011 年 1 576 亿元产值的基础上增加了 79%，年均增长近 19.7%。语言服务业作为新兴服务业的组成部分，已经具有相当规模，亟须大量翻译人才。然而，现实情况却不容乐观。对学生译员和潜在雇主的试点调查表明：在我国，毕业生抱怨大学几年的课程没有教会他们职场迫切需要的知识和技能，雇主也抱怨合格译者很难找到。此外,21世纪的翻译市场已发生了很大的变化,翻译种类和方式日益繁多,翻译方式除了传统人工翻译外,还增加了计算机辅助翻译,甚至出现了如SDLTrados、雪人CAT等翻译工具。面对这种变化,研究信息化背景下的新型翻译能力就显得尤为重要且急迫。本研究将以此为重点,探究新型翻译能力的构成,以及如何培养译者的翻译能力,以提高译者的翻译水平,使其更加符合市场要求,从而推动翻译市场更快、更好地发展。

1.3.3 学科发展

"翻译研究"的鼻祖Homles(1972)把翻译研究分为两个分支:理论翻译研究和应用翻译研究。翻译能力研究应属于应用翻译研究。尽管人们普遍认为翻译教育教学的最高目标是培养学生的翻译能力,然而,翻译能力究竟是什么、如何培养以及如何评价翻译能力、如何把翻译能力的培养融入翻译课程等等,这些问题还需要更多关注。本研究将聚焦信息化时代背景下的翻译能力,从理论入手,结合实证研究方法论,辅以具体案例加以分析,借助跨学科理论构建人才培养模式,探究如何培养信息化时代市场需要的翻译人才创新能力,对翻译教育教学研究具有重要的理论意义,同时对于应用翻译这一研究领域将是一种富有价值的贡献。

1.3.4 人才培养

我国于2006年设立了翻译本科专业(BTI)学位,于2007年设立了翻译硕士专业(MTI)学位,极大地促进了国内翻译学科以及翻译教学研究的发展。近年来,翻译市场发生了巨大的变化,但翻译教学却没有应时而变,多个研究发现,高校翻译人才的培养与社会需求之间存在严重脱节。文军与李红霞(2010)通过对11所高校翻译专业本科课程设置的调查,发现高校缺少培养学生IT能力、工具书使用能力、职业素养、策略能力以及自我评估能力等方面的课程,而这些能力都是翻译职业的必备素养,这些课程的缺乏将直接影响学生顺利进入翻译市场。王晨爽与文军(2016)对MTI翻译技术课程教学现状进行了调查,发现在参与调查的43所学校中,未开设翻译技术课程的学校有11所,占25%,且开设此类课程的高校所安排的课程时间普遍较短,无法满足内容浩繁的翻译技术教学需求。因此，高校翻译教学应密切关注翻译市场的变化，适时调整翻译专业本科生、翻译硕士以及翻译学博士的培养模式与教学方案，以培养更符合市场需求的译者（肖维青、钱家俊，2021；胡珍铭、王湘玲，2018b；王湘玲、杨艳霞，2019；王湘玲、沙璐，2021）。本研究顺应时代发展与翻译市场的变化，聚焦信息时代背景下的翻译能力，研究探寻适应市场需求的译者培养模式，从而有效地提高学生的翻译能力，解决目前翻译教学与市场需求严重脱节的问题，既培养个性化发展的创新型翻译人才，亦对构建本土化的翻译教育体系、推动外语师资建设有所贡献，同时还有助于实现教育资源、市场资源和翻译人力资源的优化配置，创造良好的经济效益和社会效益。

第二章

理论基础

　　翻译教学、翻译过程和机器翻译译后编辑研究作为翻译能力研究的三项重要内容,都已取得了丰硕的成果。诚然,如何提高译者的翻译能力一直是高校翻译教学与研究的重点。信息化时代背景下的翻译能力研究呈现出了新的特点,语言翻译服务行业的巨大变革也对翻译能力研究提出了新的要求。因此有必要对"翻译能力"定义的演变和发展、翻译能力模型以及翻译能力培养进行深入探究。本章作为理论基础将重点论述翻译能力、翻译能力模型与翻译能力培养。

2.1　翻译能力

　　尽管不同学者对翻译能力有着不同的理解,有关翻译能力的培养模式也各不相同,但学界、业界都普遍认同翻译教学与译者培训的最高目标是培养学生的翻译能力。

　　从 20 世纪 70 年代开始,学者们对"翻译能力"这一概念至少有以下三种理解:(1)翻译能力是一种用于语言分析(linguistic analysis)的双语模式；（2）翻译能力需考虑市场需求等因素，受历史和社会影响很大；（3）翻译能力是一种多成分能力(multicomponent competence)，包括语言技能、文化知识、科技知识以及职业技能等。此外，学者们普遍倾向于扩展翻译能力多成分概念与模型，从而丰富译者技能，提高译者翻译熟练度(Pym, 2003; Hu, Zheng & Wang, 2021)。

20 世纪 80 年代始，学者采用各种不同的术语，试图解决这一基于语言行为的翻译能力的矛盾。1982 年，Wilss(1996: 185)使用"翻译过程知识"(knowledge of translation processes)这一术语，1989 年又改用"技能"(skills)；1992 年之后，其不再使用"能力"(competence)一词，而换用了一个更具教学意义的词语，即"熟练度"(proficiency)。Shreve(1997)指出，翻译能力是专业化的交际能力，需要在不断建构的翻译实践中培养。① 此外，关于语言学本质的观点变化更大，研究者们越来越关注语篇分析、文本语言学、语用学、心理语言学和社会语言学，所有这些研究都把"能力"(competence)摆在了一个与"行为/表现"(performance)并排的位置(Pym, 2003: 482)。Schäffner 和 Adab(2012: X)明确提出翻译能力可包含任何其他术语。他们建议将"能力"(competence)一词作为"对各种语言行为能力的概括性术语和概念，因为各种行为能力很难定义"。

2.1.1 定义演变

翻译活动非常复杂，涉及译者本身与外部环境等多重因素，因此学者们对翻译能力的定义及其构成提出了不同的见解。本节将概述 20 世纪 70 年代以来翻译能力定义的演变和发展。

20 世纪 70 年代末 80 年代初，学者们认为翻译能力是两种语言能力的相加，最早对翻译能力的研究也是由"1+1"这个想法开始的。Wilss 在《翻

---

① Chomsky 最初提出"语言能力"这一概念时，并没有考虑将其运用到教学领域，特别是翻译教学领域，而只是将其作为语言学系统理论中的一部分。语言能力是单语本族语成年人的抽象语言知识，区别于语言的运用和感知。Hymes(1971)提出了语言能力（比如语言运用）理论，从而发展了教学理论。这个理论试图探索人类进行语言表达的模式和规则。Hymes 称之为"交际能力"。Shreve(1997)认为翻译能力是交际能力的专门化，需要从不断构建的翻译实践中获得。Koller[1979: 185，转引自 Pym(2003: 481)]也认为翻译能力和语言能力并不相同，就好比口语和书面语是不相同的，事实上翻译能力应该更倾向于 Chomsky 语言的运用与表达。换言之，翻译能力注重的是语言的实际使用。Koller 就是如此将翻译研究和对比语言学分开的，从而获得了研究空间。

译科学》一书中同样持此观点。他认为译者"必须拥有源语文本分析能力和目标语文本产出生成能力"（Wilss, 2001: 118）。Harris 也表达了此观点，其最开始把翻译能力比作双语儿童在进行"自然翻译"（natural translation）的过程中培养起来的一种能力（Harris, 1977; Harris & Sherwood, 1978）。与此类似，Koller（1979: 40, 转引自 Pym, 2003: 482）将翻译能力描述为"将两种语言的语言能力结合起来的能力"。

20 世纪 80 年代后期至 90 年代，学者们不再认为翻译能力是任何能力的相加，并开始相信翻译能力本身就是一种能力。Shreve（1997）提出，翻译能力是需要在不断建构的翻译实践中培养的交际能力。Wilss（2001）提出翻译能力是"语言学习的综合概念"，是一种"语际超能力"，它以译者有关源语与目标语的知识为基础，又凌驾于各种语言成分之上，是一种更高层次的跨语言综合能力。但此概念相当模糊，其之后在语义最小主义理论中得到了进一步发展。Toury（1995: 246, 250）曾和 Harris 就"自然翻译"的本质进行论辩，他假设了一种特定的"转换能力"，这种能力并不是简单的两种语言能力的叠加，而需要特定的社会化模式。但是，就"转换能力"这个概念的本质，Krings（1985）提出了翻译问题的类型学，第一类是源语文本的理解问题，第二类是目标语处理技能问题，第三类是跨语言问题；第三类问题当时也被称为"翻译能力"问题，或"接受—产出"问题。同样，Koller 就翻译能力再次表明立场，其强调翻译能力"不仅仅是一种语言能力，更是一种创造能力，包括寻找、选择最恰当的相应目标语以及进行目标语文本创作的技能"（转引自 Pym, 2003: 482）。另外，翻译能力的各成分十分多元化，这可能导致其属于翻译能力的特征被隐藏，在翻译能力多成分定义中也有类似的观点。翻译的某一特性可能有多种术语表达方式，但目前就这一观点还没有达成共识。Schäffner 和 Adab（2000: X）明确认同翻译能力可以包含其他术语，他们建议将"能力"这个词看成是"对整体语言行为能力的概括性术语与累积性概念，因为语言行为似乎很难界定"。

此后，学者们逐渐认识到对于"翻译能力"的传统理解缺乏科学性，因而"翻译能力由多种成分组成"这一观点开始成为翻译研究学界探讨的主流趋势。其实，该观点由来已久，其灵感主要来源于语言学中二语习得和语言运用水平研究。Bell（2001）认为翻译能力由多个部分构成，包括目标语知识、文本类型知识、源语知识、相关主题（现实世界）知识、对比知识，以及解码与编码知识，可以概括为"交际能力"（包括语法，社会语言学和语篇学）。"几乎所有语言学讨论的问题都被囊括了进来。"（Pym, 2003: 482）

Nord 是功能主义以及目的论的代表人物,他认为翻译能力包括元能力、文本产出能力、文本分析能力和文本对比能力(Nord,1991)。其中,文本元能力包含以下内容：作为一项有目的的、以文化为背景的活动的文本产出；作为具有特定目的,特定读者的交流工具的文本；文本分析方法；文本接受与文本产出过程中文化知识和世界知识的重要性；信息检索的策略与技巧；文本产出的实际条件；术语基本知识等。元能力培养旨在提高学生对自身文化中交际行为特征的敏感性,并为他们提供必要的理论和方法论工具(同上)。文本产出能力包括"为达到特定交际目的而使用修辞方法的能力,重写或改述文本以适应不同观众、目的、媒体、场合等的能力,概括文本、写作摘要或将图形及表格或图解性文字转换成文本的能力,将口头信息转换成书面文本的能力,以及修改文本缺陷的能力(质量管理)等等。"(Nord, 2001: 72)文本分析能力是指对基于特定的交际目的而产出的源语文本所在的语言文化进行分析的能力,它可以决定"(a)翻译任务是否可行,(b)哪些源语文本单位与功能翻译相关,(c)使用哪种翻译策略才能使译文符合翻译纲要的要求"(同上: 62)。文本对比能力包括"两种语言文化中文本习惯及其他交际习惯的文化特点进行分析的能力,识别各种类型文本(特别是实用性文本,如商务交流、计算机手册、产品文件、合同、商务和市场报告、专利、形象宣传册等)中受文化制约的功能性标志的能力,比较平行文本、分析和对比已有译文和源语文本、评价和修改译文的能力等"(同上: 71)。

Campbell(1991)提出翻译能力由两个基本部分构成,即译者性格和翻译熟练程度。译者性格是指译者对翻译任务的态度以及心理素质。翻译熟练程度是指一定的双语技能。这是第一次将除双语能力以外的因素即心理因素增加到翻译能力的内涵中。

Beeby(2000)认为翻译能力包含三部分：转换能力、语言对比能力和语言外能力。在其提出的翻译能力模型中,Beeby 提及了翻译职业子能力,并将其解释为"翻译过程意识(源语文本的实际目的)"和"翻译多语境意识(源语文本作者、读者、目的、译者、翻译目的、目标语文本读者等)"。尽管她强调了语言能力、策略能力和翻译能力三者之间的关系,但却没有突出强调职业能力。

翻译能力研究领域的另一位代表学者是 Davies,她将翻译能力分为六个部分：语言工作、百科知识、转换能力、资源获取能力、计算机技能和职业能力。其中,职业能力是指"译者关于权利、合同、薪酬的意识,熟悉各种编辑流程,进行翻译实践,学会与客户打交道"(Davies,2004:67-81)。

Neubert(2012)认为翻译能力是一种复合型能力,包括语言能力、文本能力、百科知识能力、文化能力和转换能力五大子能力。此外,他还进一步概括了翻译能力的七大特点,即复杂性、异质性、渐近性、开放性、创造性、情境性和历史性(同上)。

Göpferich(2013)构建了翻译能力模型(详见2.2、1.2),"重点关注了与特定职业翻译能力相关的部分,包括翻译习惯激活能力、工具及研究能力、策略能力"(同上:65),认为这些子能力是区别高度职业化的译者和从未受过翻译培训的人之间的决定性因素。其中,工具及研究能力主要指在特定翻译规范指导下,使用电子工具的能力。

中国学者也对翻译能力研究作出了贡献。Wu(2005)总结了翻译能力的组成成分,主要包括以下五个方面:

(1)语言熟练水平:双语交际能力、写作能力、语言能力、文本产出能力和文本分析能力;

(2)相关主题知识:语言外知识、主题知识;

(3)文化背景知识:洞察力、转换能力、文化能力、元能力;

(4)翻译职业的相关能力:工具处理能力、团队合作能力、工具能力、商业敏锐力、编辑能力;

(5)心理特征:意识和敏感性、心理-生理能力、常识、审美能力、创造力、好奇心、直觉等。

由于科技进步,信息技术成果不断应用于翻译领域,国内学者对于作为翻译能力构成要素之一的工具能力日渐关注,相关探讨也呈现上升趋势。虽然各位学者使用的术语不尽相同,如工具能力(王树槐、王若维,2008)、IT能力(文军、李红霞,2010)、文献能力和技术能力(王少爽,2011)、翻译技术能力(王华树、张静,2015;王华树、王少爽,2016;刘宇波、张威,2021,2023)等,但这足以显示出翻译工具与技术能力的重要地位。

在信息化时代,学者们建议重新构建符合时代特点与需求的译者能力体系,并将信息素养作为其重要成分(王华树、王少爽,2016;邓军涛、许勉君、赵田园,2021)。通过借鉴信息素养与翻译能力研究成果,王少爽(2017)进一步尝试构建了译者信息素养(information literacy for translators)模型,主要包括译者信息意识、译者信息能力和译者信息规范三部分,其中译者信息能力为核心要素。

从最初把翻译能力看作各项语言能力的简单相加，到把翻译能力看成一种独立存在的能力，再到提出翻译能力的多成分模型，学界对翻译能力的定义不断演化。此外，随着有关职业能力的提出，越来越多的子能力被纳入翻译能力中，翻译能力的内涵不断得到扩充（王湘玲、汤伟、王志敏，2008：103）。

2.1.2 翻译能力的情景认知特征

翻译作为一个认知过程，不仅仅是大脑对信息的加工处理，还包括身体、大脑和环境在特定情境下的互动过程。根据 Robbins 与 Aydede（2009：3）的观点，认知活动具有具境性（embeddedness）、具身性（embodiment）和延伸性（extension）这三大特征。首先，具境性强调个体与环境的互动，认为个体的认知活动与外部环境密不可分。外部环境总是在潜移默化地影响和塑造着个体的认知活动，但这种个体与环境的互动往往是无意识的。其次，具身性意指认知活动是身心共同作用的结果，即强调生理和心理的互动与反应。身体在认知活动中有着关键作用，身体状态、面部表情、肢体动作和情绪等都可以传递一定信息（Barsalou et al., 2003）。具身性不仅关注译者个体的思维活动，还关注其身体状况在翻译过程中的作用。最后，延伸性强调翻译不局限于译者的单个认知主体，还包括非人主体，比如翻译工具和翻译技术等。简而言之，翻译作为一项认知活动兼具具境性、具身性和延伸性三大特征，而翻译能力作为完成翻译活动的必备素质同样具有上述三种情景认知特征。

翻译能力具有具境性。翻译是一项复杂的社会活动。翻译过程不仅包括译者在翻译中的思维活动，也涵盖译者从接手翻译任务到提交最终产品之间的一切活动。译者的工作并非与世隔绝，而是一个与周围环境互动反应的过程，涉及来自雇主、出版商、赞助商、客户等多方面的需求和反馈，包括产品需求、修改建议和质量评价等等。翻译能力的具境性特征意味着其必须包含职业化能力，具体来说，包括以下几个方面：首先，译者对市场需求要有敏锐的嗅觉。在翻译技术的冲击下，翻译市场竞争日趋激烈，懂得如何获得一手翻译资源是成为一名合格职业译员的关键之一。其次，译者需要懂得如何处理与翻译活动参与者之间的关系，如何满足雇主、出版商和客户等各方的要求并与其进行协商，以及在满足对方需求的同时，又不使自身落入过于被动的地位,实现双赢局面。此外,译者需要有职业道德意识,遵守翻译服务标准和翻译职业准则,注重自我评估和质量监控,保证按时按量完成翻译任务。

翻译能力具有具身性。作为具有主观感受的个体,译者的情绪体验必然会在一定程度上影响翻译活动,包括翻译过程和产出。译员是能思考、体验和感同身受的鲜活个体,会对外界压力与任务相关的其他情绪有所反应(Tryuk, 2015: 25)。翻译能力的具身性特征要求译者具备心理-生理能力。具体来说,该能力包括身体忍耐力和心理承受力两部分。一方面,译者需要保持良好的身体状态,这是首要前提;另一方面,面对雇主与客户的要求、严格的交期规定以及各种在翻译过程中可能遇到的棘手问题,译者需要能够沉着冷静应对,保持积极的态度理性处理。

翻译能力具有延伸性。日新月异的信息技术,特别是先进的电子媒介和翻译工具,为翻译行业带来的前所未有的机遇与挑战,也赋予了翻译能力新的内涵。从广义上来讲,翻译任务的执行者不再局限于译者这一单个认知主体,还包括翻译技术、翻译工具等非人体参与者。Latour(1996)在20世纪80年代提出行为者网络理论(actor network theory),认为行为者不仅包括个人,同时也包括非人主体,如社会生活中广为使用的工具,它们共同构建了一个社会技术网络。目前,翻译记忆软件、基于数据库和深度学习的机器翻译、协作式翻译项目管理体系已被广泛运用于翻译实践(Pym, 2011),这也使得翻译能力的延伸性日益显著。翻译能力的延伸性使得信息技术能力成为译者的必备素养。具体来看,信息技术能力主要包括信息搜索能力、翻译资源管理能力和有效使用各类电子工具的能力等。一名灵活掌握了信息技术能力的译者能够使翻译活动事半功倍。例如,翻译记忆工具的运用能够降低译者在大批量翻译任务中的认知负荷(Martín, 2014),减少译者的重复劳动,并提高术语翻译的一致性。但与此同时,翻译过程中也会出现新的子任务,因为译者的加工对象除源语文本和目标语文本外,还包括系统自动生成的参考译文,译者需要判断系统提供译文的准确性,并予以恰当的修订。

正如 Kiraly(2014: 12)所言:"当今的译员不能只做语言隐士,置身于灰尘厚积的书海之中。他们处在社会和职业活动的复杂网络之中,不再将信息从一种语言转向另外一种语言的语言侍从,而是专业的文本解释者和传播者。"随着信息技术的发展,翻译能力逐渐被赋予新的内涵与特征。如上文所言,翻译能力具有情景认知特征,即具境性、具身性和延伸性。这些特征对新时代背景下的译者提出了更高的要求，职业能力、心理-生理能力以及信息技术能力均已成为译者的必备素养。

2.2 翻译能力模型

在新时代背景之下，翻译的重要性日益凸显。翻译人才的培养归根结底就是翻译能力的培养。因此，分析翻译能力构成及其相关模型将有助于翻译教学水平和教学质量的提升。

翻译能力研究最早出现在西方。由于研究视角和侧重点的不同，学者们提出的翻译能力模型也呈现出不同的建构。有的学者从理论视角出发，通过文献梳理及归纳总结翻译能力模型。有的学者从翻译教学与实证研究角度着手，以实际需求及问题为导向搭建翻译能力模型。

众多学者从不同的视角出发，提出了不同的翻译能力发展模型。主流观点认为翻译能力包含多项次级能力，因此以多成分模型为主。本章节主要介绍国际主流的多成分翻译能力要素模型。

2.2.1 国外翻译能力模型

2.2.1.1 PACTE 翻译能力模型

来自西班牙巴塞罗那自治大学的 PACTE(Process in the Acquisition of Translation Competence and Evaluation)，全称为"翻译能力习得过程和评估专项研究小组"，主要从事翻译能力及能力习得研究。小组成员均为职业译者或研究方向为翻译教学的专家及学者。

在 PACTE 研究翻译能力模型(translation competence model)之前，国外学者对于翻译能力的研究以观察法为主，即通过研究译者的翻译行为而得出"多成分模型"(componential models)。大部分学者认为，翻译能力由多种不同能力组成，包括转换能力、常识或翻译知识、运用工具的能力等。但是这些研究都忽略了问题解决层面的能力建构以及译者本身的心理及生理特质。因此,PACTE 在前人研究基础上进行突破,提出了翻译能力多成分模型。

首先,PACTE 将翻译能力界定为"翻译所需的知识和技能的潜在系统",肯定了翻译能力是译者的专业知识系统,不仅包含双语能力,还包含其他能力。PACTE 认为,翻译能力特征包括四方面:(1) 翻译能力是一种专家知识,与双语能力有本质上的区别;(2) 该知识由陈述性知识和程序性知识两部分组成;(3) 翻译能力由一系列相互联系的子能力组成;(4) 策略子能力最为重要。

2000 年,PACTE 提出了早期翻译能力模型(如图 2-1 所示)。该模型由双语交际能力(communicative competence in the two languages)、语言外能力(extra-linguistic competence)、转换能力(transference competence)、心理-生理能力(psycho-physiological competence)、职业工具能力(professional instrumental competence)和策略能力(strategic competence)等六种成分能力构成。在该模型中,转换能力是核心,指的是将源语文本转换成目标语文本的能力。策略能力与转换能力相辅相成,因为文本转换与译者决策息息相关。因此,策略能力在翻译能力构成中也具有举足轻重的作用。策略能力是指解决翻译过程中出现的问题并提高翻译效率的能力,是一种程序

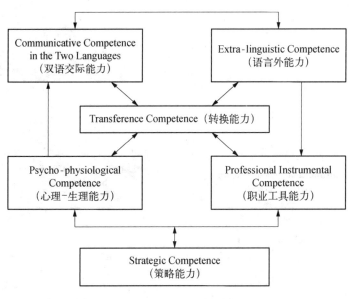

图 2-1 PACTE(2000)早期翻译能力模型

性知识。但各成分能力并不是独立存在的，而是相互联系并不断动态建构的关系。一方面，译者不断接受新知识，原有知识体系不断得到补充和扩展，另一方面，译者的翻译能力也日益成熟，翻译能力建构呈现动态性特点（苗菊，2007）。

随后，受实证研究的影响，PACTE 在 2005 年对早期提出的模型进行了修正（如图 2-2 所示）。通过翻译教学实验，PACTE 发现职业译者和精通双语翻译教师有着本质差别。因此，他们认为策略能力才是翻译能力模型的核心。经过修正的翻译能力模式包括五种子能力以及心理-生理要素：（1）双语子能力（bilingual subcompetence）主要指用两种语言进行交流时所必须知识，包括双语篇章、语法及词汇等。（2）语言外子能力（extra-linguistic subcompetence）主要是关于常识和专业学科的陈述性知识，包括双语或多语间的文化知识、百科知识等。（3）翻译知识子能力（knowledge about translation subcompetence）主要是关于翻译理论、翻译技能等方面的陈述性知识，例如了解翻译过程如何进行（如翻译单位、翻译过程、翻译方法和程序以及问题类型等）、翻译的职业性问题（如翻译市场、翻译述要类型、读者等），以及翻译协会、税收等方面的知识（全亚辉，2010）。（4）工具子能力（instrumental subcompetence）主要是指使用文献

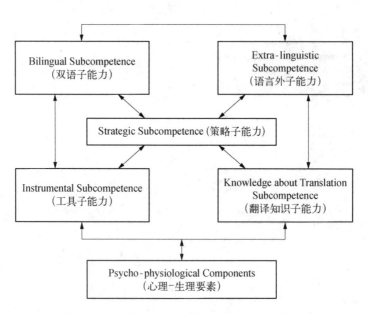

图 2-2　PACTE(2005)修正后的翻译能力模型

资料及翻译过程中的其他技术的能力,如词典、百科全书、语法书、平行文本、电子语料库和搜索引擎等。(5)策略子能力(strategic subcompetence)是整个翻译能力模型的核心,主要用于筹划翻译步骤,选择最适当的方法完成整个翻译任务,评估翻译过程及与最终目的相关的部分成果,激发各种不同的子能力,发现翻译中的问题并提供最终解决方案。除了上述五种子能力,该模型还着重分析了译者心理-生理要素。它包括各种不同的认知、态度以及心理活动机制。认知要素包括记忆力、感知、注意力和情感;态度要素包括好奇心、毅力、批判能力、自信评估自身能力的能力,及创造性、逻辑推理、分析与综合能力等(肖维青,2012;肖维青、钱家骏,2021)。

与2000年提出的翻译能力模型相比,PACTE的修正模型中将策略能力置于翻译能力模型的核心位置。其原因在于,首先,译者的翻译能力是一种长期的、经由系统训练后的综合能力,具有动态性和决策性,其本质是多种子能力之间的相互协调与作用,最终完成翻译任务。其次,译者的翻译行为并非简单的文本转换,而是在程序性与陈述性知识的指导下,依据特定环境要求寻求问题解决方法。翻译过程其实是一种问题解决的过程。除此之外,PACTE的修正模型还将早期模型中的"职业工具能力"细分为工具能力和翻译知识能力两个子能力。PACTE(2017)指出,工具能力在职业翻译中愈发重要。使用不同检索资源、检索工具及不同检索方式是职业译者的重要特征。尤其是在译文理解与修改阶段,译者对外部资源与信息检索的依赖性最为突出。因此,该修正模型不仅符合翻译市场化和职业化趋势,而且将翻译工具的熟练程度及使用技巧,如计算机辅助工具、网络资源检索工具等现代化翻译手段纳入译者的必备素养之中。

实现效率和质量兼备的人机结合翻译模式是现代语言服务行业的创新趋势之一。如今翻译市场正以技术为驱动,利用互联网、人工智能及大数据技术共同协作,实现规范化发展。翻译技术如今已被纳入应用翻译研究的学科范畴(Quah, 2006; Munday, 2012;王华树等,2013;方梦之,2014;王华树,2021;王华树、李莹,2021)。虽然如今的翻译教学仍以培养译者的策略能力、双语能力及翻译知识能力为主,但是翻译技术课程也在不断涌出,译者的工具能力受到了越来越多学者的重视。目前,在信息化时代背景之下,职业译者多借助技术工具,通过搜索信息类外部资源,分析、评价和使用所需信息,整合内外部信息与知识,为翻译决策提供支撑,进而促进译者的批判性思维和其他能力的协同发展。因此,在翻译教学中,教师应当重点关注学生建立和表达信息需求的能力,着重培养其获取信息、评价信息并在此基础上进行创新和管理的能力,培养复合型、实用型的职业翻译人才及语言服务人才(胡安江,2021)。

2.2.1.2 Göpferich 认知翻译能力模型

来自德国吉森大学的 Göpferich 从翻译认知过程的角度出发研究翻译能力,并提出了翻译能力六维度模型。

2009 年,Göpferich 构建了认知翻译能力模型(如图 2-3 所示)。该模型包括五种翻译子能力,它们分别是:(1)专业领域能力(domain competence),其中涵盖了对原文的理解力和构成目标语文本所须的专业性知识,译者需要了解自身缺陷与不足,并及时利用资源提升自我。(2)心理运动能力(psychomotor competence),即指在翻译过程中译者所发生的心理活动及其变化。(3)翻译习惯激活能力(translation routine activation competence),该能力是指激活译者翻译过程中所涉及的策略与转换、运用的能力,如对知识的回忆与运用等。(4)工具及研究能力(tools and research competence),即指译者对翻译工具的应用,包括传统工具、现代工具或网络资源等。(5)至少两种语言的交际能力(communicative competence in at least two languages),该能力要求译者应当熟练掌握至少

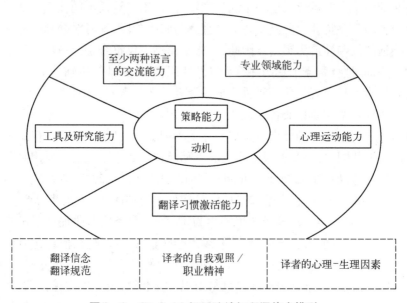

图 2-3 Göpferich(2009)认知翻译能力模型

两种语言的词法、句法和相关语用知识(陈吉荣,2013)。这些翻译子能力的使用主要依赖三个因素：(1)翻译信念与翻译规范(translation norms and translation assignment)；(2)译者的自我观照或职业精神(translator's self concept/professional ethos)；(3)译者的心理-生理因素(psycho-physical disposition)。

与其他翻译能力模型研究不同的是,Göpferich 采用纵向研究范式建构翻译模型,即以同一受试为调查对象,以历时的方法调查其翻译能力的发展变化。Göpferich 的翻译能力模型以他设计的 TransComp 研究项目为依托,是基于过程开展的历时研究。该项目耗时三年,考察了12名翻译专业学生的翻译能力发展过程,采用了多种数据收集方法,如有声思维法、键盘记录法、屏幕录制法、内省调查以及问卷调查等(同上)。Göpferich 认为,翻译能力习得离不开翻译子能力的发展,因此,综合能力的提高也将推动个人能力的进步。

2.2.1.3 欧盟翻译职业能力模型

为了适应翻译市场的变化,翻译职业化是翻译能力培养及翻译教学的重要方向。从2004年开始,欧盟委员会决定开展"欧盟笔译硕士项目"(European Master's in Translation,简称 EMT),旨在促进对于高水平译者的教育和培训,为欧盟乃至全球输送更多高素质、高水平的翻译人才(贺显斌,2009)。该项目招生对象包括大学应届毕业生和翻译从业人员,侧重培养学生的翻译技能。参与者须持有学士学位,精通母语并熟练掌握另外两门欧盟官方语言,并通过入学考试(同上:46)。依托该项目,EMT 专家组于2009年发布了翻译职业能力模型,该模型从职业层面对翻译能力进行了新的描绘和研究。

欧盟翻译职业能力模型囊括六个方面的能力,其中包括：(1)翻译服务能力,该能力体现在人际交往和产出两个方面。从人际交往来说,译者应当肩负起社会责任,迎合市场需求,了解客户及潜在客户需求并与客户进行商议,明白客户、大众以及其他利益相关者的要求及目的,遵守翻译服务标准和翻译职业准则,注意自我评估和意见反馈。在产出方面,译者应当提供符合客户需求和市场要求的翻译服务,拥有职业分辨能力、评估能力和选择最佳翻译策略的能力。除此之外,译者还应当熟悉对译文的校对与修订,建立并监督翻译质量保障标准。(2)语言能力,即译者应当掌握源语与目标语的语言知识,熟练运用双语。(3)跨文化能力,即译者应当准确把握特定语言的文化语境,通过特定文化语境,提升翻译的准确性。(4)信息搜索能力,在明确客户需求之后,译者应当有效运用工具和其他搜索引擎(包括术语软件、语料库、电子词典等),对所需文本要求和信息进行处理,保证信息检索的效率和质量。(5)特定领域专业能力,译者应当拥有某一特定领域的知识,培养自身独立分析能力和批判性思维。(6)技术能力,即译者需快速有效运用并且整合软件技术以助于文本研究、术语查询、原文翻译、译文整合(比如文本处理、译文拼写和语法核查、翻译记忆、术语库、有声识别软件),创立并管理数据库和文件,熟练运用新型辅助工具(尤其是多媒体视听翻译辅助工具),运用不同格式和技术媒体辅助翻译,认清机器翻译的可能性和局限性(何田田、张振虹,2015)。

2.2.2 国内翻译能力模型

2.2.2.1 苗菊的翻译能力构成模型

苗菊(2007:48)对翻译能力的构成进行详细的分析,将之分为三方面:认知能力、语言能力和交际能力。其中认知能力对译者最为重要。苗菊认为翻译是一个复杂的认知过程,译者需要应对来自认知机制的挑战。她指出认知能力包含一系列因素,如直觉、分析能力、想象力、思维模式以及创新能力等。

语言能力即指对两种语言不同程度的掌握。苗菊认为语言转换是翻译过程最显著的特征。为了实现由源语到目标语的成功转换,译者在转换过程中应该运用一些技巧。语言能力包括语法、句法、词汇以及语用知识等。

表 2 - 1　翻译能力构成模型(苗菊,2007:48)

翻译能力	构　成　成　分
认知能力	直觉,概念,推断,分析,类比,逻辑推理,预测,联想,想象,区分,比较,思维模式,记忆,渗入,修正,信息加工,创造
语言能力	语法/句法/词汇造诣,语义结构,语用关联,综合合成,语际间调节,转换机制,表达,选择,修辞,风格,主题,文化意识

翻译能力	构 成 成 分
交际能力	技能知识:从实践经验中得到的知识,包括技巧,方法,策略及其应用,如对句式、准确的所指意义、恰当的语境的把握,明确做什么和如何做,使译文形式恰当、表达准确,符合译入背景
	主题内容知识包括:对交际对象、交际者、社会文化背景、交际目的、译文产生的功能的把握
	涉及接受能力、创造能力和应变能力

  苗菊的研究是建立在国内外研究基础之上的,她提出的翻译能力构成模型是对不同翻译能力观点的总结。但是,她没有用足够的实证研究来证明这一假设,所以这个研究还有待改进,而且她对翻译能力的定义也需要一些调整。

2.2.2.2 王湘玲的以市场为导向的翻译能力模型

  王湘玲、汤伟、王志敏(2008)根据时代与市场变化,从狭义角度讨论职业能力,即译者在社会和道德限制下从事翻译活动时,其行为与职业标准相匹配的能力。在已有研究(PACTE, 2000)和翻译市场调查以及职业译者行为国际准则调查的基础上,他们主要研究两方面内容,即劳动市场状况(价格、翻译摘要等)和译者职业行为(道德、交际技能等)。总之,此处的职业能力从狭义上归纳为反思的意识、信息技术能力、工作态度和行为、交际技能以及证书(见图 2-4)

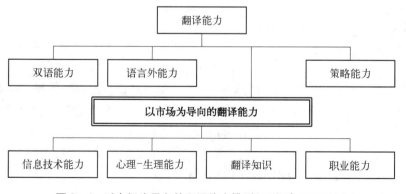

图 2-4　以市场为导向的翻译能力模型(王湘玲,2012:97)

图 2 - 4 展示了各次级翻译能力的关系并详细罗列了以市场为向导的翻译能力构成。文中的实证研究考查了上述的次级职业能力和其他三个次级能力，即信息技术能力、心理-生理能力和翻译知识。但是，鉴于所有的次级翻译能力在任何翻译中都是相互作用的，即一个能力的提高会导致其他能力的提高，所以本文的实验认为，尽管其他的次级能力，如策略能力、双语能力、语言外能力没有包括在实证研究中，这些能力仍然可以在实验中得到提高。

以市场为导向的翻译能力由四个次级能力组成。(1) 信息技术能力：主要包括有效管理文本材料，例如各种类型的参考书、字典、术语词汇、平行文本等；有效使用电子工具，如电脑辅助工具、翻译记忆软件、电子词典、电脑辅助编辑程序等；网络信息管理能力，即了解如何使用翻译资源、掌握资源出处、令网络资源使用效率最大化以及检索网络信息的能力。(2) 心理-生理能力：包括身体忍耐力和对心理压力的承受力两部分，即拥有良好的身体状况，能够接收不同难度和压力的工作，自信、冷静地面对工作重压。(3) 翻译知识(质量管理技能)：译者能够将源语文本准确、完整地转换为目标语文本，遵守目标语表达习惯并向客户递交规范编辑文本，寻求和评价客户反馈信息，保证客户满意。(4) 职业能力：主要包括职业道德、工作态度和行为、人际交往能力、培训、证书等。

2.3 翻译能力培养

2.3.1 翻译能力培养研究

翻译能力培养是翻译教学及翻译培训的根本目的(苗菊，2007；杨志红、王克非，2010；傅敬民，2015)，这已成为翻译人才培养的共识。国内外的研究学者对于翻译能力的培养主要持以下两种观点：部分学者认为翻译能力是与生俱来的，不能通过后天培养而习得(Nida, 1964; Harris & Sherwood, 1978; Shreve, 1997；杨武能，1987)；另一部分学者的观点则与上述观点相反，认为"翻译能力是分阶段逐步培养而成的"(祝朝伟，2015: 63)，因而可以后天习得(王树槐、王若维，2008; Chesterman, 2012; Presas, 2012；刘和平，

2011，2020)。虽然两种观点的争论尚未停止，翻译能力是"与生俱来"还是"后天习得"尚无定论，但是近年来更多学者倾向于后者，且国内外翻译人才培养的成功经验以及翻译教育和翻译产业的发展都在一定程度上印证了"后天习得"的观点。因此，如何培养译者，特别是学生译者的翻译能力？其翻译能力何时可以得到培养？翻译能力培养要经历哪些阶段？这些问题是翻译能力培养研究的核心，同时也是翻译研究所要解决的关键问题。

PACTE(2003)提出翻译能力的发展是一个由新手知识到专家知识、由翻译前能力到翻译能力的动态螺旋式过程，在这一过程中，翻译策略子能力与其他翻译子能力不断融合，陈述性知识和程序性知识进行重组，从而促使翻译能力的形成与发展。

Presas(2012)认为翻译能力的发展是一个逐步推进的过程，要经历四个不同的阶段。首先，在联想译者(associate translator)阶段，译者只能将源语与目标语直接机械对应；其次，在从属译者(subordinate translator)阶段，译者先将源语与目标语建立起联系，再进一步理解目标语的语篇形象；再次，在复合译者(compound translator)阶段的译者能够通过源语联想到源语的内容库，再进一步借助内容库去寻找与目标语对应的信息；最后，处于协同译者(coordinate translator)阶段的译者通过源语联想到源语内容库，然后将其对应到目标语的内容库，并找到相应的目标语词项。

Chesterman明确表示"翻译首先是一种技能，跟其他技能一样是可以习得的。译者一旦掌握这一技能，即可成为专家译者"(Chesterman, 2012:77)。从技能发展视角出发，他提出要达到专家译者的水平，学习者要经历五个阶段，分别为初学者阶段(novice)、高级学习者阶段(advanced beginner)、能力培养阶段(the competence-developing stage)、熟练阶段(proficiency)和专家译者阶段(expertise)。在这一发展过程中，译者关注语境的意识逐渐加强，翻译行为与翻译决策逐渐趋于理性，随着翻译经验的不断积累，译者的行为和决策最终完全由直觉支配，达到"译随心愿"的状态。

王树槐与王若维(2008)认为翻译能力是"语言—语篇—语用"能力、文化能力、策略能力、工具能力、思维能力、人格统协能力等构成的综合模式，并进一步从六个维度探讨了该模式的发展阶段，即翻译技能发展维度、翻译策略发展维度、翻译思想发展维度、翻译创造性发展维度、文化能力发展维度和翻译人格发展维度，其中每一个维度的发展过程都包括不同的发展阶段。

刘和平（2011）根据各项翻译子能力习得的先后顺序以及它们的内在逻辑关系，构建了职业翻译能力模型，并进一步根据技能培训的特点，将翻译能力培养划分为两个阶段：前一阶段以语言能力培养为核心，关注基本语言知识的掌握情况，以及利用已有语言知识及百科知识进行跨语言交际的能力；后一阶段则以技能训练为核心，重点关注译者对职业技能的掌握情况。

总体来看，翻译能力可以经由后天努力而习得，而对它的培养则是一个动态的而非静态的过程。从翻译新手的初始态到专家译者的目标态的变化过程中，翻译能力的发展要经历不同的阶段。

2.3.2 翻译教学模式

翻译能力的培养过程包含不同的阶段，而且每一阶段的侧重点都各不相同。相应地，作为翻译能力培养主阵地之一，翻译教学应当适应翻译能力的发展规律和特点，在不同阶段采取不同的教学方法。众多国内外翻译研究学者都对翻译教学这一关键环节进行了广泛而深入的探讨，从不同角度出发，提出了多种翻译教学模式，"从宏观上把握教学活动整体及各要素之间内部关系和功能"（刘和平，2013：50）以期助力翻译人才培养。

Chau（1984）描述了三种翻译教学模式，即（1）语法模式：强调句法和词汇的转换；（2）文化模式：将语言看作文化的载体，而翻译则是各个国家及其文化交流的媒介；（3）阐释模式：强调对源语文本的理解与阐释。

Wilss 以翻译教学结果为出发点，提出五步翻译教学模式：分析源语；对翻译困难进行描述、分类和解释；借助若干过渡阶段和补偿策略，清除翻译困难；评估语用和风格是否对等并进行修改；回译（Wilss, 1983, 2001）。这一教学模式强调学生对于源语及目标语的把握，体现了以结果为导向的教学模式的主要特征，即关注学生的语言能力或文化能力等方面的变化。

翻译工作坊这一翻译教学模式起源于北美，它关注翻译过程，强调学生的自主性、创造性和探索性，并强调师生之间、生生之间的多向互动。Mackenzie（1998）提出了"质量导向的合作翻译教学法"，从其教学活动的组织形式来看，可以将它归入工作坊教学。这一教学模式主要包括小组活动和基于真实翻译项目的团队翻译这两个部分。在翻译教学过程中,学生分工合作,教师不再是绝对权威的象征,而是小组的一部分,协助学生完成翻译任务(转引自王树槐,2013),体现了建构主义的思想。

Nord 在功能主义翻译理论的指导下,进一步提出功能主义的教学模式。根据 Nord(1994:65-66),这一模式强调以下方面:(1)文本的使用情境决定其语言特征;(2)通过对比分析目标语的情境和源语的功能,可以预测可能的翻译困难;(3)功能主义的翻译策略遵循自上而下的方式,由翻译困难入手,确定顺应源语规范还是目标语规范,最后根据语境确定文本类型和风格;(4)功能主义教学模式适用于文学翻译和非文学翻译;(5)功能主义重视真实的翻译任务。

Albir(2007)在 Lasnier(2000)的基础上,进一步阐释了基于翻译能力的翻译教学,并提出基于任务的翻译教学模式。首先,Albir 将翻译任务定义为"翻译课堂的工作单位,翻译实践的典型代表,它具有特定的目标、结构和顺序,能够在形式上引导学生学会翻译"(Albir, 1999:56),由此可见,翻译任务是确定教学单位和课程设计的基础。其次,根据 Albir(2007)所展示的理论框架,基于任务的翻译教学模式有以下四方面的教学目标,分别为方法论目标、对比目标、职业-工具目标和语篇目标。这一教学模式使得学生体验真实翻译世界、完成真实翻译任务成为可能,提高了学生的参与度以及课程设置的灵活度,帮助学生学会在实践中解决问题,逐渐习得策略能力。

在国内,许多学者也对翻译教学模式作出了有益的探索与研究。刘和平(2011)根据一些学校翻译教学的真实方法,结合心理学和认知心理学等领域的研究成果,提出了翻译能力"五式"教学法,具体包括(1)自省式教学:训练学员进行翻译能力自评,帮助学员尽可能做到有"自知之明"的同时,其自评结果也可以作为教学大纲设计的参考信息;(2)互动式教学:以学生为中心,鼓励学生积极参与到翻译教学中,实现教与学的有机统一;(3)模拟式教学:采用工作坊形式,让学生获得亲身体验,发现认知盲点,发挥潜能;(4)实战式教学:以学生未来的就业和市场需求为导向,将真实的翻译项目引入翻译教学课堂;(5)团队式教学:以学生之间的互动为基础,引导学生依靠团队力量合作完成翻译任务。

当代教育学家张诗亚曾提出"以感为诱"思想,受此思想的启发,王树槐(2013)提出了"惑—诱—产"的翻译教学模式。其中,"惑"的阶段,教师深入了解学生所面临的疑惑或问题,以确定最近发展区;在"诱"的阶段,教师运用多种认知或情感工具，帮助学生在小组学习中互相启发，了解自身的特点和不足之处，同时，教师在适当时机会提供"支架"（scaffolding）支持；在"产"的阶段，学生借助各种翻译工具和资源，产出译文，并及时进行反思，丰富翻译理论知识，提高翻译能力。

建构主义这一哲学思想由来已久，从 20 世纪 90 年代开始，以 Kiraly 为主要代表的西方学者已经对其在翻译教学中的应用展开了研究。在我国，王湘玲（2012）以社会建构主义为理论基础，提出项目式翻译教学模式，并借助教学实验证明这一模式对于培养以市场为导向的翻译能力的有效性。此外，任大玲（2013）也提出了项目型翻译能力培养模式，以"翻译能力和信息素养并重"为教学目标，教会学生通过高效利用现代信息工具来加工、利用翻译信息和翻译资源，从而提高翻译能力。

由于互联网对人们社会生活的渗透和影响不断加强，传统翻译教学也受到冲击，其缺陷不断暴露，难以满足当今时代翻译市场对翻译人才的真实需求。黄旦华（2017）剖析了传统翻译教学模式的不足之处，如教学内容与社会实际需求脱节、缺乏实践平台等。在此基础上，他为"互联网+"背景下的大学英语翻译教学模式提出了创新策略，包括优化大学英语课程体系、引入多媒体英语交际教学机制、开启学生自主学习模式以及开发微课资源等，顺应了时代的发展和要求。

Kiraly（1995: 1）指出"翻译培训课程的目标是培养学生译者在未来的职业工作中所需的知识和技能"。近年来，研究者们对翻译的本质和过程不断有了新的认识，翻译作为一种职业在社会中也逐渐找到了自身的位置，各种翻译教学模式也得到了不同程度的发展，计算机软件、多媒体工具、社交网络等在翻译教学中的应用越来越受到关注。此外，翻译能力培养领域在延续理论与思辨研究的同时，也越来越多地采用实证研究方式，以更加客观、科学和理性的方法剖析翻译过程，探究职业译者和非职业译者之间翻译能力的差异，以及各种翻译教学模式的实际效用。

2.3.3 翻译能力评估

翻译能力培养是翻译教学的重要目标。基于能力培养的翻译教学模式整合了教学、学习、评估等多个方面。在这一模式中，翻译能力评估在教学环节中起着至关重要的作用。翻译课程设计、教学方式以及教学目标围绕着翻译能力评估进行,只有采用全面、合理、有效的方式对翻译能力进行评估,客观地评价翻译课堂效果,才能培养市场化人才,为新时代背景下语言服务行业输送高质量的翻译人才。

翻译能力评估对象的多元性和评估类型的多样性决定了实施评估的复杂性与困难性。如何在新时代背景下根据市场需求培养翻译人才,实行科学且有效的译者能力评估,是如今亟须研究的重要课题。本章节梳理了翻译能力评估的研究方向及其相关研究内容,并从翻译质量评估角度重点阐述了基于过程与产品导向的翻译能力评估。

2.3.3.1 翻译能力评估

在翻译教学研究领域,学者们运用多维视角,选取不同工具和方式对翻译能力开展相关评估(Lasnier, 2000)。根据评估目的、评估者和参与时间的不同,能力评估可分为不同类型(如下表所示)。

表 2 - 2　翻译能力评估类型(Galán-Mañas & Albir, 2015: 2 - 4)

分类依据	评　估　方　式
评估目的	终结性评价(summative assessment)(以成绩评定为主) 诊断性评价(diagnostic assessment)(以学生个性为主) 形成性评价(formative assessment)(以学习过程为主)
评估时间	初始评估(initial assessment)(知识习得前) 过程评估(continuous assessment)(知识习得过程中) 结果评估(final assessment)(知识习得后)
评估者	自我评估(self-assessment) 同伴互评(peer assessment) 外界评估(hetero-assessment)

近年来,以翻译能力为导向的翻译教学评估以及多维度评估方式的应用正逐渐兴起(Adab, 2000; Martínez & Albir, 2001; Orozco & Albir, 2002; Kelly, 2014; Albir, 2007, 2008, 2015; Colina, 2007; Angelelli & Jacobson, 2009; Presas, 2012; Galán-Mañas & Albir, 2015; Albir & Olalla-Soler, 2016)。不少学者提出,传统的评估模式与方法难以跟踪学生翻译能力发展变化,

及时作出调整。此外，他们还强调在翻译教学与培训的过程中，还应当考虑多种评估要素，以确保评估过程的科学性与有效性（Albir, 2007, 2015: 16－17）。

翻译能力评估包括评估者、评估对象、评估手段和评估要素等多方面。就目前的翻译能力评估而言，评估者一般为教师，评估对象为翻译学习者。而评估手段和评估要素随着评估者的翻译教育理念及方法而有所不同。Kiraly（2014）提出，翻译能力的形成是一个动态的过程，呈螺旋式向上发展。因此，翻译能力的评估应当以动态的眼光，从多方面综合考量，并且需要重点参考横向与纵向的能力发展。Albir（1999）认为，翻译能力评估应当包括六个要素。（1）对知识、能力和态度的评估：通过多维评估方式，并结合各类评估工具与方法，能够更为全面地评估译者的基本能力与素养。（2）以翻译产品与翻译过程为导向开展的评估：该项评估要素不仅要求评估者估量翻译任务的优劣与质量水平，还需要评估学生的能力水平（如问题识别与策略选择等）。（3）必要的评估标准：评估标准为评估者提供了重要的参考依据和指南，并且有助于学生明确学习目标，增强学习动机，提高学习动力。为此，评估者在设计评估标准时，应当建立分级制和分阶段制，以迎合不同水平及不同阶段下译者能力的发展变化。（4）形成性评估：该环节强调对学生翻译知识掌握程度以及学习过程的阶段性评价。这一环节不仅能使评估者评估任务，而且还能提高对学生的反馈，并促进学生自我评估和同伴互评。（5）自我评估：该环节要求学生学会自我审视，并提供相应的教学反馈，以推动教与学的共同进步发展。（6）同伴互评（从多方面刺激评估）：同伴之间的相互学习是提高学习动力、刺激学生学习的重要方式。开展同伴互评能够帮助学生双向学习，培养自主学习能力与协作能力。

当前，在我国，不管是传统翻译课堂还是信息化课堂，对学生翻译能力的评价普遍重点关注个体认知方面的特质，而忽视其他非认知的特性，如学习品质、创新、团队精神等，而且能力评价方式较为单一，主要通过考试以及译文质量对译者能力进行评估。从反拨作用来看，多类评估方式不仅能够帮助学生融入评价活动，获取反馈信息，增强学习信心，产生内在学习动力，而且能够给予评价者有效反馈与反思，有利于教学过程的持续进步发展。在以教师和学生为主体的自我评价和自下而上的教学和学习评价过程中，教师和学生共同设计和参与评价活动，能够共同体验评价过程，感受评价所带来的激励和推动作用（金艳，2010）。因此，翻译能力评估应当扩大评价范围,从传统的认知领域扩展到其他非认知领域,充分展示学生个性,考虑个体差异特性,多评估手段并举,重视评估过程与评估任务的有机结合,以学生需求和具体能力为导向开展相关评估。

我们认为,衡量翻译教学的有效性,测量译者的翻译能力,最重要的是对其翻译过程以及最终翻译文本进行质量评估,即以过程和产品为导向进行翻译能力评估。面对愈发规模化与信息化的翻译行业,能力水平的高低与最终翻译质量有着直接相关性。翻译质量评估主要从其翻译过程与文本质量两方面进行,与翻译能力评估相似。因此,我们将从翻译质量评估的角度,阐释翻译能力评估的内容及方法。

目前,翻译质量研究一般从以下几方面开展:(1)依靠直觉、经验来评估译文的质量;(2)强调译文与原文实现形式与内容上的对等;(3)以读者对译文的反应为主;(4)功能主义认为翻译的目的与翻译质量直接相关,翻译的功能决定了译文质量好坏;(5)语言学模式则将语用学、话语分析、论辩理论、功能语言学、认知语言学、语料库语言学等理论与方法用于翻译质量评估(王少爽,2017)。虽然所有翻译理论都涉及翻译问题,但真正形成框架体系的理论并不多。House(1997)提出的翻译质量评估模型是较为完整且成体系的框架之一,主要从语言学的角度评判翻译质量的优劣。此外,Reiss(2000)从文本类型的角度提出的评估模型、Williams 和 Chesterman(2002)基于论辩理论的评估模型以及司显柱(2005)的功能语言学评估模型等,都从不同角度和理论视域探讨了翻译质量的评估问题。但是总体而言,翻译质量评估尚缺乏统一的理论框架(Colina, 2007)。

在信息化时代下的翻译市场中,译者翻译质量的好坏由客户判定,客户需求决定翻译产品的优劣。换句话说,翻译是一种具有目的性、重视结果的过程(Schiaffino & Zearo, 2003)。因此,本书将从翻译市场化及职业译者的角度出发,重点阐述以产品为导向的翻译能力评估、功能主义评估法以及翻译质量评估模型。

2.3.3.2　翻译能力评估方法

翻译质量的评估并没有固定的、确切的统一标准。House(1997)认为,翻译质量评估标准没有定论,翻译质量的评估应当以翻译理论为前提,不同的翻译观会产生不同的翻译质量概念,因此就有多种对翻译质量进行评估的方法。首先,在进行翻译质量评估前,评估者应明确所采用的标准和所针对的对象。如果翻译质量评估标准不统一,对象不明确,翻译活动便缺乏目标动力,最终质量评定也易引发争议。其次,由于评估者的概念体系不一,翻译质量的评估并不存在唯一的、固定的标准。因此,根据翻译市场及人才培养发展趋势,本章节重点阐述功能主义质量评估法与产品导向法。

2.3.3.2.1 功能主义质量评估方法

真实的评估能够反映知识与技能的掌握程度。由于翻译目的决定翻译标准,在功能主义中,翻译目的是主要的质量评估准绳。

Reiss(2000)提倡将源语文本的功能和类型作为质量评估的起点。但她并没有进一步设计任何客观的测量标准使之有效可行。Nord(1991,1997)进一步解释了功能主义对翻译质量评估的适用性。其观点分为三个原则:目的原则、连贯性原则和忠诚原则,其中目的原则处于主导地位。Nord 将 Reiss 提出的翻译行为详化为一种有目的的、双语的和具有交际性的行为,并提出基于目标语文本功能和目的的分析模式。首先,她主张翻译质量评估应从目标语文本和译者翻译策略两方面进行。这就要求评估者对源语文本和目标语文本进行文本分析。她进一步指出文本具有整体性,从整体出发评判其功能和效果才是翻译批评的关键标准(Nord, 1991:166)。第二,从忠诚原则的角度看,译者应保持源语文本和目标语文本的一致性,同时在翻译过程中要对源语文本作者、客户和目标语读者负责。

从功能主义趋势和质量模式结合的角度,不少学者就翻译质量评估要素提出了自身看法。Pinto 等人(2000)认为读者(客户、使用者、目标语文本接受者)是左右译者翻译过程的重要对象。不可否认,翻译质量评估是以满足个人需求和用户满意为基本准则的。他随后引用了质量管理体系,认为翻译产品必须以用户、员工、管理者以及社会的满意度为准。Mackenzie(2004)认为学生译者职业能力的培养与文本的质量密切相关。评估者首先要了解文本功能,再进行质量的评估。同时,译者重视客户反馈,并将其作为重要修改参考意见。

在我们所开展的翻译实证研究中,我们认为以功能主义为基础的评估方法重视源语文本和目标语文本之间的功能对等,符合市场化背景下职业译者的培养要求。就功能对等而言,翻译质量应该从目的(源语文本和目标语文本的特定目的)、可接受性(目标语读者是否理解)和连贯性(目标语文本各要素间是否具有逻辑关系)。就源语文本和目标语文本之间的语篇比较而言,应该对信息的完整性(文本信息的完全转换)和准确性(文本内容的准确转换,尤其是术语)进行评估。并且,译本的质量最后由客户进行整体评分。此外,作为对客户评估的一个补充,教师也应该对翻译质量评估作出整体分析,因为教师在整个翻译过程扮演组织者、观察者和辅助者的角色。在教师的翻译质量评估方法中有两个重要参考标准：译者素质与译文质量。前者包括译者的人际交往技能(与客户和其他译者间的互动)、工作态度、心理-生理状况和翻译资源管理技能。后者包括文本功能对等、翻译策略、译文的可读性、可理解性和宏观结构等。

2.3.3.2.2　以产品为导向的翻译能力评估

以产品为导向的翻译能力评估是以目标语文本为主,通过评估目标语文本的质量来间接判断译者的翻译能力及其变化。在翻译能力培养研究中,由于评估翻译文本质量具有客观性和可操作性,所以在国内外较多学者采用该种方法。

Pym(1992)通过比对正确与错误译文来讨论翻译质量,认为准确的译文和误译文之间存在明显的意义差别。除此之外,部分学者提出,只有满足客户及译文最终使用者对质量的要求的翻译产品才是合格的产品,并且职业译者的基本素养之一就是提供客户满意的翻译产品(Kiraly,2015)。

在我国,学者们从实证研究出发,对翻译产品质量进行评定。陈水平(2013)认为,为了科学评价翻译质量,应首先考虑来自客户及其译文读者等外部真实世界的评价,此外也应当考虑教师评价、小组评价和自评等内部评价。在其研究中,依照评价结果,还应通过经济上的奖惩来不断促使学生们调整自己的翻译策略、工作态度,改进翻译质量,满足客户和读者要求。在教学模式的评价中,多数学者采用定性与定量相结合的方式,选取实验组和控制组对照的方式,对翻译质量及其影响因素进行分析与评定。例如,李小撒、柯平(2013)利用译文初稿和终稿的得分差异,来判断同伴互评方式对翻译质量的影响。王湘玲、王律和尹慧(2017)通过比对实验组和控制组学生的译质量得分,引入多元评估方式及翻译专家对翻译质量进行整体评估,以此提高翻译质量评估的完整性。除此之外,我国学者在对翻译产品质量的判断上,尝试将评价标准进行量化,并且将其进一步细分,细分方式因研究问题的不同而有所差异。

管理学领域存在结果导向型评估方法,即通过员工的绩效来整体评估该员工的能力水平高低与贡献大小,通过比对最低成绩效益标准来判断员工的劳动成果。以结果为导向实施资源规划,利用逆向思维找到符合结果的方法与思路,能够帮助员工提高工作效率。该方法也可以应用到翻译质量评估层面,也就是以翻译产品质量作为评判译者能力高低的重要工具,通过翻译产品质量来判断译者的能力水平,还可以反过来帮助译者从市场和客户入手,以产品为导向评估翻译质量,从而提高翻译能力。该方法的优点之一在于译者不再纯粹埋头翻译,还要抬头看清客户需求与翻译市场,以市场和客户需求作为翻译的驱动力,在翻译过程中强调产品质量与可服务性,以提高翻译效率,保证产品最终质量。但以结果为导向的评价方式也存在一定的弊端,比如译者的主体性在翻译过程中受限,在团队合作过程中,可能产生因重视个人翻译质量而导致不良竞争等负面效应。总体而言,翻译能力评估方式不一,翻译质量评估也没有固定标准。根据翻译市场需求及变化,以学生学习轨迹及实际情况为依据,才是正确的能力评估方式。

2.3.3.3 翻译质量评估模型

根据文本类型学和系统功能语言学,House(1997)提出了修订后的翻译质量评估模式。House认为对翻译质量进行评估的关键是正确认识翻译的本质,而翻译的本质在于语言文化的转变应在意义层面,即语义(semantic)、语用(pragmatic)和语篇(textual)三方面保持一致。基于这一理念,House将翻译定义为"用语义和语用对等的译语文本对源语文本进行语境重构"。而对译文的质量评估,她则认为应看译文在语义、语用和语篇三种意义层面上是否实现功能对等。

文本功能对等是判断翻译质量优劣的一个重要标准,而功能的实现又取决于语域和语篇体裁两个方面。在实证主义的支持下,House(1997)从系统功能语法的角度,提出从语域(register)、体裁(genre)和文本功能(textual function)三个层面对原文和译文进行对比分析,评估翻译质量优劣(见图2-5)。其中语域分析采用了Halliday的语域三变量,即语场(field)、语旨(tenor)和语式(mode),并将原模式中的八个语境维度与该三种变量实现互融。语场是指文本类型以及文本社会行动与文本内容之间的联系。语旨是指说者与听者之间的关系。语式是指信息提供者(如作者)与其受众之间交流的渠道及其参与程度。在译文中,语域和语篇体裁与原文在这两个方面的相似程度越高,翻译质量越好。语域描述的是语言层面,即词汇、句法及语篇的衔接等,而体裁是对语篇的宏观结构和交际功能的深层解释。语言(文本)体现语域特征,而语域又反映出文本的体裁,最终实现文本的功能对等。

对此,在其翻译质量评估模型中,House(2014)认为翻译质量评估应当遵循三个步骤。首先,对源语文本的语域及体裁进行判断和区分,并从语篇功能出发形成源语文本的框架。其次,对译文进行语域和体裁的区分,并建立起目标语功能框架。最终,将该框架进行比对,从多方面进行分析,判断是否有所出入或有所偏离。

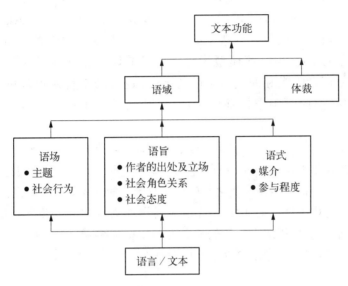

图 2-5　House(1997)翻译质量评估模型

其次,House(1997)提出两个基本的翻译类型:显性翻译和隐性翻译。该划分与 Nord(1997)对工具类翻译的划分类似。源语文本与其隐性翻译有相同的目的,分别以源语和目标语读者的需求为根据。因此,在隐性翻译中,保持目标语文本与源语文本具有相同的功能是可行且理想的。House 指出,不管是隐性翻译还是显性翻译,文本必须在特殊语境下才能实现功能对等。她具体化了翻译对等的一致性:"译文不仅应该与源语文本在功能上一致,在引入情境和维度等方面也应当具有一致性,即为了使翻译质量最优化,源语文本和目标语文本在分析中所考虑的各维度保持一致,从而在概念意义和人际意义上达到对等"(House, 1997: 69)。因此,翻译并不是译者的"个人秀",而承担着对源语作者、读者和文本的三重责任。

值得注意的是,House(2014)指出实施翻译质量评估,必须考虑以下三个问题:(1) 源语文本和其译文之间关系的本质;(2) 源语作者、译者、译文接受者对文本类型及其本质的看法;(3) 翻译与其他文本转换类型的区别及其中的联系。从这三个方面出发,对翻译质量进行整体评估与判断,将更具有客观性、全面性和科学性。

House 的翻译质量评估模型从多学科角度出发,整合了系统功能语法、语体理论、语用理论等多种理论,并在大量实证研究中愈显科学性,不仅能有效地指导翻译质量评估,而且通过与翻译能力模型进行交叉分析,可以判断译者的能力缺陷、能力优势及其未来发展趋势。虽然 House 的翻译质量评估模型在特殊文本的适用性及其对文化因素的判定上仍存在一定的不足,但是该模型将翻译质量的评估建立在目标语文本如何满足使用者需求和期望的基础之上,并通过跨学科视角多角度评估翻译质量,因此对于把控翻译质量,提升翻译市场专业化仍具有一定借鉴意义。

本节重点阐述了功能主义视域下的翻译能力评估,即以翻译产品以及客户满意度作为评价标准,并介绍了 House(1997)提出的翻译质量模型。由于全书重点在于翻译职业化和信息化背景下的译者培养,在能力评估上侧重于市场化评价方式,因此对于其他翻译能力评估方式并未涉及太多。在信息化时代,翻译能力评估的研究方向将更加多元,随着评估方式的多元化发展,翻译人才素质培养也将愈发全面。

2.4　翻译认知过程

自 1972 年 Holmes 发表《翻译学的名与实》("The Name and Nature of Translation")一文以来,翻译学作为一门独立的学科已有近 50 年的历史。在过去的二三十年间,翻译研究经历了从经验性规定研究到描述性研究的一个极大转向。越来越多的学者不再局限于基于翻译实践经验的主观臆断,而是借助实证研究较为客观地探索译者的翻译过程,以解开译者"黑匣子"之谜。

根据 Holmes(1988)提出的翻译研究理论框架,翻译过程研究隶属于描述性翻译研究。翻译过程研究的重点在于探究译者在执行翻译任务时的认知心理过程。由于译者大脑中的认知心理过程无法被直接观察,因而翻译过程研究多借助心理学和心理语言学的相关研究方法来间接观察和探究译者的翻译认知过程。经过近 40 年的发展,翻译过程研究已成为西方翻译研究的前沿性研究。

翻译过程研究不仅具有理论意义,还具有现实意义。首先,最基本的一点是,翻译过程研究能帮助我们了解译者脑中的思维过程,探索翻译的本质,因为翻译的本质很大一部分体现在译者在翻译过程中的心理认知过程上。其次,翻译过程研究能为翻译教学和译者培训提供重要指导。翻译是一个复杂的过程,它受多种内在和外在因素的共同影响而不断变化。学生译者应当娴熟地掌握基本的翻译知识和技巧,以及基本的翻译规范和模式,这样才能在真实的翻译活动中活学活用,摸索出一套适合自己的翻译过程模式。再次,翻译过程研究有助于提高翻译质量。译文是翻译过程的产出结果,随着译者对翻译过程的深入了解,其往往能更快更好地作出翻译决策,译文质量便也随之提高。最后,翻译过程研究还能运用于翻译质量评估。结果是过程的产物,译文质量是由翻译过程中译者所作出的每一个决策所决定的。因此,分析译者的翻译过程可以在一定程度上评价其翻译质量。

本节将介绍翻译认知过程研究中一些常见的概念,包括信息加工模式、翻译过程模式、认知负荷、翻译方向性和机器翻译译后编辑。

2.4.1 信息加工模式

认知心理学是 20 世纪 50 年代中期兴起的一种心理学思潮。认知心理学家认为大脑是一个信息加工系统,其关注的核心是刺激输入和反应输出之间发生的内部心理过程,即"信息加工"的过程。作为一项复杂的语言转换活动,翻译过程是一项信息加工过程,是译者经历一系列心理活动的过程。信息加工过程就是接受、编码、操作、提取和利用知识的过程(颜林海,2015)。如果将翻译分为理解和产出两个过程,那么在理解过程中,译者加工的信息既包括来自源语文本中的词汇、句子、语篇三层面的信息,也包括从长时记忆中激活提取的信息。而翻译的产出过程是译者对源语信息进行编码,并产出目标语的认知加工过程,其中需调用记忆中的目标语知识。这一产出过程同样经历了从词汇到句子再到语篇三个层次。目前,应用在翻译过程研究中的信息加工模式包括:自下而上加工与自上而下加工、平行加工与序列加工、控制加工与自动化加工。

2.4.1.1 自下而上加工与自上而下加工

自下而上加工是由外部刺激开始的加工，即先对较小的知觉单元进行分析，继而加工较大的知觉单元，通过一系列连续的加工而实现对感觉刺激的解释，这种解释需要调用过去的知觉经验。自上而下加工是指从有关知觉对象的一般知识开始的加工，即先对较大单位的知觉单元进行分析，然后再转向较小的知觉单元。这种加工方式可以形成对知觉对象的期望或假设。不论是自下而上还是自上而下，它们都是人类思维不可或缺的信息处理加工方式。自下而上加工是从具体实例到概括化、抽象化的过程，是从特殊到一般的过程。自上而下加工是根据一般规律对具体实例进行推导、解释的过程，是从一般到特殊的过程。简言之，自下而上的加工方式是一种归纳过程，而自上而下的加工方式是一种推理过程。

2.4.1.2 平行加工与序列加工

平行加工又叫"并行加工"，即同时对多个刺激进行加工。序列加工又叫"串行加工"，即每次只对一个刺激进行加工，完成后再加工下一个刺激。对于翻译过程究竟是平行加工还是序列加工这一问题，学界还未能达成共识。部分学者认为翻译是一个序列加工过程，即只有当译者完全理解源语文本之后才开始将其转换成译语文本（Seleskovitch, 1976; Gile, 2009），翻译过程中的理解阶段和产出阶段是相互独立的。与之相反，支持平行加工的学者认为译者在理解源语文本的同时便已开始对其进行转换（Mossop, 1998; Macizo & Bajo, 2004），翻译中的理解阶段和产出阶段是相伴进行的。然而，Hvelplund（2011）以及 Carl 与 Dragsted（2013）证实，翻译过程既包含平行加工也包含序列加工。换言之，翻译过程并非绝对的平行加工或序列加工，而是两者交互进行的。

2.4.1.3 控制加工与自动化加工

控制加工与自动化加工这组概念最早由 Broadbent（1957）在认知心理学领域提出，后由 kiraly（1990）引入到翻译认知研究中。目前，对于翻译过程中的控制加工和自动化加工，国内外学者已提出多种不同定义（Kiraly, 1990; Lörscher, 1991; Jääskeläinen, 1993; 王湘玲、陈罗霞, 2013），但区分两者的关键均在于信息加工过程是否以问题为导向、是否涉及翻译策略。根据心理学对控制加工与自动化加工的定义，结合翻译认知过程研究的成果,王湘玲与陈罗霞(2013)对自动化加工和控制加工的定义如下:自动化加工是指译者能快速在长时记忆中提取与源语相匹配的目标语信息、完成原文理解及目标语表达的翻译过程,该过程中译者无需消耗或只需消耗少量认知资源,是直觉式的加工;控制加工是指译者在长时记忆中搜索不到与原文相匹配的目标语信息时,通过各种翻译策略解决翻译问题的过程,该过程需要译者消耗大量的认知资源。

2.4.2 翻译过程模式

翻译过程通常被认为是由多个产出阶段构成的,译者在各个阶段中执行不同的任务(Mossop, 1998; Jakobsen, 2002)。第一个翻译过程模型由 Nida 提出,他将翻译过程划分为分析(analysis)、转换(transfer)和重组(restructuring)三个阶段。之后,Nida(1964)又在该模型的基础上将翻译过程划分为四个阶段,即(1)分析源语文本、(2)将源语文本转换成译语文本、(3)对源语文本进行重组、(4)测试译语文本的读者接受度。简言之,Nida 的翻译过程模型包括分析、转换、重组和测试四个阶段。

同样,Mossop(1998)也将翻译过程划分成三个阶段,分别是前初稿撰写阶段(pre-drafting stage),初稿撰写阶段(drafting stage)和后初稿撰写阶段(post-drafting)。Anderson(2000)将翻译过程划分为感知阶段(perceptual stage)、解析阶段(parsing stage)和运用阶段(utilization stage)。其中,感知阶段涉及视觉信息解码过程,解析阶段是译者通过分析源语文本的语义、句法和词汇来建构译语文本的过程,运用阶段即读者接受译语文本的过程。

Carl(2010)指出理论上来讲,人工译者的翻译过程往往包含三个阶段,即译前准备阶段(skimming or orientation)、起草阶段(drafting)和译后编辑阶段(post-editing)。在译前准备阶段,译者熟悉源语文本,获取其意义,发现疑难词汇,并初步构想出大概的译文。在初稿撰写阶段,译者产出译语文本。在译后编辑阶段,译者对译文初稿进行修改和润色。但实际上,译者的翻译风格各异,翻译过程并不一定都经历这三个阶段。

Jakobsen(2002)与 Carl 的观点基本一致,也认为翻译过程可以划分为准备阶段(orientation stage)、起草阶段(drafting stage)和修订阶段(end revision and monitoring stage)。根据 Jakobsen 的操作性定义,阅读阶段开始于译者开始阅读原文之时,结束于译文初稿撰写的第一次击键开始之时；初稿撰写阶段开始于阅读阶段结束之时，结束于最后一句原文翻译结束之时，以译文初稿的最后一个句号键入为标志；修订阶段开始于译文初稿的最后一个句号键入完成之时，结束于终稿形成之时。

国内学者赵冉（Zhao，2004）从微观和宏观两个层面对翻译过程中的认知元进行分析。在微观层面上，她将翻译过程中的认知元划分成了 25 种不同类型。在宏观层面上，她将翻译过程划分为四个阶段，分别是规划阶段（planning）、理解阶段（comprehension）、转换阶段（transferring）和监控阶段（monitoring）。同时，赵冉还将翻译过程划分成了三个不同层面，分别是修辞层面（rhetorical level）、概念层面（conceptual level）和语言层面（linguistic level）。

在《翻译认知心理学（修订版）》（2015）一书中，颜林海根据认知心理学及元认知理论设计了翻译认知加工系统，他将翻译过程分为前翻译阶段、翻译过程、后翻译阶段，并提出"前翻译—翻译—后翻译"三阶段翻译认知加工模式。

2.4.3 认知负荷

认知负荷理论（Cognitive Load Theory）最早由澳大利亚新南威尔士大学的认知心理学家 John Sweller 于 1988 年提出。该理论由人脑工作记忆的有限性发展而来，认为人类的认知结构由工作记忆和长时记忆组成。其中，工作记忆又称短时记忆，主要处理从感觉记忆和长时记忆中提取出来的信息，在整个信息加工系统中起着支配信息加工系统中信息流的作用。工作记忆的容量非常有限，一次只能容纳 5—9 条基本信息或信息块。在处理信息时，工作记忆一次只能处理 2—3 条信息，因为存储在各元素之间的交互也需要工作记忆空间，因此减少了同时处理的信息数量。"长时记忆"这一概念由 Ericsson 与 Kintsch 在 1995 年提出。与工作记忆不同，长时记忆的容量几乎是无限的，并且其储存的信息既可以是小的、零碎的信息，也可以是大的、复杂的信息。

认知负荷[①]指"个体在学习或任务完成中进行信息加工所耗费的认知资源总量"（孙崇勇、刘电芝，2013：194）。认知负荷只能间接测量。在翻

[①] 有学者认为 cognitive load 指客观的数据，cognitive effort 指主观的数据，有必要对这两个概念进行区分。本书所采用的"认知负荷"包含了 cognitive effort 和 cognitive load 两个概念。

译过程研究中,最常用到的测量认知负荷的方法有眼动法(eye-tracking)、键盘记录法(key-logging)和生理测量法(physiological measurement)。

具体来说,反映认知负荷的常用眼动指标有注视时长、注视次数和瞳孔直径。注视指"稳定视网膜看某一静止事物时的眼球运动"(Duchowski, 2007: 46)。平均注视时长和总注视时长是最常用的两个眼动指标。一般情况下,注视时间越长,认知加工越深,认知负荷越大(Holmqvist et al., 2011; Rayner, 1998)。注视次数指"某一任务过程中注视点的数量或落在相关兴趣区内注视点的数量"(Holmqvist et al., 2011: 412),它"能有效反映阅读材料的认知加工负荷"(闫国利等, 2013: 597)。通常来说,注视次数越多,认知负荷越大。除注视时长和注视次数以外,瞳孔直径也是考察认知负荷的一个常见指标。瞳孔直径变化幅度的大小"与进行信息加工时的心理努力程度密切联系"(闫国利、白学军, 2012: 62)。理想情况下,瞳孔直径越大,认知负荷越大。但由于瞳孔直径受较多不可控因素影响(如受试的生理心理状态),其是否能有效反映翻译过程中的认知负荷还有待考证。

除眼动数据之外,键盘记录软件记录的击键行为同样可以反映翻译过程中的认知负荷,常用于反映认知负荷的击键指标有翻译速度、停顿间隔和停顿时长。通常来说,翻译速度越慢,认知负荷越大;停顿间隔越小,认知负荷越大;停顿时长越大,认知负荷越大。其中,停顿指标除反映认知负荷以外,也可以反映翻译过程中的认知资源分配。

相较于眼动法和键盘记录法,生理测量法是一种更为直接的认知负荷测量方法。目前已运用于翻译过程研究中的生理测量法主要有脑电图和功能性磁共振成像。但应用范围却因其昂贵的设备而严重受限。

认知负荷一直是翻译过程研究中关注的焦点之一。随着研究工具的不断革新,研究者可采用多元互证模式对译者在翻译过程中的认知负荷进行测量,以使我们对翻译过程中的认知负荷及认知资源分配问题有更加清晰和全面的认识。

2.4.4 翻译方向性

翻译方向指翻译中语言转换的方向,即"译者从他们的第一语言、母语或优势语言译出,或是译入他们的第一语言、母语或优势语言"(Pokorn, 2005: 37)。尽管翻译过程研究已有近 40 年历史,但目前鲜有研究涉及翻译方向性,究其原因主要在于逆向翻译（即从母语译入外语的翻译）历来不为世人所接受。传统观念认为，在理想状态下所有的翻译均应由以目标语为母语的译者完成。直至 20 世纪 90 年代，随着全球化的到来，翻译行业工作量剧增，翻译人才紧缺，部分学者才开始改变对翻译方向性问题的态度，逐渐接受逆向翻译。调查结果显示，在中国，90% 的译者均同时从事双向翻译（孔慧怡，2000：61）。

随着逆向翻译逐渐被接受，翻译方向性研究也开始成为翻译过程研究的一个新研究方向，如一些学者试图探索正向翻译和逆向翻译的差异，以期找到逆向翻译的翻译人才培养目标（Pavlovic, 2007；王律、王湘玲，2021），一些学者着力研究正向翻译和逆向翻译的翻译过程（Tirkkonen-Condit, 2000; Pavlovic, 2007, 2013；王律、王湘玲，2021）。在早期的实证研究中，部分学者尝试通过键盘记录数据来验证逆向翻译比正向翻译更难的假设。Buchweitz 与 Alves（2006）的研究支持上述假设，他们发现在逆向翻译中，译者的翻译任务总时长及各个翻译阶段（包括准备阶段、转换阶段和修订阶段）的时长均长于正向翻译。然而，Malkiel（2004）的研究结果正好相反。

近年来，少数学者开始尝试运用眼动法进行翻译方向性研究。Pavlović 与 Jensen（2009）开创性地将眼动仪运用于翻译方向性研究，探索学生译者和职业译者在正向翻译和逆向翻译（L1 为丹麦语，L2 为英语）中的认知行为差异，验证以下五条假设：（1）在两种译语方向中，目标语文本加工的认知负荷均大于源语文本；（2）逆向翻译的认知负荷大于正向翻译；（3）正向翻译中原文文本加工的认知负荷大于逆向翻译；（4）逆向翻译中译文文本加工的认知负荷大于正向翻译；（5）在两种译语方向中，学生译者的认知负荷均大于职业译者。通过分析凝视时长、平均注视时长、总任务时长和瞳孔直径这四个眼动指标，Pavlović 与 Jensen 成功验证了第一条假设，而后四条假设仅得到部分证实。

Chang（2011）同样运用眼动法探究了英汉语言对不同翻译方向中译者的认知负荷差异，该研究的眼动指标包括瞳孔直径、任务时长、注视次数、注视频率和眨眼频率，以上指标均支持逆向翻译比正向翻译更难的假设。为进一步验证该假设，该研究还比较了英语和西班牙语对不同翻译方向中译者的认知负荷，研究结果同样支持上述假设。

冯佳（2017）复制并扩展 Chang（2011）的实验，提出以下三个研究假设：（1）译出的总体认知负荷比译入更高；（2）译入中加工源语篇的认知负荷比译出中加工源语篇的认知负荷更高;(3)译出中加工目标语篇的认知负荷比译入中加工目标语篇的认知负荷更高。该研究选用的眼动指标有瞳孔直径、任务时间、平均注视时间、总注视时间和注视频率。研究结果显示,各项变量差值均与研究假设(1)相符合,但只有任务时间、平均注视时间和总注视时间均值差有统计显著性,另两个变量(瞳孔直径和注视频率)的差值不显著,即只有任务时间、平均注视时间和总注视时间三个变量支持研究假设(1);所有变量中,只有总注视时间与假设(2)相符,而另外三个变量(平均注视时间、总注视时间和瞳孔直径)与假设相反,因此,研究假设(2)未得到验证;瞳孔直径、平均注视时间和总注视时间(其中后两者具有显著性差异)三个指标支持研究假设(3),但注视频率值与假设相反,因此,本文研究结果不能完全验证研究假设(3)。

目前,关于翻译方向性的实证研究还处于探索阶段。该领域虽然已经有了一定的研究成果,但各研究结论之间的一致性不高,原因可能在于样本容量较小、眼动指标选择不恰当、各研究之间受试差异较大等。总而言之,对正向翻译和逆向翻译的比较研究亟须更多的实证探索。

2.5 机器翻译译后编辑

随着全球化和信息化时代的到来,海量的翻译需求给全球语言服务行业带来了前所未有的机遇和挑战。在此背景下,机器翻译译后编辑(简称译后编辑,machine translation post-editing)成为应对这一挑战的有效途径。信息技术的发展已经彻底改变了译者的工作方式,不同于传统人工翻译,译后编辑是一种人机交互的翻译过程,是对机器翻译结果进行编辑及更正的过程,其中涉及的因素包括机器翻译系统、译后编辑工具、译者、语言对特征等等。这些因素相互作用共同决定译后编辑过程和结果,而经过译后编辑的译文将达到终端用户预期的质量需求水平(王湘玲、陈广猷、周祥艳,2023)。翻译自动化用户协会(Translation Automation User Society,简称 TAUS)预测,译后编辑"有可能在未来五年内取代翻译记忆技术成为翻译行业的首要生产环境"。(冯全功、崔启亮,2016)

2.5.1 定义

简单而言,译后编辑是指语言专家对机器翻译输出进行编辑以生成人工质量翻译的过程。译后编辑是将机器翻译和高水准专业人工译后编辑人员相结合,以生成达到发布标准的高质量翻译的过程。DePalma 与 Donald(2013)认为译后编辑是"通过人工评审和编辑从而提高译文质量和适用性的过程。具体而言,机器翻译的译后编辑是通过人工和部分自动化方式提升机器翻译的产出,以满足特定质量目标的过程"。ISO 组织(2014)指出译后编辑可以"检查和修正机器翻译的产出"。尽管对机器翻译译后编辑的定义表述各有不同,这些定义的意义却基本一致,即机器翻译译后编辑是对机器翻译产出的有缺陷的译文进行人工修订和润色,以使其达到"终端用户预期的质量需求水平"的过程。

在国内学界,崔启亮(2014)指出译后编辑的定义有广义和狭义之分。狭义的译后编辑也称"机器翻译的译后编辑",即直接对通过机器翻译得到的译文进行译后编辑。广义的译后编辑也称"集成翻译的译后编辑",即对通过翻译记忆、机器翻译和翻译管理系统组成的集成翻译环境得到的译文进行译后编辑。本书将主要以狭义的译后编辑为讨论对象。目前,学界对狭义的译后编辑模式的关注较为密切,对广义的译后编辑模式的应用和研究都还较少。然而,广义的译后编辑模式已经开始在翻译行业中得到积极应用,随着应用实践的深入,广义的译后编辑模式也将成为新的研究方向。

根据译后编辑程度的不同,可以将译后编辑划分为轻度译后编辑(light post-editing 或 fast post-editing)和充分译后编辑(full post-editing)。其中,轻度译后编辑要求译后编辑者尽量多地采用机器翻译的原始输出,重点是修改错译或文化差异的内容、重新组织句式结构、不修改译文风格;充分译后编辑要求最终的译文语法和标点正确、意义准确、易于理解、风格一致,重点是语法、标点、拼写正确、译文和术语准确,且要求译后编辑者修改文化差异的译文、保持译文风格与原文一致,符合客户的要求。对于不同语言来说,不同程度的译后编辑指南也稍有不同。在英汉互译中,轻度译后编辑指南要求如下:(1)追求语义正确的翻译;(2)保证信息未被意外地增删;(3)编辑任何具有攻击性、不合理或文化上不可接受的内容;(4)尽可能多地使用原始机译产出;(5)遵循基本的拼写原则;(6)没有必要在风格方面进行更改;(7) 没有必要仅仅为了提高文本的流畅性重组句子(冯全功、崔启亮,2016)。

2.5.2 产出

对译后编辑产出的研究通常采取与传统人工翻译进行对比的实证研究模式来完成。对产出率的测评主要包括速度和质量两方面。Fiederer 与 O'Brien(2009)发现,在英译德时,译后编辑的译文虽在文体风格方面不如人工翻译,但在流畅度和准确度方面却更具优势。Garcia(2011)探究了英汉双向译后编辑的速度和质量,并发现在文本难度适中的条件下,译后编辑在逆向翻译(汉译英)中的速度提高幅度要大于正向翻译。此外,译后编辑在正向翻译和逆向翻译中的翻译质量均高于人工翻译。Guerberof(2009)对比了译后编辑、80%至90%匹配区间的翻译记忆及人工翻译三种不同翻译模式的速度和质量,发现译后编辑的速度明显快于翻译记忆和人工翻译。基于本地化行业标准协会(Localisation Industry Standards Association,简称 LISA)的错误分析标准,Guerberof 发现译后编辑译文的错误数量明显低于翻译记忆,且在准确性、误译和语言方面具有明显优势。尽管此类研究所采用的机器翻译系统、实验受试、质量评估方式及语言对各有不同,但研究结果基本一致,都验证了译后编辑相较于传统的人工翻译和翻译记忆具有一定的速度优势,且译文质量并不低。

2.5.3 译后编辑负荷

Krings(2001)将译后编辑负荷(post-editing effort)划分为片时负荷(temporal effort)、技术负荷(technical effort)和认知负荷(cognitive effort)三类。其中,片时负荷是指对机器翻译产出的译文进行译后编辑所需的时间,它是三类负荷中最易于测量的一项数据。技术负荷是指对机译译文所进行的语言修改,如键入、删除和调序等。键入、删除和调序的次数越多,译后编辑的技术负荷越大。认知负荷只能借用键盘记录软件或眼动仪等工具进行间接测量,因而也是三类负荷中最难测量的。事实上,片时负荷、技术负荷和认知负荷是相互关联,相辅相成的。技术负荷影响片时负荷,片时负荷在一定程度上反映认知负荷,但技术负荷与认知负荷之间不一定有必然联系,即技术负荷越大,认知负荷不一定越大。

认知负荷是译后编辑实证研究关注的焦点之一,因为即便译后编辑相较于传统的人工翻译具有速度优势,且不会降低翻译质量,但若译者在进行译后编辑时的认知负荷要高于人工翻译,那么译后编辑的适用性也是有待质疑的(王湘玲、赖思,2021)。Sekino(2015)从关联理论视角对比译后编辑和人工翻译的认知负荷,发现译后编辑需要同时进行概念编码和过程编码,因而造成的认知负荷高于人工翻译。Koglin(2015)基于键盘记录和眼动追踪数据,证实在翻译隐喻表达时,译后编辑的认知负荷低于人工翻译。其他眼动研究也表明,人工翻译与译后编辑的认知加工模式差异较大。具体而言,在人工翻译过程中,原文和译文所获的注视次数基本相同,而在译后编辑过程中,译文所获得注视次数则明显多于原文。此外,人工翻译在原文部分的平均注视时长也明显高于译后编辑。这是因为译后编辑是对已有的机器翻译译文进行修改的过程,因而更多关注译文区域,而人工翻译是以理解原文为起点的,故关注原文更多。由于认知负荷的大小难以直接测量,目前较为常用的测量指标包括眼动指标、停顿指标和时间指标。这些指标虽然具有一定的解释力,但仍无法指向译后编辑的认知负荷一定低于人工翻译的结论。

2.5.4 态度

除质量、速度和负荷以外,译者的态度也对译后编辑具有重要影响。一方面,译者对译后编辑的态度会在一定程度上影响译文的质量。另一方面,译者对译后编辑的态度会决定其工作体验是否愉悦。尽管态度对于译后编辑有着如此重要的影响,目前仍鲜有学者对译后编辑态度开展研究,且少数的几项相关研究所得的结论一致性并不高。Krings(2001)发现,译者因担心机器翻译将代替人工翻译的位置而对机器翻译普遍持有消极态度。Guerberof(2013)的调查显示,译者对于机器翻译的态度具有较大差异。在此研究仅有的27名受访者中,三分之二的受访者认为译后编辑的认知负荷大于人工翻译。Koehn与Germaun(2004)发现,尽管译后编辑和其他翻译方法一样有效,受试仍然不愿意接受译后编辑,且不认同译后编辑的实用性。不过,Garcia(2010)、Tatsumi与Routurier(2010)发现译者对于机器翻译加译后编辑翻译模式的态度正逐渐积极化。鉴于目前对译后编辑态度的研究较少,而态度对译后编辑的适用性具有十分重要的意义,我们相信对于译者译后编辑态度的研究是一个值得学界关注的研究方向。

总体来说,作为一个较新的研究领域,国外的机器翻译译后编辑研究发展日趋成熟,研究方法科学多样、研究成果较为丰硕。相较而言,国内对机器译后编辑的研究仍处于探索性阶段,成果较少,译后编辑实证研究更是鲜有。可见,国内译后编辑研究亟须更多的实证研究来进行深入挖掘和探索。基于此背景,我们自 2017 年开始便朝着这一方向努力,逐步开展译后编辑实证研究。

2.6　本章结语

基于目前翻译实证研究已有的研究成果,根据信息化时代下翻译人才培养的需求和翻译实证研究的发展趋势,本章较为详细地介绍了翻译实证研究,尤其是围绕翻译人才培养而展开的实证研究中最常出现的理论、模型和概念,如翻译能力定义、翻译能力模型、翻译能力培养、翻译认知过程和机器翻译译后编辑。

第一节介绍了翻译能力的定义演变,并阐释了翻译能力的情景认知特征,即翻译能力具有具境性、具身性和延伸性。

第二节主要介绍翻译能力模型,包括翻译能力成分模型、教学模型和培养模型。本节着重介绍了国内外主流的多成分翻译能力模型。

第三节围绕翻译能力培养展开介绍了翻译能力培养研究、翻译教学模式和翻译能力评估。

第四节主要介绍翻译认知过程研究中的信息加工方式、翻译过程模型、认知负荷和翻译方向性。目前,翻译过程研究中讨论到的信息加工方式主要有自上而下加工与自下而上加工、平行加工与序列加工、控制加工与自动化加工。本节依照时间顺序介绍了多个较有代表性的翻译过程模型。尽管学者们对翻译过程阶段的划分各有不同,但可以看出,任何一个翻译过程模型都基本包括准备阶段、转换阶段和修订阶段。此外,本节还介绍了认知负荷理论的心理学来源、定义及其在翻译过程中常用的测量方法,如眼动法、键盘记录法和生理测量法。最后,本节在厘定了翻译方向性的概念后,介绍了关于翻译方向性的几项实证研究。

第五节介绍了信息化时代下译学界新兴的研究方向——机器翻译译后编辑。笔者在界定译后编辑定义的基础之上,概括介绍了目前译后编辑实证研究的主要研究方向,如译后编辑质量、速度、认知负荷和译后编辑者态度等。这类研究基本都围绕人工翻译和译后编辑的对比而展开。

然而,需要指出的是,目前国内外关注译后编辑者培养的研究不多,少有的几项研究仍只是对译后编辑实践模式尝试性的探讨,也鲜有高校把译后编辑能力培养作为一门独立且成体系的课程,这导致译后编辑人才培养与其市场需求严重脱节。因此,未来的翻译研究者需要立足于高校翻译人才培养模式创新,充分利用企业机构在译后编辑人才培养的优势,共享师资、技术与成果,建立"产学研"相结合的译后编辑人才培养机制,为未来译后编辑人才培养开辟一条校企双赢的可行之路(韩林涛、刘和平,2020)。

方法论

方法论是构成一个学科的基石。自1988年Holmes发表《翻译学的名与实》("The Name and Nature of Translation")一文以来,翻译学作为一门独立的学科已有近50年历史。一门学科是否走向理性与成熟需要看其是否具备不断发展且不断完善的方法论,因此是否具有本学科方法论是翻译学学科建设的五个标准之一(杨自俭,2000:5)。

迄今为止,翻译学作为一门逐步走向成熟的学科,已形成自己特有的研究方法和方法论,并有不少相关著述付梓出版,如《路线图:翻译研究方法入门》(*The Map: A Beginner's Guide to Doing Research in Translation Studies*)(Williams & Chesterman, 2002)、《翻译研究方法论》(*Research Methodologies in Translation Studies*)(Saldanha & O'Brien, 2014)、《翻译方法论》(黄忠廉,2009)、《翻译学方法论》(李惠红,2010)、《翻译研究方法概论》(穆雷,2011)等。

尽管如此,缺乏科学有效的研究方法仍然是阻碍我国译学发展的一个瓶颈问题。"就目前研究状况而言,国内学者在某种程度上对研究方法的认识尚不到位,学术研究缺乏正确指导"(许钧、穆雷,2009)。穆雷、邹兵(2014)在对国内近700篇博士论文进行计量分析的基础上指出"许多博士生在研究方法上缺乏严格的训练,对学位论文研究方法的要求不理解,不能通过正确的研究方法解决自己的问题,得到正确的答案,后人也无法根据其表述重复其研究,因此无法形成知识积累",并且建议"在博士培养环节应当加强研究方法论的训练"。诚然,"工欲善其事,必先利其器",对于研究者来说,研究方法在很大程度上决定着研究的质量。

我们基于国内外学者对翻译学方法论丰富的研究成果,结合不同学者的研究背景和学术专长,从跨学科视野,对各种翻译研究方法进行了系统整合,力图避免其片面性,全面反映异同,体现翻译研究的整体性、丰富性和多样性。我们借鉴翻译过程实证研究的最新研究成果,尝试详细系统地探讨翻译过程实证研究的方法论,以期为从事翻译过程实证研究的青年学者提供参考借鉴。

3.1　翻译过程实证研究

厘清"方法"与"方法论"这两个极易混淆的概念是清楚认识翻译实证研究方法论的基本前提。《现代汉语词典》认为"方法"是"关于解决思想、说话、行为等问题的门路、程序等",而"方法论"则是"关于认识世界、改造世界的根本方法的学说",是"在某一具体学科上所采用的研究方式、方法的综合"。这一释义与 Saldanha 与 O'Brien(2014: 13)的观点相契合,即"方法论是研究某一现象的总体途径,而方法则是研究中的具体技能"。换言之,方法论是方法的科学。因此,方法论是一个理论层次的概念,比方法更加抽象。

根据层次的不同,方法论可分为哲学方法论、一般科学方法论和具体科学方法论。哲学方法论是关于认识世界、改造世界、探索世界、实现主观世界和客观世界相一致的方法理论。一般科学方法论研究各门具体学科,带有一定的普遍意义,适用于有关领域的方法理论。具体科学方法论研究某一具体学科,涉及某一具体领域的方法理论,是对一般科学方法论的具体化(李惠红,2010: 25 - 26)。依据此分类,我们探讨的翻译过程实证研究方法论当属具体科学方法论。

实证性研究在社会科学领域的运用最早源于法国哲学家、社会学家 Auguste Comte 的"实证哲学"(positive philosophy)。实证研究采用科学实验的方法,以客观事实为基础,通过经验观察、收集数据和客观描述来论证某种观点、描述某种规律,从而达到研究目的。"翻译作为一门既包含艺术又包含科学特性的学科,有着人文的成分,也有着科学的因素,因而在研究方法上也需要人文思辨加科学分析的多重认识与探索"(姜秋霞、杨平,2005:23)。然而,传统的翻译研究往往以理论思辨为主,忽视翻译的科学性,具有一定局限性。相较之下,实证研究方法则是现代译学研究的一个新的发展方向。

事实上,翻译实证研究早在20世纪末就已出现。以1986年德国学者Hans Krings进行的第一例翻译个案研究为开端,翻译实证研究目前已有30年的发展历史,翻译研究的实证研究模式已逐渐形成。Chesterman(1998)将21世纪翻译研究的发展趋向概述为三点:一是研究兴趣上的转变,从注重翻译本身扩展到注重译员及其决定;另一种是研究方式上的转变,从规定性转向描述性;还有一种是在研究方法上,从哲学的概念分析转向验证式的研究。在翻译研究中引入实证方法是翻译学科发展进程中的一个重要里程碑,其最大的贡献在于使得研究那些制约和影响翻译产品、翻译过程以及翻译功能的各个因素之间的相互联系成为可能,并增强了研究的可预测性和可复制性。翻译研究的实证转向树立了翻译研究的科学方法,加强了翻译研究的科学性,确定了翻译研究的描写性和跨学科性的学科性质。

3.2 翻译过程实证研究方法

根据Holmes(1988)提出的翻译研究理论框架,翻译过程研究隶属于描述性翻译研究。翻译过程研究的重点在于探究译者在执行翻译任务时的认知心理过程,即探究译者大脑中的"黑匣子"。由于译者大脑中的认知心理过程无法被直接观察,因而翻译过程研究多借助心理学和心理语言学的相关研究方法来进行间接的观察和探究。经过近30年的发展,翻译过程实证研究已成为西方翻译研究的前沿性研究。方法论研究是任何一个学科研究的基础。因此,本节将系统归纳当前翻译过程实证研究中的研究方法,主要包括以有声思维法为主的内省法、键盘记录法、眼动法以及其他辅助方法。

3.2.1 有声思维法

有声思维法原是一种心理学和认知科学收集数据的常用方法，Ericsson 与 Simon（1993）对这一概念进行了深入的探讨。Ericsson 与 Simon（1993）根据受试口述报告的时间与执行实验任务的时间之间的关系，将口述报告分为共时口述报告和事后口述报告。前者指受试在进行实验任务的同时讲述自己大脑中的心理认知过程，后者指受试在完成实验任务之后追述自己的心理认知过程。在他们的研究中，受试在完成实验任务的过程中，必须随时随地尽可能地说出大脑中的思考内容。研究者用录像机或录音机记录受试在实验过程中说的每一句话，数据收集完成后，将有声思维汇报内容转录为可用于进一步分析的书面文本。有声思维法于 20 世纪 80 年代初期开始运用于翻译过程研究之中，目前，翻译学界公认的第一部有声思维法翻译研究著作是 Ursula Sandrock 于 1982 年撰写的博士论文，题为"Thinking-aloud Protocols"（李德超，2005：30）。但由于该论文由德语写成，且未正式出版，故而在翻译学界影响甚微。直至 1986 年，在 House 等人出版的论文集中才出现一系列运用有声思维法研究翻译过程的论文，自此学界开始对有声思维法在翻译过程研究中的运用有了较为全面的了解。

尽管自 20 世纪 90 年代以来，有声思维法被越来越多地运用于翻译过程研究中，但仍不乏学者对其信度和效度持怀疑态度。诚然，有声思维法能收集受试头脑中认知思维过程的内部数据，但其自身仍具有一些不可忽视的局限性，主要体现在操作层面和方法论层面（李德超，2004：386）。具体来说，有声思维法翻译研究在具体的实验操作上缺乏统一的标准，不够规范，研究者往往忽视了可能对实验结果造成影响的无关变量的控制，如实验环境、实验时间和其他外部干扰因素。此外，受现实条件的制约，运用有声思维法的翻译过程研究受试人数普遍较少，根据刘润清（1999：146）的观点，"30 是样本的最小极限，因为少于 30，必须进行技术处理才能具有统计学上的意义。少于 30，收集的数据不能形成正态分布"。从目前已有的研究来看，有声思维法翻译研究的样本量少有达到这一标准，故而其研究信度必定大打折扣。在方法论层面上，有声思维法主要受到以下两方面的质疑：一是其究竟能否真实全面地反映受试的认知心理过程；二是其是否会对翻译过程造成干扰。回答有声思维法究竟能否真正反映受试的认知心理过程这一问题的关键在于如何定义思维过程。若将思维过程定义为神经系统的活动,那么,包括有声思维法在内的所有口述报告都无法直接反映思维过程;若按 Ericsson 与 Simon(1993)的观点,将思维过程定义为一种信息加工过程,而信息处理部分主要又发生于大脑的工作记忆中,那么有声思维法则能反映思维过程,因为储存在工作记忆中的信息能够通过语言表达出来(Jääskeläinen, 1998: 266 - 267)。另一个在有声思维法翻译研究中经常引起争议的问题就是它是否会对大脑内部的思维过程造成干扰,是否会打断受试的翻译思路、拖慢翻译速度。Ericsson 与 Simon(1993)在进行大量的实验调查后认为,有声思维法虽然会在一定程度上延长任务时间,但不会影响认知过程的顺序和结构。尽管此类研究结果在一定程度上消减了人们对于有声思维法运用于翻译实证研究的疑虑,其自身的局限性仍不容忽视。

为尽量克服有声思维法自身的局限性所带来的研究信度和效度问题,研究者在进行实验设计时应精心考量,思虑周全。具体来说,应做到以下几点:一是要尽可能使实验的操作规范化、严谨化,考虑可能对研究结果造成影响的种种无关变量(包括实验环境、条件、时间、地点等),并对其进行合理有效的控制;二是在实验前对受试进行培训,包括技术培训和心理培训,此时应注意培训材料不能与测试材料相同或相近;三是为防止受试在测试期间出现长时间的沉默(累计沉默时间一般不得超过总测试时间的10%),研究者宜事先设计某些特定的提醒方法,常见的提醒方法有声音提醒和灯光提醒;四是在对有声思维录音或录像进行转写时应该遵循完整、忠实、可靠三原则;五是在分析有声思维数据时可将其分为“自我描述”“自我评价”和“自我展现”三类,并将内省式的“自我评价”和“自我展现”数据作为主要数据来源,而“自我描述”数据只起到补充说明翻译认知过程的作用(详见李德超,2004)。

3.2.2 键盘记录法

自 20 世纪 80 年代研究者们将内省法引入翻译过程研究以来,翻译过程实证研究取得了丰硕的成果,逐渐揭开了译者大脑中“黑匣子”的神秘面纱。但由于内省法自身具有的局限性,翻译过程研究主要关注“问题解决”(problem-solving)和“决策制定”(decision-making)(冯佳、王克非, 2016;王一方、郑冰寒, 2020),只能大致廓清“翻译过程中发生了什么”(Jääskeläinen, 2002: 109)。

这些研究结果主要基于受试的主观陈述和研究者的臆断推论，缺乏更加客观有力的数据支撑，因此键盘记录技术应运而生。

键盘记录软件是一种能实时记录键入（insertion）、删除（deletion）、停顿（pause）、修改（revision）、复制粘贴（cut and paste operation）、鼠标活动（mouse movement）等所有键盘活动的特殊软件程序。此类软件在电脑后台执行任务，基本不会对实验过程造成干扰，故而不会减慢受试的翻译速度，亦不会增加其认知负荷。目前，在翻译研究中运用最广泛的键盘记录软件是由丹麦哥本哈根商学院的 Arnt Lykke Jakobsen 和 Lasse Schou 两位学者开发的 Translog（Jakobsen & Schou, 1999）。从 1995 年问世至今，Translog 已有近 30 年的发展历史，最新的 Translog-II 在全方位记录键盘活动的同时，还能为所有的键盘活动打上精确的时间标签。简单来说，Translog 可以完整记录从初稿起草到译文修订的全过程。Translog 收集的受试翻译过程行为数据可以划分为宏观和微观两个层面，前者包括总任务时间及翻译各阶段所耗时间，后者包括停顿时长、停顿频次、停顿位置、译文产出单位数量和长度、修订次数和时长等（Saldanha & O'Brien, 2014: 133）。键盘记录软件用定量的"硬数据"实现了对内省法的补充，获得了更加客观细致的研究数据，研究问题和研究假设也更加具体明晰，为翻译过程研究提供了强有力的支撑。

需要指出的是，尽管键盘记录软件为翻译过程研究注入了新鲜的血液，但其自身仍存在一定的局限性，主要表现在以下几点：其一，键盘记录软件仅限于收集受试在译文产出过程中的行为数据，缺少受试在原文阅读和理解阶段的行为数据，也未能收集受试在整个翻译过程的认知心理数据，因此研究者一般需要运用至少一种其他的数据收集工具，如口述报告或眼动追踪，采用多元互证模式，利用多种数据交叉验证，才能弥补单方面数据的偏差和不足，从而更加全面客观地解释翻译认知过程。其二，Translog 只能记录其工作界面的键盘活动，无法记录受试的外部资源搜索情况，因此研究者宜将 Translog 结合屏幕录制软件一同使用。其三，受试的打字技能是严重影响实验结果的无关变量，故而研究者在实验前应采取适当措施，确保受试的打字水平基本处于相近水平。其四，Translog 的工作界面不具有拼写检查功能，且其格式化特征不可随意调整。这会导致实验中的翻译环境与受试日常翻译环境相差较大，影响实验效度，因此建议研究者在实验前对受试进行热身前测，以帮助其更好地适应实验环境。

3.2.3 眼动法

眼动法在国外心理学研究中已有百余年历史,被广泛运用于交通、医学、教育、阅读等领域。尽管在其他领域已有较成熟的运用,这一方法直至 2006 年才开始被运用于翻译过程研究中。O'Brien(2006)利用眼动仪探究译者使用翻译记忆库认知工具时的认知负荷。该研究是将眼动数据运用于翻译过程研究的第一次大胆尝试,且肯定了眼动法是探究翻译过程的有效方法。此外,开始于 2006 年的欧盟 Eye-to-IT 项目也是将眼动法运用于翻译研究的较早尝试,至今已取得不少研究成果。

眼动仪利用角膜和瞳孔反射原理,以毫秒为单位记录眼球注视屏幕的精确位置和眼球运动轨迹。眼动法能记录译者在翻译过程中每一时刻的信息加工情况,获得一系列的眼动指标,包括总任务时长(total task time)、凝视时间(gaze time)、平均注视时长(average fixation time)、注视次数(fixation count)、注视频率(fixation frequency)、眨眼频率(blink frequency)、瞳孔直径变化(pupil dilation)等,其中最常用于分析翻译认知过程的眼动指标有凝视时间、平均注视时长、总任务时长和瞳孔直径变化。

眼动法与翻译过程研究结合的主要理论基石是"即时加工假说"(immediacy assumption)和"眼-脑假说"(eye-mind assumption)。"即时加工假说"认为"对文章中实词的加工和理解从受试看到这个词就即时开始"(Just & Carpenter, 1980: 330)。"眼-脑假说"认为,"受试对一个词的注视会一直持续到它的心理加工完成为止"(同上)。简言之,受试对某词的注视与对该词的心理加工同时进行,受试所加工的词正是其所注视的词(闫国利、白学军,2012)。因此,受试的眼球注视位置和眼球运动轨迹可以反映其内在的心理认知过程。研究者通过收集受试在翻译过程中的眼动数据,能够获悉其在任意时刻的视觉注意力焦点,从而更系统地探究译者大脑中"黑匣子"的运作情况。

目前市场上常见的眼动仪根据外形结构的差异可分为以下四类:头戴式、头盔式、遥测式和眼镜式。不同类型的眼动仪在测量精度和生态效度[①]上都具有不同的特征,研究者应根据自身研究问题选择最为适宜的一

---

① 生态效度是指研究的有效程度。一个研究要满足生态有效性,其方法、资料及研究背景必须接近于真实情景。

款眼动仪。

眼动法相较于其他传统的行为数据收集方法而言具有生态效度高、数据丰富精确的优点，但它也具有一定的缺陷，主要表现在以下几点：第一，眼动仪设备购置费用较高，且研究者需要接受特定软硬件培训，这将耗费较多人力和物力；第二，由于人的瞳孔极其敏感，实验环境和受试心理-生理状况都可能对其产生较大影响，故而研究者应特别注意对此类无关变量的控制，最好确保所有受试都在统一的实验室内完成实验任务；第三，该方法收集的数据十分庞大，数据分析过程非常繁复耗时，因此建议研究者不要选择过长的实验文本，以适当减轻后期数据分析的负担；第四，为尽量确保眼动数据的精度，实验文本呈现的字体大小（14—16 号字）、行间距（两倍行距）和页边距都要符合特定要求，且为了避免翻页，实验文本也宜选用短文本。

3.2.4 其他辅助方法

除以上介绍的三种主流方法之外，翻译过程实证研究还可能运用到多种辅助方法，包括现场观察法、屏幕录制法、问卷法、访谈法和生理测量法等。目前的翻译过程实证研究基本都已采用多元互证模式，运用多种数据相互验证，弥补单一数据的不足，从而加强翻译过程实证研究的说服力。

3.2.4.1 现场观察法

现场观察法是指研究者全程观察受试的翻译过程，并记录下其所有行为活动，包括朗读原文或译文、思考、停顿、查找外部资源、心理-生理状态等。现场观察法的优点在于其能实时记录受试的一举一动，为揭示受试翻译认知过程提供重要的补充数据，而缺点则在于其会对翻译过程造成一定的干扰，增加受试的心理压力，影响其正常发挥，从而削减实验的生态效度。因此，研究者可退居受试后方或在另外的房间中通过监控视频观察受试的行为，以最大限度减少对实验过程的干扰。

3.2.4.2 屏幕录制法

屏幕录制法指采用专门的屏幕录制软件记录受试在翻译过程中的一切屏幕活动，并生成可回放的视频文件。研究者可通过回放录屏，记录受试的翻译过程并完成受试的有声思维报告，且可从中发现受试在翻译过程中所遇到的问题,及其解决问题所运用的翻译策略。在翻译研究中,最常用的屏幕录制软件有 BB Flashback、Camtasia、Video Specialist 等。屏幕录制和键盘记录两种数据收集工具均记录受试在翻译过程中的计算机活动,两组数据相互补充,可以更加全面地解释翻译认知过程。

3.2.4.3　问卷法

问卷法也是翻译过程研究中常用的研究方法。问卷调查的优点在于其能够省时省力地收集大量结构化数据,而缺点则在于问卷的设计极易出错,容易出现社会期望效应和印象操纵效应,且不适用于收集解释性数据。为了对问卷的信度进行检验,研究者应在正式调查之前对问卷进行前测(pre-test)。在数据收集阶段,要特别注意取样方法,以确保样本的代表性,同时还要注意问卷的回收率。在翻译过程研究中,问卷往往分为测前问卷和测后问卷,前者用于收集包括受试年龄、性别、教育背景、语言水平、翻译从业年限等在内的个人背景信息,后者则用于收集与具体研究问题相关的信息,如翻译问题、翻译策略和翻译单位等。此类数据具有一定的内省数据性质(王少爽,2012: 459)。

3.2.4.4　访谈法

访谈法是获取翻译过程解释性数据的一种重要研究方法。研究者在翻译任务结束后,依据已收集的翻译过程行为数据,针对具体研究问题对受试进行提问,收集的数据属于翻译认知心理数据,可用于解释说明受试在翻译过程中的翻译行为。访谈的优点也正在于其能深入挖掘受试在翻译过程中的所思所想,而其缺点则在于时间成本高、受试数量小、研究结论不可推论。访谈通常可分为结构化访谈、非结构化访谈和半结构化访谈三类。其中,结构化访谈采用标准的程序进行高控制性访谈,主要关注事实类信息;而非结构化访谈倾向于自由式对话,以共同探讨研究问题,适合探索性研究;半结构化访谈介于两者之间。究竟选择哪种类型的访谈取决于研究问题。

3.2.4.5　生理测量法

目前运用于翻译过程研究的生理测量法主要有脑电图和功能性磁振成像。尽管将生理测量法运用于翻译过程研究的想法早在 20 世纪 90 年代就已萌生,开始于 2006 年的欧盟 Eye-to-IT 项目才是真正将脑电技术运用于翻译过程研究的首次尝试(Saldanha & O'Brien, 2014: 148)。脑电研究和功能性磁共振成像均属于神经科学,其优势在于能直接观察大脑活动,而最大的缺点则在于其昂贵的成本。这种跨学科的研究确实有较好的发展前景,但目前还鲜有这方面的研究成果。

3.3　多元互证模式

在翻译实证研究经历了 30 余年的发展之后,多元互证模式成为一种翻译实证研究的新模式,受到了学界的广泛关注。Triangulation 一词源于测绘学,中文译为"三角测量",广泛运用于多个领域。如今,该方法被借用到社会科学领域,指使用多种不同的数据刺激方法收集收据,对同一个问题进行探索研究,以提高研究的信度。

Alves(2003)在《翻译研究的多元互证:以过程为导向的研究视角》(*Triangulating Translation: Perspectives in Process Oriented Research*)一书中较早对多元互证模式做了总结分析。国内学者郑冰寒(2008)在其发表于《上海翻译》的《翻译过程的三元数据分析模式》一文中,率先对该模式进行较为全面的介绍。

Guion、Diehl 与 McDonald(2011)将多元互证模式划分为五类,分别是数据多元互证(data triangulation)、研究者多元互证(investigator triangulation)、理论多元互证(theory triangulation)、方法多元互证(methods triangulation)和环境多元互证(environmental triangulation)。

其中,数据多元互证指使用不同来源的数据探究研究问题,以增强研究信度。研究者多元互证指多名研究者参与研究过程,每位研究者运用同样的研究方法对同一问题进行研究,最后对比各名研究者的研究结果。若各名研究者的研究结果一致,则证明该研究具有较高的可信度。理论多元互证指从多个理论视角对统一数据进行分析。通常的做法是请来自不同学科的研究者对统一数据进行解读,若各名研究者的解读一致,则表明研究的信度较高。方法多元互证即运用多种定性和定量方法展开研究,对比研究结果是否相似。环境多元互证指在不同的环境下对同一个问题展开研究。若在不同的环境下所得的研究结果一致,则说明该研究的信度得以建立。

在目前的翻译实证研究中,多元互证模式基本局限于方法多元互证和数据多元互证这两种类型。其实,翻译实证研究不应仅局限于此,也可以从多种不同的理论视角对同一数据进行解读,即理论多元互证法;可以汇集多个研究者对同一个研究问题进行研究,即研究者多元互证法;还可以对同一位译者在不同环境下的翻译表现进行研究,即环境多元互证法。多元互证模式在翻译实证研究中的应用还有待扩展,且具有广阔的发展前景。

3.4 本章结语

本章论述了翻译过程实证研究中常用的三种主流方法和五种辅助方法,分别为有声思维法、键盘记录法、眼动法,以及现场观察法、屏幕录制法、问卷法、访谈法和生理测量法。每种研究方法都有其自身的优势和局限,没有哪种方法是完美无缺、无懈可击的,因此研究者应根据自身的研究目的和研究问题,考虑研究的信度和效度,依据现实条件,选用最为合适的研究方法。在翻译实证研究中,研究者们往往运用多种研究方法,获取有关翻译过程的内省数据和行为数据,利用来源不同的各种不同类型数据进行交叉验证,减少单方面数据的偏误和不足,这就是近年来在翻译实证研究领域逐渐兴起的"多元互证模式"。随着研究工具的不断革新,特别是键盘记录和眼动研究技术的引入,翻译实证研究近年来快速发展,丰硕的研究结果丰富了我们对翻译过程的理解,译者大脑"黑匣子"的神秘面纱正在被逐渐揭开。

关注研究方法论是一门学科走向成熟的标志之一。坚持翻译研究方法的科学性和系统性是推动翻译研究取得实质性进展的关键。对于翻译实证研究方法论体系的探讨不仅有利于翻译研究的科学展开,也有利于完善翻译学的学科框架。

交互式翻译移动学习
共同体模式实证研究

社交 APP 能够联通在任何位置、环境、语境中的学习者,具有多维性、社会性、开放性和时效性等特点。移动通信技术和互联网的快速发展极大地推动了社交 APP 的广泛应用,为信息化翻译教学提供了有力的技术支持,不断改变着翻译教学环境和教学范式。如何有效结合社交 APP,提高翻译教学效果,培养学生译者的问题解决能力、工具使用能力、协作和沟通能力以适应真实翻译市场对翻译人才的需求,成为信息化时代下翻译教学亟须解决的问题之一(Pym, 2013; Raído, 2013; Prieto-Velasco & Fuentes-Luque, 2018; 王律等,2019)。20 世纪以来,虽然国内部分翻译教师结合微信、QQ、博客等社交 APP 对翻译移动教学进行了积极的尝试(戴建春,2011;陈凌、陈广益,2014;王丽、戴建春,2015),但是参与者角色分配、交互效果等问题仍有待进一步探索。

“共同体”(community)概念起源于社会学,指“为了特定目的而聚合在一起生活的群体、组织或团队”(Poplin, 1979)。随着全球化和移动通信技术的发展,人与人、群体与群体之间的交互不再受到地域的限制,共同体的概念不断被嵌入新的语境之中而获得重构。Pym（2014）以及 Pym 等人（2016）指出，在技术不断发展、市场需求快速变化的背景下，翻译服务者寻求创新和变革，顺应市场需求，逐渐探索出共同体模式。在这一模式中，不同地区的翻译团队、兼职译者、自由译者共同协作完成翻译项目。"共同体"强调社会性、建构性和分布性，鼓励多层次参与者之间进行协作和互动，最终促进参与者社会身份的重建。目前共同体模式多见于语言教学研究（阮全友，2014），鲜有学者将其应用到翻译教学实践研究之中。

本章旨在回答以下研究问题：（1）交互式翻译移动学习共同体模式是什么？（2）从实证的角度来看，这种模式在多大程度上有助于提高学生的翻译能力？我们尝试整合社交 APP 的功能，构建项目驱动、技术辅助的交互式翻译移动学习共同体模式，并通过对比实验组（EG）和控制组（CG）的翻译过程和译文质量探析此模式的应用效果。为克服单一研究范式的局限性，本研究将采取定性和定量相结合的混合研究方法，以质化和量化数据相佐证的方式，借助翻译日志、观察及访谈等工具收集学生翻译行为的质性数据，从过程角度评估学生的翻译能力，并辅以问卷调查收集量化数据，考察交互式翻译移动学习共同体模式对学生翻译质量的影响及学生对交互式翻译移动学习共同体模式的评价，从而形成对教学现象的深入理解和多重认识（Tashakkori & Teddlie, 2021; Riazi & Candlin, 2014; 张培，2014）。

4.1　移动学习共同体的界定与理论基础

"共同体"是人类社会学范畴的概念，Boyer（1995）将其移植到教育领域，并指出学习共同体是由学习者和助学者共同构成的学习团体，共同体成员间通过沟通交流，分享学习资源，共同完成学习任务。移动学习共同体（mobile learning community）（Danaher et al., 2009）以移动通信技术为依托，在学习共同体的概念基础上进一步延伸，是学习者和助学者通过移动智能终端进行问题探讨、信息共享、学术交流等一系列学习活动来实现共同体的学习目标而形成的学习团体。移动学习共同体既具备学习共同体的一般特征，如多元交互性、成员主体性、和谐共生性，又具备移动学习的系统开放性、时空拓展性等特征；既可以是纯粹的虚拟学习共同体，也可以是对实体学习组织的一种协同和有益补充。因此，与传统学习共同体相比，移动学习共同体能为成员提供更加灵活便捷的动态交互平台，促进成员之间的意义协商与交流合作，优化知识的同步和迁移，进而提高学习效果。

移动学习共同体实现交互和知识建构的过程，反映了建构主义和分布式认知的学习观。首先，移动学习共同体继承了建构主义"知识是社会的协商"的观点。它将共同体和移动学习相结合，帮助学习者摆脱时空的束缚，促进学习者与他人协商互动。其次，建构主义的"同伴学习"和"协作模式"是移动学习共同体的重要组织形式。不同层次的共同体成员在丰富的移动学习环境中，通过网络协作完成个人目标和团队目标，实现共同发展。再者，"随机进入"式学习平台和交互环境，既有助于学习者充分利用碎片化或模块化时间获取知识，又能促进共同体成员间的交流沟通，使各类问题和解决方案在相互碰撞中形成头脑风暴，激发创意和灵感。此外，移动学习共同体践行分布式认知理论，成为创造并共享知识的场域（任英杰、徐晓东，2014）。移动学习平台可以有效地进行分布式学习活动设计、互动支持和分布式学习管理。同时，在网络交互学习过程中，具有分布式专长的参与者在交流讨论中不断反思、重组自己的观点，其批判性思维和元认知能力得到了培养（胡珍铭、王湘玲，2018a）。鉴于此，移动学习共同体是学习者获取、分享和创造知识的有效途径，对移动信息时代的教育教学有一定指导意义。

4.2　文献综述

4.2.1　交互式教学法研究

交互式教学法最先被应用于语言教学。在讨论交互式翻译教学之前，本节将简要回顾"交互"的定义及交互式教学的有关情况。

4.2.1.1　交互式教学的定义

自 20 世纪 70 年代以来，"交互"（interaction）被视为学习过程的重中之重，并被视为影响第一语言和第二语言习得的重要因素。正如 Wells

（1981：29）所说："交换（exchange）是话语的基本单位……语言交互是一种协作活动"，在这一活动中，要"建立发送者、接收者和情境语境之间的三角关系"（同上：46–47）。交互是两个或两个以上的人之间进行的思想、感情或想法的协作交流，进而使得彼此产生相互影响（Brown，2001）。它不仅涉及自身想法的表达，还涉及对其他人观点的理解（Rivers，1987）。交互是沟通能力的核心。根据以上论述，可以归纳得出交互活动的以下特征：（1）交互涉及多个主体，他们对同一话题感兴趣，并试图传达和接收消息；（2）交互从来不是单向的，它可以是不同主体之间双向、三向甚至四向的交流；（3）语言学习中的交互可以对学习者产生积极的影响，并促进他们的语言习得。

随着新技术在教育中的广泛应用，"交互"一词已经成为讨论远程学习（distance learning）及相关话题时的常用术语。正如 Hyo-Jeong SO（2010）所言，不论是传统面对面教学，还是以技术为媒介的教学，交互都是有效教学的关键组成部分。Moore（1989）对远程教育（distance education）中的交互进行了系统分类，他的交互方案包括"师—生交互""生—生交互"以及"学生—内容交互"三个组成部分。然而，由于缺乏对于"交互"的功能定义，理论研究者与实践者之间难以达成基本共识。正如 Moore（1989）所言，"交互是一个重要的术语，但是如果它的具体内涵无法得到明确定义或普遍认同，它所蕴含的丰富内涵将毫无用处"。此外，由于"交互"与"交互性"（interactivity）经常替换使用，交互的含义变得更加模糊。Wagner（1994）试图区分这两个术语，认为"交互是相互事件，至少需要两个对象和两个行为。当这些对象和事件彼此影响时，就会发生交互"。另一方面，她认为交互性"来源于对实时建立点到点（或点到多点）的技术能力的描述"（Wagner，1997）。从这个角度来看，交互更加注重过程，侧重于动态行为；交互性则更加注重功能，强调了传输系统的特性或某些交流渠道提供的交互程度。

4.2.2.2　语言教学中的交互式教学

交互使师—生、生—生之间的协商充分发挥作用。协商（negotiation）是指任何通过协议而非单方面决策作出决定的努力（Allwright，1984）。因此，教师有义务在课堂上创造开展真实交互的机会，以便学习者参与协商。从交互式教学角度来看，教师将扮演不同的角色，包括控制者、协调者、管理者、引导者和资源提供者。为了达到自然交互的氛围，可以以小组、结对或全班形式完成角色扮演、戏剧、访谈等任务，以及进行问题解决、决策以及意见交换等活动（Brown，2001）。简单来讲，教室中通常可以进行两种类型的交互，即师—生交互和生—生交互。

交互式语言教学将语言习得视为一种交际活动，强调语言在特定情境下的实际使用。根据 Brown（2001）的说法，交互课堂有两个突出特点。首先，由于结对活动和小组活动在课堂活动中占据很大比例，生—生交互是不可或缺的一部分。其次，学生接受真实的语言输入，且他们的语言输出是用于现实生活中的意义交流。交互式教学强调学生、教师和情境之间的多向交互，以及合作学习在完成某些学习任务中的价值。交互式教学将教师指导和学生的动机与主动性自然地结合在一起，有助于培养学生的创造力和独立性。在语言教学课堂中，交互具有重要意义。正如 Rivers（1987：4-5）所言：

> 借助交互，学生通过听到或阅读真实的语言材料，增加语言积累，甚至可以通过讨论、短剧、共同解决问题或对话日志提高同学的语言输出。交互时，学生可以在真实交流中使用所拥有的全部语言资源（学到的或偶然掌握的），表达他们的真实意义……如此一来，即使是在初级阶段，他们也可以学习如何利用语言的弹性，对知之甚少的事情有进一步了解。

4.2.2 交互式翻译教学研究

交互途径对语言教学产生了积极影响。由于传统的试错式（trial-and-error）翻译教学逐渐表现出其不足之处，许多教师和研究人员开始意识到交互在翻译教学中的重要性，并提出了"交互式翻译教学"这一新范式。

4.2.2.1 交互式翻译教学的重要性

在过去的几十年中，由于传统的试错式教学的效果远远不能令人满意，一些教师和研究人员已经将注意力放在了翻译教学的交互途径上。交互对翻译教学具有重要意义。Colina（2007）认为，翻译是一种交际活动，课堂动态应与职业翻译更加协调一致，课堂交互也是多方面的。在社会建构主义（social-constructivism）指导下，Kiraly（2014）指出，翻译教学应该被视为基于学习者赋能(empowerment)的动态交互过程。Davies(2004)强调交互,并指出翻译教学过程的目的是通过团队合作营造积极的氛围,鼓励主体间的交流,以获得语言能力、百科知识、转换能力和专业能力,并学习翻译技能。穆雷(2004)也指出,课堂上的翻译教学应该是一种"语言游戏",教师与学生之间的交互十分重要。钱春花(2010)认为,通过语言交互、教学与环境的交互以及情感交互,交互式教学将能够提升学习者的翻译能力。

4.2.2.2 传统的交互式翻译教学

传统的交互式翻译教学以教师为引导者,关注协作学习和对翻译过程的探索,它已将"以教师为中心"(teacher-centered)的课堂转变为"以学习者为中心"(learner-centered)的教学,使学习者能够积极参与到以任务为导向的、有目的的学习中,有助于提高学习者的翻译能力,培养其学习自主性。传统的交互式翻译教学重视课堂交互,因此更加关注课堂动态和课上教学过程。在传统的交互方式中,面对面的讨论和合作是最广泛接受的形式。Kiraly(2014)将"工作坊"(workshop)引入翻译课堂,为解决(模拟)真实的翻译问题提供论坛,并赋予参与者权力。学生与小组中的其他成员进行讨论和协作,教师作为协调者发起讨论,管理小组成员之间的交互并解决冲突。Davies(2004)提议将课堂转变为论坛和实践工作坊,并同时考虑到翻译的功能、过程和产品,提出了任务型教学方法。

在中国,一些教师和学者也为促进师生在翻译课堂上的交互做出了有益尝试。叶苗(2007)对以学习者为中心的交互式翻译教学进行了探讨,以提高学生的翻译能力。她展示了不同翻译阶段的教学程序,以及学生在翻译评估中的积极作用。伍小君(2007)设计的交互课堂贯穿翻译的三个阶段:理解、转换和表达。教师可以通过提问、小组讨论和翻译鉴赏,为学习者营造一个积极参与翻译过程的氛围。李明与仲伟合(2010)在他们的翻译工作坊中采用了以过程为导向、以学生为中心的方法。教师将学生们分成小组,并且设计了一系列活动来促进产出和修改译文过程中的互动。吕亮球(2014)建立了一个翻译工作坊,他强调角色分配,每个学生在讨论组中扮演不同的角色。小组领导者代表团队成员在课堂上分享对源文本的理解,并展示翻译中遇到的问题和解决方案,这时交互就已经发生了。

由此可见,在传统的交互式翻译教学中,师—生交互、生—生交互几乎全部局限于课堂。学生对自己的知识建构负责，而教师则在设计教学程序和翻译任务方面起着关键作用。如果课堂管理不严谨，翻译课堂将由教师控制，漫无目的且效率低下。

4.2.2.3 基于网络和社交 APP 的交互式翻译教学

互联网和新技术的发展丰富了翻译教学方式，为师生之间的交流与交互提供了一个更加有效、便捷的平台。许多教育专家和教师已经将新技术应用于他们的教学方法创新。Benson（2013）指出，互联网技术平台是翻译教学的新环境。近年来，在线协作式教学（online collaborative teaching）的相关研究集中探讨如何设计虚拟学习环境，如何对学生和教师的活动进行建模，以及如何介入讨论（调解、辅导、支架式教学等）。Bogain 与 Thorneycroft（2006）探讨了基于问题的电子翻译平台的在线协作，并发现在线协作环境并不会自动引起有意义的学生交互，而组织和团队动态对于协作的成功产生至关重要。在"职业译者培训"（Professional Approach to Translator Training）（Olvera Lobo et al., 2007）的基础上，Olvera Lobo（2009）进行了实证研究，证明虚拟协同工作环境对学生的远程工作和团队工作、计算机和翻译技能有积极影响，学生对新的学习方式十分满意。Gaballo（2008）探究了在线学习环境中的翻译策略教学和学习，发现学生开始以职业译者的方式思考和解决翻译问题，但是同时也发现，有效管理讨论和/或工作进展成为在线协作的难点。

在中国，许多教师和学者也开始对 21 世纪以来基于网络和社交 APP 的交互式翻译教学表示出极大的兴趣。封一函（2001）将计算机技术应用到翻译教学中，把翻译课堂变成了翻译共同体，学生们通过实时的通信方式与教师和同伴进行交流。贺莺（2007）构建了一种基于网络论坛的翻译教学模型，并阐述了其在评估和讨论学生翻译中的应用。段自力（2008）提出了基于互联网的"翻译评价"模式，以实现课后的异步交互，为翻译实践提供了一条可行的途径。近年来，移动设备和无线技术的发展为教师提供了更为灵活生动的翻译教学方法。为了丰富课后学生与教师之间的交互，万兆元（2012）在建构主义的指导下，设计了基于多媒体和博客的交互式教学模式。实证研究证明，该模式能够有效地促进师—生、生—生在课堂和课后的交互，从而激发学生的兴趣，提高他们的翻译能力。随着实时通信软件在年轻人中越来越受欢迎，QQ 和微信（WeChat）已经在翻译教学中得到应用。在分析了 QQ 群主要功能和基于 QQ 的交互特征之后，戴建春(2011)提出了基于 QQ 网络平台的课后交互式翻译教学模式。陈凌与陈广益(2014)设计了基于 QQ 的在线翻译教学平台,这一平台由教学资源平台和交互教学平台两部分组成。王丽与戴建春(2015)充分利用微信的优势,提出了基于微信的交互式移动翻译教学方法。

4.3 交互式翻译移动学习共同体模式

4.3.1 交互式翻译移动学习共同体模式的创建

在共同体的理论基础上,我们结合移动社交 APP 的功能,构建了交互式翻译移动学习共同体模式(见图 4-1)。该模式的设计考虑了以下三个方面:

(一)协作式学习。在翻译教学中,当学习者有意识地努力寻找、选择、整合和组织信息以解决翻译问题时,有意义的协商才会出现。在课堂和在线的协作式学习环境中,学习者不断调整自身的认知策略,提高解决问题的能力。

(二)移动学习教学法。近年来,移动技术的发展极大地改变了教学方法。由于移动设备的便携性、灵活性和易得性,移动学习可随时随地进行。在移动学习理论中,移动技术不再是教师传授知识的媒介,而是协作学习和意义协商的认知工具。

(三)交互。在移动技术的帮助下,交互平台促进了学习者之间、学习者—教师和学习者—内容之间同步和异步的交互,从而促进学生的知识构建和能力习得。在此教学平台中,教师和学习者具有相同的地位,并通过基于社交 APP 的平台相互协作。

翻译移动学习共同体是学习者、教师和社会助学者(包括翻译专家、客户、网络读者群等)为了完成翻译任务而构成的移动学习团体。首先,在交互式翻译移动学习共同体模式中,学生是翻译能力建构的主体,他们在解决翻译问题的交互过程中不断反思、修改并完善译文,促进个人和团队的共同发展。其次,教师是交互式翻译移动学习共同体模式的监督者、协调者:可以为整体的行动提供导向,引导学生交流和反思,鼓励学生进行

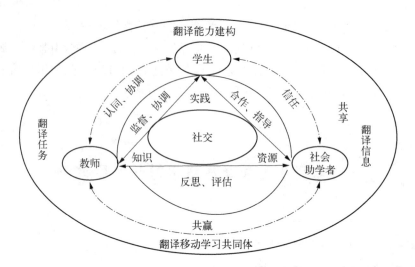

图4-1 交互式翻译移动学习共同体模式

翻译知识的建构和内化；可以对学生翻译活动的过程进行适时、有度的监控，了解学生翻译过程中的认知情况，在此基础上适时调整教学策略、安排教学活动；可以推进学生自评、同伴互评、专家评估等多元评估，建立并完善学习档案库。再次，社会助学者充当顾问、评论者的角色。翻译专家能引导交互内容层层深入，并针对学生遇到的典型翻译问题向其提供帮助和指导；网络读者群和客户的反馈信息既能激发学生的学习热情，又有助于培养学生的职业意识和读者意识。

翻译移动学习共同体达到合作互动、共同发展的前提条件是：目标一致、相互认同、能力互补和相互信任。具有共同目标的参与者，在交流协作过程中，面对不同的翻译信息和问题解决方式，进行自我反思、知识重建，在不断"反思—重建—再反思—再重建"的过程中完成翻译知识建构，并在交互过程中获得认知和情感的协调发展。

4.3.2 交互式翻译移动学习共同体模式教学平台

交互式翻译移动学习共同体模式打破了翻译教室的界限，是课堂学习共同体模式的有效补充。我们根据翻译教学中各交互环节的需要，构建了交互式翻译移动学习共同体模式教学平台（见图4-2）。

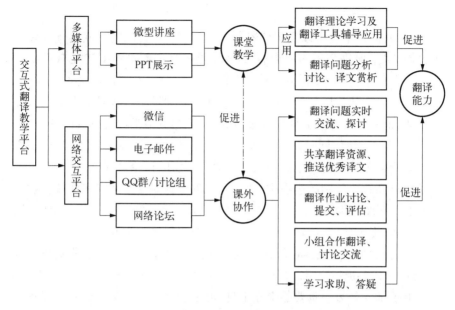

图 4-2　交互式翻译移动学习共同体模式教学平台

　　如图 4-2 所示,交互式翻译移动学习共同体模式教学平台依托多媒体平台和网络交互平台两大系统,构成课内外相连通的翻译教学环境。具体而言,基于社交 APP 的交互平台为教师提供了大量关于学生行为和表现的信息,教师可以据此相应地调整教学计划,制定针对性的教学目标。

　　首先,通过整合文字、图片、声音、视频、动画等多种媒体功能,多媒体平台可以以更加生动灵活的方式,提供丰富多样的教学资源。多媒体教学平台主要以微型讲座和 PPT 展示等形式进行翻译理论教学、翻译工具应用辅导、翻译问题分析探讨及译文赏析等活动,在激发学生兴趣、激励学生互动、引导学生反思的同时,提高学生的翻译理论知识储备及工具应用能力。

　　其次,基于社交 APP 的网络交互平台旨在为学习者建立一个课后交互式协作环境。网络交互平台包括同步交互和异步交互:同步交互工具可实现一对一、一对多和多对多交互,强调翻译问题的实时交流和探讨;异步交互不受时间和地域限制,为翻译学习交流提供了更灵活、便捷的交互空间。微信、电子邮件、QQ、网络论坛是目前应用较为广泛的社交 APP,具有共享、推送、交流、讨论等功能,将这些功能整合到交互式翻译移动学习共同体模式中,有助于创造一种情景创设、自主探索、资源共享、协作学习的交互式翻译教学环境。

例如，微信平台可以用于传递翻译资源、分享翻译经验、欣赏优秀译文等方面，对于促进学习者—内容及学习者—学习者的异步交互有重要作用。在微信平台上，大量翻译材料可以以各种形式大规模地交付，学习者可以决定阅读什么以及什么时候阅读。此外，如果学习者对某个话题有任何想法，他们可以非常方便地发表意见，甚至与其他学习者进行讨论。

QQ 群/讨论组同时支持同步和异步交互，在创建协作式学习环境方面发挥着至关重要的作用。视频会议适合于实时讨论翻译问题，每个人都积极参与到解决问题的过程中，学习者可以得到即时的回应和建议。建立QQ 群/讨论组可以更加高效地完成翻译任务所需的各个环节，包括识别翻译问题、提出建议、比较不同解决方案、修改翻译文本和同行评估。经过群组讨论，学习者可以通过阅读讨论记录来反思学习过程并获得启发。同时，教师可以参加讨论组，适时提供"支架"并监控学生的表现。

电子邮件是另一重要的交互工具，可用于提交翻译文本或发送任务反馈。更重要的是，不同群体之间可以通过电子邮件实现合作和同伴评价，教师还可以借助电子邮件便捷地向所有学习者发送教学指导。

网络论坛上的交互通常是异步的。鉴于不同的学习者可能存在不同方面的困难，采用网络论坛的形式展开翻译教学，可以有效地进行个别辅导。如果内向的学习者不敢在公众面前提出问题或寻求对某个问题更具说服力、更详细的解释，可以以私聊的方式单独咨询同学、教师、专家，甚至外国朋友。

4.3.3 交互式翻译移动学习共同体模式教学实施步骤

学习环境和教学程序的设计是决定交互效果的关键因素之一（蔡静，2009）。作为互动学习的设计者和组织者，教师应引导和监督学生的互动，以增加他们的积极性和动力。学生也希望得到教师的积极反馈和相关建议，以改善他们的互动。

交互式翻译移动学习共同体模式由两部分组成：课堂交互和课后协作。交互式翻译移动学习共同体模式的教学可分为七大步骤：（1）确定主题。教师根据学习目标确定学习主题及内容，以微型讲座的形式引导学生思考讨论,并在翻译教学初期介绍翻译理论、翻译策略及翻译工具,逐步引进翻译职业知识,鼓励学生自主探索、建构、反思和学习。(2)导入翻译任务或翻译项目。导入真实或仿真翻译项目,有利于学生确定学习目标,激发学生的译者意识和学习热情。(3)构建学习共同体。首先,班级是大型学习共同体,应创建班级 QQ 讨论群和微信公众号。其次,每四到五人组成一个拥有共同愿景的微型学习共同体,各自创建讨论组,营建组文化。教师应有意识地发现和培养核心参与者,这些学生既能发挥示范、引导、激励作用,又可向教师反映同学的交互需求及学习情况,或自发组织学生交流及合作学习。(4)协作翻译。小组成员通过探究合作式学习,主动建构翻译知识,完成翻译任务。在协作翻译的过程中,教师应重点在以下三方面发挥作用:交互过程的参与和鼓励、交互内容的建议和引导、交互过程的监督和管理。(5)讨论和反思。学生基于社交 APP 探讨翻译问题、赏析译文,并通过教学平台展示翻译过程,选出优秀译文推送至微信公众平台。(6)评价。过程性评价和终结性评价相结合的方式更有利于把握学生翻译能力的动态发展过程。(7)建立学习资料库。教师整理并收集学生译文、语言资产、翻译日志、网络交互记录及反馈信息。

4.3.4　翻译能力评估

翻译能力评估包括对翻译能力、翻译过程和翻译产品这三方面的评估。

翻译能力是一个相当复杂的概念,包含多个组成部分。为了深入了解每个组成部分的情况,本研究采用多维度的翻译能力评估,即评估翻译过程和翻译产品,验证交互式翻译移动学习共同体模式的有效性。

翻译过程评估主要借助形成性评估。首先,同伴评估在交互平台上非常重要。通过比较每个成员的译作,协作讨论翻译问题,成员们需要轮流对其他人的表现进行总结并提出建议(包括在解决某类翻译问题时给他们留下最深刻印象的是什么、哪些成员在哪些方面需要加强等)。其次,教师应该在交互平台和课堂上及时提供反馈。通过阅读翻译日记并参与学生在交互平台的讨论,教师可以从中选择最具代表性的翻译问题,引导学生解决。此外,教师还可以向个人提供关于如何提高某种子能力的单独指导。在课堂上,小组 PPT 展示也由其他小组评估。每个小组派一人展示他们的讨论过程,其他小组可以提出问题并分享他们自己的协作经验。

翻译产品评估需要考虑三个因素。一是自我评估，学生完成每项任务后，必须对自己的译文进行评分。同时，学生还要在参加基于社交 APP 的翻译移动共同体模式交互教学后，完成翻译能力的问卷调查。二是同行评估，每个成员都需要根据在交互平台上的贡献和参与度来评估其他成员的表现及翻译工作。三是教师评估，教师应对学生的翻译工作和翻译日记打分。

4.4 翻译教学实验

本研究采用质化和量化研究相结合的混合法，通过实验组和控制组的对比分析，探究交互式翻译移动学习共同体模式能否提高学生的翻译能力和翻译质量，以及能否得到学生的认同。

4.4.1 研究问题

（1）交互式翻译移动学习共同体模式是什么？
（2）从实证的角度来看，这种模式在多大程度上有助于提高学生的翻译能力？

4.4.2 研究对象

本实验研究对象是国内某高校两个 MTI 笔译班学生，分为实验组和控制组，其中实验组（EG）20人，控制组（CG）16人。根据教学实验之前收集的信息，32 名研究对象本科专业为英语语言文学，具有 TEM-8 证书，其他 4 名研究对象本科专业为有色金属冶炼、工商管理、汉语言文学等，具有 CET-6 证书，因此所有研究对象都具备一定水平的双语能力。此外，背景调查显示，所有学生都没有接受过正式的交互学习培训，也没有任何借助社交 APP 协作完成翻译任务的经验。实验前测采取限时翻译测试的形式，学生分别对两篇 200 字左右的散文进行英汉、汉英翻译。对前测译文质量进行独立样本 t 检验发现，两组学生的译文质量不存在显著性差异（$p = 0.834 > 0.05$），说明 EG 和 CG 学生翻译能力相当，学生个体翻译能力的差异处于可接受的范围之内。

为了尽可能避免教师、教材、学时等无关变量对实验的干扰，EG 和 CG 的授课任务由同一教师担任，且课堂教学内容、教学进度、学时(10 个教学周，每周 4 个学时)等均保持一致。唯一不同的是，EG 按照新模式施教，CG 按照传统教学模式施教。在教学过程中，学生被要求在翻译日志中记录其在翻译过程中遇到的翻译问题、解决问题的步骤以及作出翻译决策的理据。学生需要同时提交译文和翻译日志，形成个人学习档案。在教学结束后，研究人员对 EG 学生进行新教学模式的反馈调查和访谈，访谈征得学生同意全程录音。

基于移动应用的互动平台和教学模式，教学实验分三个阶段进行。

第一阶段：第一周至第二周

参与者：王教授、36 名 MTI 学生(EG 20 名，CG 16 名)和研究人员

活动：问卷调查和学生翻译能力前测，教学实验介绍，EG 和 CG 分工，移动应用平台建设等。

本模式实施的关键在于使学生对他们在每个阶段期望达到的课程目标、课堂教学程序和翻译能力评估标准都有清晰的认识。此外，应向学生详细说明他们将如何从模型中受益，从而提高学生的学习动力。

这个阶段有四项任务。第一项任务是详细介绍教学实验，并用问卷和文本来测试学生的翻译能力。第二项任务是组建小组并建立交互平台。每组 4—5 人，允许学生自由组建讨论组。这种友好和谐的环境，有利于激发学生参与讨论。一旦建立了讨论组，学生将通过教师的指导合作建立交互平台。此外，学生将根据各自能力在小组中承担不同的角色。第三项任务是让学生熟悉教学课堂和交互平台上的交互技巧。之前的调查显示，大多数学生对如何在团队中进行互动和协作知之甚少，因此，教师应该对学生进行一些培训，比如如何将整个问题分成几个子问题，如何设置每个阶段的目标，如何提出问题来激励其他成员，等等。第四项任务也是最重要的任务，教师应与学生就课程原则进行协商，包括完成翻译任务的指示(截止日期、平台上的讨论时间、翻译日记的形式和日程安排)以及最终表现评估。

第二阶段：第三周至第九周

参与者：王教授、36 名 MTI 学生(EG 20 名，CG 16 名)和研究人员

活动：与文学翻译标准、翻译理论相关的微型讲座，散文、小说和诗歌

的翻译任务。

实验前测问卷显示，大多数学生对文学翻译理论的价值持消极态度，有的甚至认为不存在任何可行的文学翻译评价标准。研究人员将这一发现反映给教师，王教授随即决定对她的教学计划作出微调，将第二阶段的教学目标确定为联系翻译理论与文学翻译实践，提高学生解决翻译问题的能力。具体来说，本阶段课程的翻译理论涵盖了文学翻译标准，通过对比不同翻译版本来分析不同文学类型的翻译策略。两组学生都会收到相同的课堂教学和翻译作业。课堂教学分为微型讲座和课堂讨论两部分。在微型讲座环节，教师介绍翻译理论和翻译工具，鼓励学生探索翻译策略。为了增强理论与实践的联系，在学生完成任务时，教师会适时增加理论指导的信息输出。在课堂讨论中，要求 CG 和 EG 的学生进行 PPT 展示（每次 5 名学生：CG 2 名，EG 3 名）。学生的 PPT 展示内容与他们的翻译任务有关。一般来说，CG 学生通常会展示自己解决翻译问题的过程，并提出一些问题以寻求建议。而 EG 学生则会借助交互平台上的互动和讨论功能展示各种内容，如解决问题的协作、翻译的理论基础和翻译修改，以及对其他成员译文的鉴赏。为了保证课堂教学的有效性，教师监控整个过程，并在讨论部分通过提问来引导学生互动。课后，EG 需要完成交互平台上的翻译任务，CG 学生则独立完成翻译任务。通过在互动平台上进行交流，EG 中的学生相互协作，就源语文本的含义和目标语文本的表达进行协商，也可以向组员提出更多的解决方案和建议。此外，EG 学生还互相交流，对其他成员的工作进行评估并提出一些建议。小组成员还可以把最佳译本发送到微信公众平台进行分享。在 EG 完成翻译任务的过程中，一方面，学生可以掌控整个学习过程，对每个翻译问题作出决定，主动探索和构建自己的知识，并反思互动过程；另一方面，教师在平台上担任隐形监督员和顾问，不会在交互平台上表现出绝对权威，但随时准备提供"支架"帮助并尽快解决冲突。同时，她也会给小组的学习过程提供一些建议和反馈。研究人员在平台上保存学生表现和行为的详细记录，有时也会参与讨论过程。

第三阶段：第十周

参与者：王教授、36 名 MTI 学生（EG 20 人，CG 16 人）和研究人员

活动：问卷调查和学生翻译能力后测，分享翻译经验，CG 和 EG 半结构式访谈，EG 对移动学习共同体模式进行评估。

第三阶段为学生提供了一个展示的机会，学生可以分享他们在文学翻译中遇到的情况以及他们在课程中学到的知识。在交互平台上进行协作

的四个小组都精彩地介绍了他们的团队合作经验和解决问题的过程。之后,教师指出互动过程中的一些问题,并评估学生在课程中的表现。第三阶段的另一项任务是验证翻译移动教学共同体模式在翻译教学中的有效性。此环节要求 CG 和 EG 完成调查问卷和文本翻译任务,以查看教学实验之后两组在翻译能力上是否存在显著差异。测试结束后,EG 还会收到一份关于基于社交 APP 的翻译移动教学共同体模式的调查问卷,用以调查新模式的优缺点。研究人员对该课程的每个参与者进行半结构式访谈,收集质性数据。

4.4.4 研究工具

本研究采用混合法(张培,2015)来指导研究设计和分析,将定性和定量研究工具获取的数据结合在一起,从而形成数据多元互证(Alves & Gonçalves, 2003; Howe, 2012),以提高研究结果的信度。定性研究工具包括翻译日志、观察和访谈,主要用以收集学生翻译行为的质性数据,考察学生翻译能力的变化,同时佐证、描述和解释量化结论。定量研究工具是翻译质量评估量表,用以获取量化数据来评估翻译质量及教学效果。

4.4.4.1 翻译日志

翻译日志作为质化分析的主要研究工具之一,具有便于回顾的特点,其教学实用性已经在面向过程的培训方法中显示出来(Fox, 2000)。在当前教学实验中,研究对象在完成每个翻译任务之后,都要撰写翻译日志,报告所遇到的翻译问题、解决问题的工具和策略以及最终决策的理由。翻译日志能够展示完整的问题解决过程,已成为翻译教学中培养和衡量学生翻译能力的有效手段(成思、吴青,2016)。一方面,日志写作鼓励学生对翻译任务进行批判性思考,使学生能够简要回顾翻译问题解决的认知过程,并对自己的不同解决方案的适用性和可接受性进行评估。另一方面,翻译日志可以为教师提供有关学生问题(包括个人问题和集体问题)的最新信息,并帮助教师理解学生最终决策背后的原因。据此,教师可以实施更有针对性的培训和指导,实现更高的翻译教学质量。

4.4.4.2 网络讨论记录

网络交互平台为讨论营造了一种相对轻松的氛围。根据之前的研究,

面向人工智能的翻译能力研究：理论、方法与实证

学习者,特别是那些害怕在公众面前犯错误的内向学习者,倾向于更积极地参与在线交互,从而与同伴和教师讨论问题、分享资源以及展示最终决策的理由,这时,集体智慧极有可能为个人解决问题带来启发。此外,网络讨论有助于提高学生的责任意识,培养学习者的自主性。对于教师来说,他们可以加入网络讨论来监控学生的互动,并及时搭建"支架"。网络讨论记录是发现学生最常遇到的翻译问题的重要来源,借此,教师能够轻松捕捉到学生的翻译行为、工具和策略,从而更深入地了解学生的动态,追踪他们的翻译能力发展情况,并及时调整教学计划。

4.4.4.3 半结构式访谈

考虑到个体差异,本研究采用半结构式访谈来收集更多的描述性和解释性信息作为硬数据的补充。采访时,鼓励所有研究对象表达自己对本课程的感受,以及对于翻译能力培养和本教学实验的建议。此外,实验组还被问及他们在交互平台上的协作工作、互动对他们翻译能力的影响、他们对基于社交 APP 的交互式翻译移动学习共同体模式的评价以及他们对改进模型的建议等。

4.4.4.4 翻译质量问卷

翻译质量问卷是基于 Galán-Mañas 与 Albir(2015)的译文评估方法而设计的,共有 10 个变量,采用 Likert 五级量表,从"完全不符合 = 1"到"完全符合 = 5"共分五级。Cronbach' alpha 系数信度检验和验证性因子分析显示,翻译质量问卷具有良好的信度(α = 0.865>0.85)和效度。

4.4.5 数据收集与分析

首先,收集学生的翻译日志和网络讨论记录,然后,对访谈录音进行文本转录,约计 18 000 字。按照翻译行为表征对质性数据进行分类编码,再依据 PACTE(2005,2011)关于翻译能力的定义将其分别归于策略能力(strategic competence)、双语能力(bilingual competence)、语言外能力(extra-linguistic competence)、翻译知识(knowledge about translation)、工具能力(instrumental competence)和心理-生理要素(psycho-physiological components)等六类能力之下。教学结束后,收集的 36 份后测译文(EG 有 20 份,CG 有 16 份)由三位有 10 年以上翻译教学经验的教师打分评估。量化研究使用统计软件

SPSS 20.0 对翻译质量问卷进行独立样本 *t* 检测，旨在分析两组译文质量是否具有显著性差异。

4.4.6　效度控制

为了使结果更具说服力，效度控制是实证研究中必须考虑的方面。在设计教学实验时，要控制所有无关变量，以确保因变量的变化是由自变量引起的，而不是其他因素。在本教学实验中，全班分为控制组和实验组，其中教学模式为自变量。对学生翻译能力的前测显示，两组之间没有显著差异。首先，为了避免无关变量（包括教师、教学内容、教学安排和教学时间等）的影响，控制组和实验组会共同上课，主要区别在于实验组将在课后进行基于社交 APP 的翻译移动学习共同体交互平台的协作。此外，为期一个学期（10 周，每周 4 个小时）的教学安排确保了研究人员有足够的时间观察因变量的变化，并完成数据收集。其次，为了保证研究工具（特别是收集定量数据所使用的调查问卷）的信度和效度，研究之前通过统计软件进行了相关测试，结果显示本实验选用的研究工具的信度和效度达到了令人满意的水平。最后，为避免霍桑效应，即研究对象尽力迎合研究目标从而产生理想结果，研究人员和教师并未告知学生此次实验的研究目标。

4.5　结果与讨论

本研究分别收集了翻译过程、译文质量及教学模式评价的定性及定量数据，并对其进行了分析。

4.5.1　基于过程的翻译能力评估

通过对实验组学生的翻译日志、网络讨论记录及访谈等质性数据进行分析发现，较多学生的工具能力、心理-生理素质和语言外能力得到提高。

首先，从表 4-1 可见，实验组 20 名学生中有 16 名学生提及交互式翻译移动学习共同体模式促进了其工具能力的提高。例如，有学生明确表示自己在翻译问题的实时交互中积累了大量信息检索知识,提高了信息搜索效率,这种现象在以往研究中也有体现(Raído, 2013)。也有学生指出,通过依照 QQ 群的讨论内容不断分析和修改机器翻译译文,自己掌握了一定译后编辑技巧。还有学生提到,在专家的指导下,自己学会了使用语料库及术语库来搜索平行文本。其次,有 13 名学生提及心理-生理要素。很多学生强调教学共同体的价值文化培养了他们的团队合作精神和责任心,Olvera Lobo(2009)的研究也有类似发现。有学生表示在翻译过程中与他人的交互增强了自己的自信心:"译文经过反复修改,最终被选为优秀译文并推送至微信公众平台,得到老师和同学的认可,这对我来说是莫大的鼓舞。"还有学生认为共同体民主和谐的氛围激发了其创造灵感和批判性思维能力。但也有学生反映,共同体内部的竞争机制在教学初期给他们造成了一定的心理压力。再次,语言外能力有 10 人提及,排名第三。多数学生肯定了"头脑风暴"式的网络讨论对主题知识拓展的作用。还有学生在访谈中表明,共同体教学平台有助于利用零碎的时间积累文化知识。少数学生提及策略能力、双语能力和翻译知识能力。个别学生解释道,策略能力和双语水平的发展需要长期培养,短时间教学难以产生立竿见影的效果。由于本研究的翻译文本局限于文学体裁,受试学生缺乏职业化的操作和训练,其翻译知识能力,尤其是职业知识能力并未得到提升。因此,后续研究可进行历时更长的纵向研究,引入不同文本类型和真实翻译项目,关注策略、双语及翻译知识能力的发展。

表 4-1　基于过程的翻译能力评估

翻译能力构成	行为表征编码	质性数据示例	提及人数
工具能力	1. 信息搜索 2. 信息评估 3. 工具评估	使用搜索引擎(如百度、必应、谷歌)查找背景资料和平行文本。(访谈) 在线词典中 dimension 的译文"规模、大小"不太确切,使用《英汉大字典》查阅,最后确定"立体"的意思。(翻译日志) 与在线词典相比,维基百科的表达更加准确,主要查找文化负载词。(访谈)	16
心理-生理要素	1. 认知因素 2. 态度因素 3. 创造力	我以前都是翻译完了直接提交,不会再思考和推敲译文。由于 QQ 群组的译文讨论和微信平台推送活动,我开始不断润色、修改和反思译文。(访谈)	13

翻译能力构成	行为表征编码	质性数据示例	提及人数
语言外能力	1. 文化知识 2. 百科知识 3. 主题知识	P6：老豆腐是什么？ P8："老豆腐"，又称"北豆腐"，是起源于山东的传统小吃，质地比较硬，可译为"bean curd"。（网络讨论记录）	10
策略能力	1. 问题识别 2. 决策评估 3. 解决问题	通过与 Mike 的 QQ 交流，发现维基百科关于"货郎鼓"的翻译并不恰当，可从描述外观的角度来翻译，因此采用"Stick-and-Ball Toys"。（翻译日志）	5
双语能力	1. 词汇语法 2. 语用分析 3. 句式变化 4. 语序调整	P2：我觉得该译文太拘泥原文的句式和结构了。要符合中文表达习惯，需要变换原文句型结构。（网络讨论记录） "I noted them for their clarity, their rhythm, their beauty and their enchantment." 一句我改变句子结构和单词词性，译为"它们或明白晓畅，或朗朗上口，或别有情致"。（翻译日志）	4
翻译知识能力	1. 翻译技巧 2. 职业知识（市场、读者、客户）	考虑到译语读者的接受效果，"阳光如同瀑布，在他身上流淌"处理时结合"a waterfall of words"的结构，译为"bathed in the waterfall of sunlight"。（翻译日志）	2

4.5.2 译文质量评估

将翻译质量问卷所得数据进行 SPSS 独立样本 t 检测发现，两组学生后测译文的得分均值存在显著性差异（$p = 0.032 < 0.05$），实验组的译文得分高于控制组（见表 4-2），表明交互式翻译移动学习共同体模式对翻译质量的提升具有一定促进作用。十项评估参数中，实验组和控制组在以下四项存在显著性差异："切合原作风格""译文准确""译文可读性强""词汇丰富适切"。其中，"切合原作风格"（$MD = 0.53$，$p = 0.001 < 0.05$）位列第一。根据网络交互记录可知，实验组学生在课后针对译文风格展开了一系列讨论活动，这些活动增强了其语境及文化意识。例如，有学生在访谈中说道："在赏析平行文本的同时，我们小组不断分析原文语言风格，探讨原文的文化特征和

历史背景,这对准确把握译文风格很有帮助。"显著性差异排在第二、第三位的是"译文准确"和"译文可读性强"($MD = 0.51$, $p = 0.001 < 0.05$; $MD = 0.46$, $p = 0.010 < 0.05$)。学生翻译日志显示,交互式翻译移动学习共同体模式对学生理解原文、产出译文和修改译文起到了积极的推动作用。在原文理解阶段,学习共同体成员间的意义协商加深了其对文学作品隐性信息的挖掘和理解;在译文产出阶段,关于文化和语境的探讨促进了他们对"化境"的追求;在译文修改阶段,同伴互评、教师指导、专家审阅和译语读者反馈的模式提高了译文质量管理能力。最后,"词汇丰富适切"($MD = 0.40$, $p = 0.012 < 0.05$)位列第四。有学生在访谈中提到,网络讨论会针对文学文本词汇内涵和外延反复推敲,提升了"炼字"的意识。也有学生表示,译语读者的反馈信息纠正了自己对文化负载词的错误理解,使其能以更恰当的方式翻译这些词语。

表 4 - 2　实验组(EG)和控制组(CG)后测译文质量评估

变量	组别	N	Mean	MD	Std. Deviation	t	df	Sig. (2 - tailed)
切合原作风格	EG	20	3.57	0.53	0.42	3.793	34	.001
	CG	16	3.04		0.40			
译文准确	EG	20	3.67	0.51	0.38	3.606	34	.001
	CG	16	3.16		0.45			
译文可读性强	EG	20	3.58	0.46	0.44	2.719	34	.010
	CG	16	3.12		0.57			
词汇丰富适切	EG	20	3.57	0.40	0.45	2.639	34	.012
	CG	16	3.17		0.45			
译文总体质量	EG	20	3.53	0.37	0.38	2.242	34	.032
	CG	16	3.16		0.60			
意义连贯	EG	20	3.42	0.34	0.48	1.541	34	.132
	CG	16	3.08		0.80			

变量	组别	N	Mean	MD	Std. Deviation	t	df	Sig. (2‑tailed)
译文完整	EG	20	3.63	0.30	0.42	1.927	34	.062
	CG	16	3.33		0.52			
语法准确	EG	20	3.38	0.30	0.49	1.538	34	.133
	CG	16	3.08		0.68			
传达原作功能	EG	20	3.51	0.29	0.43	1.685	34	.101
	CG	16	3.22		0.66			
标点和排版	EG	20	3.33	0.17	0.43	0.904	34	.373
	CG	16	3.16		0.67			
逻辑清晰	EG	20	3.42	0.13	0.43	0.805	34	.426
	CG	16	3.29		0.50			

4.5.3　教学模式的效果及评价

实验结束后,对实验组学生进行的教学模式的反馈调查和访谈显示,学生们对交互式翻译移动学习共同体模式表示认可。具体如下:(1)78.9%的同学认为该模式比传统翻译教学模式的交互效果更好,可以促使他们就翻译问题进行交流、讨论与反思。(2)学生普遍认为社交 APP 对解决翻译问题有积极作用,其中84.2%的同学认为群组讨论能锻炼批判性思维能力,84.2%的同学认为 QQ 群内共享的资源对解决翻译问题有帮助,89.5%的同学认为群组讨论能激发灵感,培养团队合作精神。此发现与Blasco(2016)的移动技术整合的翻译教学研究部分相符。(3)52.6%的同学认为翻译移动学习共同体有助于提高学习兴趣。学生学习兴趣的提高受多种因素影响,包括文本类型、主题内容、小组互动方式等;大多数学生认为教师和专家更多地发挥了"导学"的作用,能进一步激发他们的学习兴趣和热情。（4）57.9%的学生认为借助社交 APP 讨论问题很方便，这点与 Wang 等人（2013）的研究部分相符。访谈得知，学生认为社交 APP 比较适合讨论字、词、句层面的问题，而语篇逻辑性和连贯性问题由于字数较多，线上讨论起来效率比较低。（5）94.7%的同学表示非常乐意在组里分享译文并根据讨论结果不断修改译文。同时，42.1%的同学更倾向选择私聊方式对其他同学提出译文修改意见，因为他们认为该方式更加委婉。（6）63.2%的同学认为翻译移动学习共同体教学平台对翻译能力有促进作用，可以对翻译教学起到一定辅助作用，但不能完全取代传统翻译教学。

我们还发现：（1）不同的微型学习共同体互动参与度有差别，这表明该模式对学生的自主学习和协作能力要求较高。参与度较高的共同体成员对交互式翻译移动学习共同体模式的评价相对更高。（2）共同体的核心领导者对共同体的交互效果有一定影响。交互效果较好的学习共同体领导者具有以下特点：积极营建组文化和组织讨论，善于沟通、调节讨论气氛，擅长引导和激励组员。（3）大多数学生希望得到更多来自教师和社会助学者的指导。社会助学者参与讨论的时间非常有限，其反馈和回复通常滞后。今后可考虑邀请一些具有翻译公司实习经验的高年级学生进行指导。

4.6 本章结语

本章案例构建了交互式翻译移动学习共同体模式，开展了为期十周的教学实验。通过对翻译日志、交互记录和访谈收集的质化数据进行编码分析发现，交互式翻译移动学习共同体模式能促进学生工具能力、心理-生理素质及语言外能力的发展。实验组和控制组翻译质量问卷的量化分析显示，该模式在一定程度上有助于提高翻译质量。结合教学模式的反馈和访谈可知，交互式翻译移动学习共同体模式是对传统翻译课堂的有益补充，但成员参与度、共同体学习氛围、学习动机、移动设备、成员结构等因素对教学效果有一定影响。综上，交互式翻译移动学习共同体模式的应用研究成果给翻译教学带来了新的启示和机遇，有利于将译者培训、技术辅导与翻译市场相结合,也为校企合作提供了一种可行的运作机制。但在该模式下如何提高学生的积极性和学习共同体凝聚力,如何加强教师的监督和引导,如何提高学生的自我监控和自制能力,如何加强社会助学者的参与和互动,如何呈现更加有效的生态交互,都是需要进一步探讨研究的问题。

第五章

建构主义的项目式翻译能力培养研究

随着全球经济一体化逐渐推进,国际交流呈现出广泛频繁且向纵深化发展的局面。在此背景下,中国对外交流的幅度和广度不断增强,形成多层次、多渠道、多领域交流的模式,翻译的作用日益凸显,国家和社会对翻译人才的需求在质量和数量上都有了更高要求。传统的翻译教学呈现出客观主义的特点,以教师为中心,以文本为导向,以"理论—练习—讲解"为教学模式,"学术性、理论性有余,而实用性、应用性欠缺"(蒋霞、曾路,2017:50),忽视了翻译市场的真实需求以及职业化翻译能力的培养,进而导致翻译教学与市场需求的脱节,翻译从业人员的现状已不能满足当今社会发展和国家战略的需要(莫爱屏等,2015;陈水平,2013;王爱琴,2011;杨艳霞、王湘玲,2019)。因此,如何顺应市场需求,培养符合用人单位要求的高水平职业化译者是翻译人才培养的核心,也是翻译教学研究亟须解决的问题。本章着眼于真实市场,探究以项目为基础的建构主义翻译教学模式对学生的翻译能力的影响,并试图回答以下问题:

问题(1):以市场为导向的翻译能力由哪些要素构成?

问题(2):建构主义项目式翻译教学模式是什么?从理论上说,这种模式为什么能提高学生译者以市场为导向的翻译能力?

问题(3):从实证角度看,这种建构主义项目式翻译教学模式能在何种程度上提高学生的翻译能力?

基于问题(3),我们又可以以引申出两个更具体的问题:

问题(3.1):项目结束后,学生译员以市场为导向的翻译能力得到了怎样的提高?

问题(3.2):项目结束后,学生翻译文本的质量得到了怎样的提高?以市场为导向的翻译能力与翻译文本质量之间有何种联系?

构建以项目为基础的建构主义翻译教学模式,并借助教学实验验证其对于培养学生译者以市场为导向的翻译能力(market-oriented translation competence)的影响,将会是提高翻译能力和完善翻译教学的一次有益尝试。

5.1 以市场为导向的翻译能力及教学模式

本部分旨在构建可行的翻译教学模式,从而将理论研究与实证研究结合起来。该模式以社会建构主义的真实项目为背景,应用于国内高校,目的在于提高学生译者的翻译能力,培养能够胜任翻译职业的学生译者。

5.1.1 以市场为导向的翻译能力

本章案例采用并适当改编了西班牙巴塞罗那自治大学 PACTE 翻译研究小组(2000,2003,2005)提出的翻译能力模式(见2.2图2-1),将以市场为导向的翻译能力细分为七个组成部分或七个子能力(见图5-1),即双语子能力(bilingual subcompetence)、语言外子能力(extra-linguistic subcompetence)、策略子能力(strategic subcompetence)、工具子能力(instrumental subcompetence)、职业子能力(professional subcompetence)、翻译知识子能力(knowledge of translation subcompetence)以及心理-生理子能力(psycho-physiological subcompetence)。然而,职业能力是西方所有

翻译培训的起点（Schäffner，2004），并且"当翻译已经进入到一个崭新的时代，即翻译的职业化时代，这些传统的定义显然已经无法涵盖当今翻译行为和翻译活动的内涵和外延，因为职业化时代的翻译无论是翻译的对象，还是翻译的方式、方法、手段和形态，都发生了巨大的、甚至是根本性的变化"（谢天振，2015: 14）。我们在明确其定义的基础上，进一步提出以市场为导向的翻译能力的定义及其子能力。

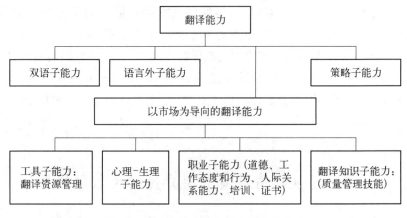

图 5 - 1　以市场为导向的翻译能力构成

职业翻译能力的概念可以从广义和狭义两方面理解。从广义上看，它包括翻译职业中所有显性和隐性的陈述性和程序性知识。或许这种意义上的翻译能力对于实践研究来说过于宽泛，因此当前研究将关注狭义的职业能力，其本质属性为职业化。除了借助以前的研究成果和对本地翻译公司的调查结果，我们还参考了国际译者联盟（International Federation of Translators）、美国译者协会（American Translators Association）、加拿大语言行业协会（Canadian Language Industry Association）等行业协会和国际组织发布的相关信息。在综合比较整理多方资料后，我们从狭义上将职业能力细分为职业道德、工作态度和行为、交际技能、培训、资格认证的能力、知识、意识、反思或智慧等。这些能力均具有显著的以市场为导向的特点。

5.1.1.1　以市场为导向的翻译能力构成

作为当前研究的重点，我们将从以下三方面对以市场为导向的翻译能力进行考虑：

（一）任何行为的优化表现，譬如驾驶，都是建立在一个整体能力基础之上的，而整体能力又依赖于不同子能力的互动。本研究所借鉴的PACTE(2005)的翻译能力模式，将翻译能力分为五个子能力（即双语子能力、语言外子能力、策略子能力、工具子能力、翻译知识子能力）以及心理-生理要素。因为任何双语人士都具备双语知识和语言外的知识，所以PACTE认为策略子能力、工具子能力、翻译知识子能力是翻译能力所特有的子能力（PACTE, 2005: 3）。

（二）如果将翻译作为一种真实职业（如医药、教学或会计等）在大学里进行学习，避免将专业与理论割裂的途径之一是确保教学项目具备反映真实职业的生态效度。翻译教学项目要能使学生获得在职场中必备的知识和技能，由此增强学生信心，通过翻译培训满足翻译或其相关领域的职业要求。因此，职业能力是整体翻译能力的一个组成部分。

一般而言，狭义的职业能力主要涵盖劳动市场状况（如价格、翻译纲要等），译者职业行为（如职业道德等）和工具能力（如使用字典、网络、翻译记忆软件等）。

如前面所述，本章的研究重点为狭义的职业能力，即译者在社会和道德制约下，遵循职业规范从事翻译活动的能力（Kiraly, 2014）。我们将以已有的研究发现（Schäffner, 2004; PACTE, 2000; Malmkjaer, 2004）、三项翻译市场的调查[①]以及译者职业行为国际准则调查[②]为基础，主要关注劳动市场状况（如价格、翻译纲要等）和译者职业行为（如道德、人际交往技能等）这两方面。因此，我们将狭义的职业能力归纳为职业道德、工作态度和行为、交际技能、培训资格认证的能力、知识、意识、反思或智慧等。

（三）本研究基于一项为期三个月的真实翻译项目，未考虑双语子能力、语言外子能力和策略子能力这三个需要花费较长时间培养的子能力，而是将其他可以在较短时间内得到提高的以市场为导向的子能力结合讨论。

前文中的图5-1展示了各个翻译子能力之间的关系，且突出了以市场为导向的翻译能力。本研究采用实证研究方法，考查了上述的职业子能

① 其中两项调查在国外完成，另外一项调查由我们在国内本地翻译市场完成。
② 信息来源：国际译者联盟 http://www.fit-ift.org/en/charter.php#oblig（访问于2017年5月6日）；美国译者协会 http://www.atanet.org/bin/view.fpl/13653.html（访问于2017年5月6日）；加拿大语言行业协会 http://ailia.ca/documentVault/Rpts/Development_of_professional_standards.pdf（访问于2017年4月1日）。

力和其他三个翻译子能力，即工具子能力、心理-生理子能力和翻译知识子能力。但是，鉴于所有的翻译子能力在任何翻译中都是相互作用的，一个能力的提高会带动其他能力的提高，所以我们认为虽然其他的一些子能力，如策略子能力、双语子能力、语言外子能力等，没有被包括在实证研究中，但是它们仍然可以在实验中得到提高。

总而言之，以市场为导向的翻译能力由四个子能力组成：工具子能力、心理-生理子能力、翻译知识子能力和狭义的职业子能力，它们符合真实市场对职业译者的需求。

四个子能力的组成成分具体如下：

（1）工具子能力（翻译资源管理）

a. 有效管理文本材料，如各种类型的参考书、字典、术语表、平行文本（具有对等的信息、在类似交际环境中生成的源语文本或目标语文本）等（Neubert, 1985: 75）；

b. 有效管理电子工具，如电脑辅助工具、翻译记忆软件、电子词典、电脑辅助编辑程序等。与传统方式相比，利用电子工具进行翻译资源管理可以为翻译工作带来极大的便利，"具有高质量、快速灵活、信息共享等优势"（王少爽，2011: 71），已经成为衡量译员翻译能力的重要指标（王华树、王少爽，2016）。这一能力带有科技驱动的特点，因此要求译者密切关注科技发展；

c. 有效管理人力资源，如学科专家、教师、同伴等；

d. 获取和使用有用信息以辅助翻译工作的能力。

（2）心理-生理子能力

a. 心理-生理状况（身体忍耐力和心理压力承受力）

b. 身体忍耐力：良好的身体状况，能够接受艰苦的工作；

c. 心理压力承受力：自信、冷静地应对紧张的脑力工作。

（3）翻译知识子能力（质量管理技能）

a. 准确、完整地将源语文本转换为目标语文本的能力；

b. 遵守目标语表达习惯，向客户递交规范编辑文本的能力；

c. 递交译文前核对译文的能力；

d. 寻求和评价客户反馈信息，满足客需求的能力。

（4）狭义的职业子能力（职业道德、工作态度和行为、人际交往能力、培训、资格认证）

a. 道德

*现实且诚实地对待作为译者的资格：译前对所需专业知识,期限前完成任务的可能性等进行自我评估；

*时间管理技能：在指定时间内快速、高质量地完成译文；

*忠实于源语文本,避免误译；

*职业操守：在任何情况下都要保护客户和国家的利益；

*保密：未经授权,在任何时刻不得向第三方透露保密信息；

*信用：遵守合约。

b. 工作态度和行为

*客观、谦虚、保持尊严；

*高效、勤奋、敏锐洞察客户的需要和要求；

*具有翻译市场意识,保护个人权利。

c. 人际交往技能

*与客户保持良好关系：寻求必要信息,如专业术语、语境信息、附加文件,甚至可以向客户发放调查问卷以获得反馈信息。尊重客户指示,当发生冲突时,尝试与客户沟通新的条款,努力达成共识。

*与团队成员共享知识,最大限度地发挥团体优势。

d. 培训

*继续提高个人技能,拓宽与语言相关的百科知识和主题知识；

*学习并更新翻译史知识和翻译理论知识,深化对翻译这一理论与实践学科的理解,紧跟领域的最新发展；

e. 资格认证

*语言能力证书；

*翻译能力证书(王湘玲、毕慧敏,2008: 54)。

5.1.2 构建具有可操作性的翻译教学模式

从应用语言家的角度来看,"翻译"可以被视为"一种语言文本由另一种语言文本中的对等成分来代替"(Catford, 1965: 20),它被定义为一种单纯的语言转换,即在传统客观主义方法指导下从源语文本转换生成目标语文本。与之相反,本章尝试构建一种可以在国内高校开展的建构主义项目式翻译教学法。

面向人工智能的翻译能力研究：理论、方法与实证

5.1.2.1 传统翻译课堂

House(1980:54)对传统的翻译教学做了如下描述：

(1) 教师以目标语为母语，向学生分发文本；

(2) 教师不教授复杂的翻译技巧，而是引导学生走向错误；

(3) 文本翻译作为学生的课后作业；

(4) 课堂上，教师逐行讲解文本；多个学生分别展示自己的译文；

(5) 教师询问每句文本的不同翻译；

(6) 教师给出每句文本翻译的解决方法；

(7) 教师最后给出理想的译文。

图5-2展示了典型的传统翻译教学课堂。在这种模式下，教师是课堂的中心，向学生灌输知识，而学生仅为被动的听课者和接受者。教师根据自己的偏好选择教学材料，虽然这些材料也许并不能反映真实的市场要求。学生则只能机械地接受教师讲课并独立完成教师布置的翻译任务。

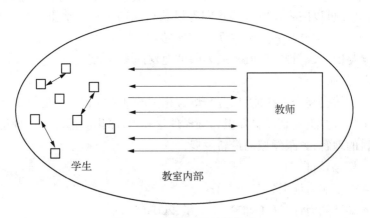

图 5-2 传统翻译教学模式

大多数教师在任教前是英语专业的学生，通常缺乏作为职业译者或除英语语言文学知识之外的必要主题知识和培训；任教后使用的教科书或是由教师自己编写，或是根据自己喜好选择。典型的传统课堂模式大多以教师为中心，教师先布置涵盖多种主题的短文要求学生翻译，然后评价学生的译文，最后与全体学生讨论翻译的细节。翻译测试则通常包括惯用语听写、句子翻译、段落翻译、译文修改、简答、简要评论等。翻译教师面临的主要问题是教什么、如何教、如何培养学生学习翻译的动机(Wu, 2005)。

当然，在这种课堂中，学生可以熟悉一些翻译的基本概念和技能，翻译知识和策略的直接教学确实可以加快学习进程。然而，研究者（Kiraly，2014; Davies, 2004）发现，由于学生在课堂中所学知识与他们未来的职业并无直接联系，他们通常较少表现出对于翻译任务的责任心和兴趣。建构主义认为人们在完成与自身利益密切相关的任务时，会有较强烈的动机。同样，如果学生在校学习内容是为未来职业做准备，他们的学习动机会大大增强（Yang et al., 2021）。翻译教育应坚持以满足市场需求为最终目标，将学生作为真正的职业人员进行培训。传统的翻译教学在非真实翻译练习中强调转换策略，而真实的翻译项目则能够培养更强的翻译能力，更加以市场为导向。此外，如果能够参与到真实项目中，学生置身于毕业后可能进入的真实翻译情境中，他们解决问题和自主学习的动机将会增强（Yang & Wang, 2019）。尽管承认传统方法在某些方面具有优势，我们也应意识到对之进行改进的必要，以使学生更高效地获得与职业相关的翻译能力，并快速适应他们未来的工作。

5.1.2.2　建构主义项目式翻译教学法

由于认识到翻译是一项社会活动而非单纯的语言转换，了解到客观主义下传统翻译教学具有难以弥补的缺陷，意识到"翻译研究应紧跟翻译市场的发展，更有效地描写、解释甚至在必要时改变翻译职场的现实"，我们尝试在前人研究的基础上，探索一种建构主义的基于真实项目的翻译教学法。

5.1.2.2.1　初步考虑

根据建构主义的理念，翻译能力不能由老师传递给学生，只能通过学生自我构建而习得，因此教师不再是教学的中心和知识的源泉，学生也不再是被动的听课者和接受者，而是自己知识的主动建构者。本研究在课程之初鼓励学生自己寻找真实的翻译项目，在此过程中，学生接触到真实的工作市场，与客户就价格、翻译质量、期限等进行商谈。理想情况下，翻译项目应该是由客户委托的真实翻译任务，有严格的翻译期限、真实的目标读者或读者群、客户提供（或不提供）的术语知识和主题信息、格式要求、具体质量要求等。然后，学生得到全文的复印本，在教师指导下，考虑自身利益、背景知识和性格等等，四到五人为一组工作。小组成员要相互信任，保持一个好的学习和工作氛围，并在教师帮助下合作完成任务。每个小组负责全文的一部分，组内成员通过协商、讨论和对话合作完成小组的翻译任务。在这个过程中，他们可以求助于网络资源，参考包括字典、百科全书、平行文本在内的相关资料，咨询该专业领域的专家顾问、技术助理、译者与客户间的中介者、教师或其他任何可以提供帮助的人。当完成各自负责的部分之后，小组间互相检查译文，确保术语一致性以及译文的流畅性和可接受性。最后，学生根据客户要求编辑译文并在期限前提交译文。翻译时，学生应将自己视为职业译者而非学生；教师应该扮演"支架"的角色，在必要时提供帮助，引导而非带领学生完成任务。

5.1.2.2.2 教学模式及其可行性

在概念框架和教学方针的指导下，我们建立了一个建构主义项目式的翻译教学模式。该模式受到 Kiraly（2014）关于建构主义项目式翻译教学法描述的启发，设计并应用于真实教学以作为实证研究的基础。本研究的创新点在于学生小组之间、学生与教师之间，以及与外部世界的互动（见图 5 - 3）。

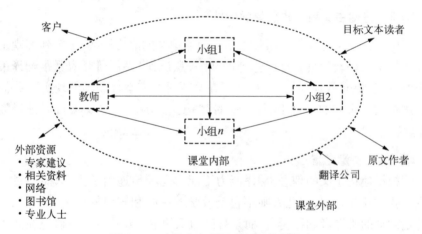

图 5 - 3 建构主义项目式翻译教学模式

课堂内部与外部之间的虚线表明课堂与真实世界之间没有绝对的界限。双向箭头指两端的因素相互作用。小组 n 表示小组数量依班级规模而定。环绕小组 1、小组 2 及小组 n 的虚线框指一定数量的学生译者。

这一翻译教学模式的具体目标是通过真实体验帮助学生获得达到半职业化程度的自主性和专业技能。从生态效度的角度看，真实任务在翻译教学和职业评估过程中的益处是非常明显的。首先，真实情境中的翻译任务与学生今后在翻译岗位中所面临的工作复杂程度相同,问题解决难度类似。与传统且单纯的翻译练习相比,让学生完成真实的翻译任务有助于增强其学习动力。当看到自己在职业标准的要求下取得进步时,学生的自信心将会增强。其次,当翻译文本来源于真实的翻译市场而非来源于教师的个人偏好时,学生将能够更好地应对市场需求。除此之外,通过体验职业译者的翻译活动,学生可以逐渐学会翻译圈的话语体系,熟悉职业规范和惯例,获得个人和人际交往经验,学会与他人合作、与作者和客户商谈。他们还能学会妥协、发表和接受批评,逐渐明白翻译没有唯一正确的标准答案,只存在可行性不同的解决方案。最后,学生还能够获得使用行业工具的能力,了解获取翻译所需信息的方法和途径(王湘玲、贺晓兰,2008:94)。

借助这种教学模式,学生积极参与到以学习为中心的课堂之中,作为半职业译者积累丰富经验,形成职业化的工作态度和行为,进而成为既富有责任感又具备用于规划、监控、评估自身行为的元认知策略(O'Malley & Chamot, 1990)的自信且自主的学习者。总之,学生与教师、学生与客户、学生与文本使用者及学生与资源等各种关系,都能通过以市场为导向的翻译能力模式反映出来,具体表现为对心理-生理状况、翻译资源管理、质量管理技能、职业道德、工作态度和行为、人际交往技能、培训和资格认证等各种子能力的要求。

值得注意的是,本研究所提出的模式并未囊括所有内容,而只是着重强调本研究所关注的基本方面,这使得本模式在某种程度上具有可操作性。通过分析以市场为导向的翻译能力组成部分,本教学模式旨在帮助构建学生译者翻译能力培训和评估的框架。

5.1.2.2.3　建构主义项目式翻译教学与传统翻译教学对比

尽管上述教学模式意在培养学生适应未来职业的翻译能力,我们必须承认翻译概念、翻译原则和方法等基本知识和技能在传统翻译教学中可以更好地习得。表5-1比较了两种教学模式的不同之处。

总的来说,传统翻译教学能使学生掌握基本翻译概念和翻译技能等一些事实性和概念性知识。然而,鉴于传统翻译教学本质上强调的是语言的对等而非翻译的社会功能,注重纠错式课堂练习而非解决现实问题的方法,它不能培养满足市场要求的翻译能力。因此,在认同传统翻译教学优势的同时,我们要探索另一种教学方法以应对翻译职业提出的挑战。项目式翻译教学法是一种可行的解决方法,它以帮助学生取得真实翻译经验、获得达到半职业化程度的自主性和专业技能为目标，为学生步入翻译职业做铺垫（王湘玲、毕慧敏，2008：53）。

翻译教学法研究仍处在其发展的初级阶段，需要大量的理论和实验探索。尽管我们尝试将建构主义项目式方法应用于翻译教学，我们绝非要推翻现行的教学法或全盘否认其优势。考虑到影响教学实践和评估的因素，我们认为教学设计者应始终注意其认识论和哲学设想。作为一名教师，研究者须时刻注意避免两种极端，并应将自己置于两种教学方式构成的连续统之中，即认同有些时候客观主义更适合，而另外一些时候建构主义更适合。究竟哪种教学理念更适合取决于教学情境内的语境、内容、资源和学习者，因为任何学习环境都受到其自身的参与者、惯例、目标、优先考虑事项和动机，以及智力、空间和时间的限制。本研究认为如果教师能够采用真实情境中的或模拟真实的翻译项目，利用短期特别培训课程的优势，在传统的翻译课堂中也可以培养学生的职业能力。这种方法至少可以作为传统翻译教学的有益补充。

表 5-1 传统翻译教学与项目式翻译教学的比较

	传统翻译教学	项目式翻译教学
中心	教师	学生
教师角色	知识传播者	组织者，助手，协助者，项目协调者
学生角色	知识的被动接受者	知识的主动建构者
内容	教科书，其他非真实的材料	真实项目
学习风格	独立	合作
优势	学生熟知事实性和概念性知识，掌握语言转换技能	学生更有动力；自信心将会得到提高；渐渐学会翻译圈话语、规范和惯例；获得重要的个人和人际交往经验；学会使用行业工具，以及获取翻译相关信息的方法
劣势	学生缺少责任意识；在遇到真实世界中的翻译问题时不会选择翻译策略；接触不到翻译圈子，在之后的真实工作中会由于缺少沟通能力和选用合适工具的能力而感到无所适从	不适合基础知识和技能（如翻译概念、翻译原则及翻译方法）的学习

5.2 翻译能力培养的实证研究

本研究从回顾相关文献(主要涉及社会建构主义理论、基于项目驱动的学习理论和翻译能力理论)出发,随后针对市场需求和学生翻译能力进行调查。以概念研究和调查(分别关于本地市场和翻译项目)为基础,建立翻译能力研究框架(见图5-4)。该框架用于真实项目中翻译能力获取的实证研究,包括以下四个方面:翻译能力的整体提高、各部分能力的提高、译文质量的提高以及翻译能力和译文质量之间的相关性。

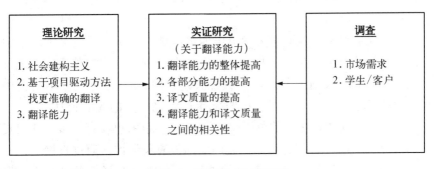

理论研究	实证研究 (关于翻译能力)	调查
1. 社会建构主义 2. 基于项目驱动方法 找更准确的翻译 3. 翻译能力	1. 翻译能力的整体提高 2. 各部分能力的提高 3. 译文质量的提高 4. 翻译能力和译文质量 之间的相关性	1. 市场需求 2. 学生/客户

图5-4 翻译能力研究框架

5.2.1 研究假设

(1)实施项目式翻译教学模式后,以市场为导向的翻译能力将得到整体提高。

(2)实施项目式翻译教学模式后,以市场为导向的翻译能力各项子能力提高的显著程度不同,从弱到强呈阶梯状排列。

(3)与第一阶段相比,学生的翻译质量在第二阶段得到了提高。

(4)在项目的两个阶段中,以市场为导向的翻译能力与译文质量具有相关性。

5.2.2　研究对象

本实证研究的对象为 16 名学生（其中 2 名女生，14 名男生），平均年龄 22 岁，以下将称他们为"学生译者"。Mackenzie（2004）首次使用了"学生译者"这一术语，用以对比翻译学习者与职业译者的差别。她认为，为了让学生译者能够在当今的翻译职业中生存，翻译培训应当为学生提供足够的实践机会，让他们尝试职业翻译中的各种角色。

实验对象选择标准如下：

（1）实验对象必须是工科/理科的大四学生。本研究中 16 位实验对象都是中国某"211"①大学电子信息工程学院的大四学生。这一项目涉及科技翻译，而实验对象都具备充分的学科知识，因此他们比英语专业的学生更适合这个项目。

（2）实验对象必须通过大学英语四级考试。大学英语四级考试是面向国内大学非英语专业学生的标准化考试，用以对大学生的英语能力进行客观、准确的测量，测试范围包括听、说、读、写和译五个技能。本研究中 16 位实验对象均已通过大学英语四级考试，具备一定的双语能力。

（3）实验对象在之前的英语课上没有学过翻译，也没有从事过任何真实的翻译工作。16 位研究对象在大四期间没有英语课。通过直接观察和后续采访，我们发现在历时三个月的项目中，仅本项翻译任务就几乎占据了学生所有的业余时间。因此，可以合理地假设在那段时期内只有此项目影响了学生翻译能力的发展。

此外，超过 95% 的工科/理科学生在大四前已经通过了大学英语四级考试，因此，我们可以假设他们具备一定水平的双语能力②，并且认为实验对象可以代表工科/理科学生。

本研究旨在探讨 PACTE（2000，2003，2005）提出的除双语能力、语言外能力和策略能力之外的所有翻译能力。时间的限制是本研究不得不考

---

① "211"工程是指面向 21 世纪、重点建设 100 所左右的高等学校和一批重点学科的建设工程，于 1995 年经国务院批准后正式启动。

② Presas（2012）主张，应区别对待作为新手译员的双语者和作为职业译者的双语者（"天然的译者"），并强调翻译能力不能单单通过提高双语能力而习得。双语能力的提高可能比掌握其他与翻译职业相关的能力需要更长的时间。因此，在培养学生以市场为导向的翻译能力时，学生最好已经拥有了一定程度的双语能力（八年以上的英语学习）。我们认为，本次为期三个月的项目可提高学生以市场为导向的翻译能力并增强他们的整体翻译能力。

虑的一个现实问题。鉴于大四的学生不再有英语课,翻译项目只能在业余时间进行,并且要在二至三个月的时间内完成,而学生双语能力及其他能力的提高需要较长时间的积累,因此,在本研究过程中无法体现出学生在此方面的提高。

<table>
<tr><td>**5.2.3**   实验项目</td></tr>
</table>

以下是对翻译项目及教学实验的详细描述,这两部分也正是实证研究的核心。

5.2.3.1 项目背景

本研究中的教师与来自某工厂的客户签订了一份翻译合同,并担任该项目的管理者、组织者以及学生和客户间的协调者。

本地某机械制造厂急于将六台新机器的 28 份英文手册翻译成中文,因为如果没有中文版本的说明书,工人们就无法操作机器。因此,客户前来向我们寻求帮助。在本研究中,教师并不是无所不知,手边也没有翻译标准答案用以指导学生。相反,秉着建构主义以项目为基础的翻译教学观点,教师时刻提醒自己谨记作为项目管理者、组织者及协调者的身份。这符合社会建构主义的支架式教学理念,即教师仅在个人发展的最前沿阶段提供适当帮助。传统的英语教师可能会更多地关注学生如何翻译,但在这里,教师的建构主义角色显得更为重要。

最初,英语专业研究生也参与了翻译任务的一小部分。然而,他们遇到了很多困难,在专业术语方面尤其无从下手,翻译任务进行得很吃力,客户也对他们的翻译质量很不满意。因此他们随后转变了角色,从译者变成了单纯的研究助理。由此可见,某领域技术知识的缺乏是导致翻译质量不高的重要原因。本研究因此最终选择了工科学生作为研究对象,以便能够更好地完成翻译任务,确保可靠的翻译能力指数。

5.2.3.2 翻译任务、过程和参与者

客户提供了待翻译的书目清单,最终的翻译任务材料确定为两本机器使用手册(一本操作手册、一本维修手册)。客户之前曾将类似的翻译工作交给其他高校学生完成,因此他非常了解学生适合何种难度的翻译材料。

　　参与实验的 16 名学生被分成四组,每组选出一个组长。各组负责翻译任务的一个部分。教师为学生安排了教室,学生可以一起工作,必要时还可以相互交流。他们也可以把资料带回宿舍或者是其他地方。学生们要自己完成整个翻译工作,而不是总在教师的指导下进行。

　　他们不再受限于传统翻译课堂的有限空间,可以自行安排自己翻译任务的具体事项,因此在翻译过程中,他们可以查阅任何翻译资源,也可以借助任何方式更好地理解材料。教师密切关注学生,帮助学生解决在翻译过程中遇到的问题。

　　学生们按时完成了两本书的翻译。虽然客户指出了第一本手册译文中的许多不足,但是对第二本手册的译文质量给予了充分肯定。学生们最后也都领到了满意的酬劳。

　　该项目的参与者、背景、阶段以及其他相关信息详细记录如下。

　　参与者:

　　(1)学生译者:16 名工科大四学生(见 5.2.2)。

　　(2)翻译教师:王教授(同时也是研究者、项目的管理者、组织者和协调者)。然而,因为与学生和客户相比,王教授("我")不具备理想的工科学科知识,所以评价译文质量时在很大程度上融入了其他人的意见。

　　(3)客户:李先生(工厂方代表,也是此翻译项目的提供者)。他曾就读于工科专业,通过了大学英语六级考试,具备良好的双语能力,已从事相关领域的翻译工作多年,熟悉工厂里所有机器的基本知识,并且也很乐意分享他个人的翻译经验。他在实验研究中的高度配合、周全考虑和耐心为本次研究的顺利进行作出了很大贡献。

　　(4)研究助理:小张(英语专业研究生)。他主要负责本次研究中对学生翻译能力和翻译质量的调查。

　　时长:共 12 周。

　　场地:最初,我们会在教室、教师会议室或机房进行讨论。为了熟悉机器、了解操作工人的需求,我们还实地参观了工厂。学生译者在宿舍、教室、图书馆或教师办公室等地完成大部分翻译工作。

　　翻译材料:两本机器使用手册,分别是一本操作手册(477 页)和一本维修手册(258 页)。

　　每个学生的平均工作量:46 页。

5.2.3.3 项目过程：四个阶段

第一阶段：第 1 周(接触翻译文本前)

参与人：翻译教师,学生译者,研究助理,客户,工厂工人

活动：学生译者首次全体会议;参观工厂

事实上,整个项目过程中,我们只召开过一次 90 分钟的研讨会,希望通过传统翻译教学法,使学生译者在研讨会中学习科技翻译的基本知识。我们原以为翻译策略会对即将开展的翻译工作很有帮助,但是客观主义的课堂教学并没有引起学生译者的学习兴趣。另一方面,他们对以下三件事情表现出了极大的兴趣:真实的翻译项目、参观工厂、完成项目后的酬劳。

在李先生的帮助下,我们得以进入工厂进行参观,这也成为本项目中最有意义的事情之一。通过观察和触摸真实运转的机器,以及与工程师和操作工人交流,实地参观让学生译者对工厂有了直观和全面的了解,有助于理解机器运作原理进而完成翻译。

翻译能力培养：

即使是在第一阶段,学生译者的翻译能力也得到了一定程度的发展。例如,参观工厂能加强对项目真实性的印象。不同于之前的翻译练习,他们知道本项目的受众是真实的对象,译本会投入实际使用,如果出现严重的误译,可能会导致事故。由此,他们的身体和心理抗压必要性的意识将会得到提高,职业译者的道德观念也会在年轻的学生译者头脑中形成。在真实场景中与上述人员接触也有助于提高学生译者的翻译资源管理能力、人际交往技能和质量管理技能。

第二阶段：第 2 周至第 6 周

参与人：翻译教师,学生译者,研究助理,客户,电子工程学院的李教授

活动：完成操作手册的前半部分的翻译(共 238 页,15 页/人)

操作手册的翻译与学生译者之前在英语课堂上所做的翻译练习大相径庭,他们不知道该如何着手,因此这一阶段的翻译任务花费了较长时间。这一阶段的第一周里,我们几乎每天见面,讨论怎样理解机器的工作原理和文本中的专业术语。同时,客户李先生为我们提供了平行文本,帮助扫清一些障碍。向同学作为其中某个组的组长,自愿承担了搜索资料的任务,为此他动用了所有可利用的资源,如互联网、学校图书馆以及他的导师

（李教授）等等。事实上，每个学生译者都积极地寻找相关信息，以帮助大家理解文本。最后，向同学和其他组员共同拟定了一份草图，解释机器的工作原理，成功完成了对文本的正确理解。在这一过程中，向同学比同伴具备更多的知识，为其他人创造了拓展现有知识和技能的条件。这种现象可以用"临近发展区域"（Vygotsky, 1978）来解释。

着手进行翻译的前两周，学生译者大都愿意在集体中工作，但随后他们选择了小组工作。小组组长及其他成员经常因翻译问题向王教授寻求建议，她尽力帮助他们，比如帮他们联系客户或者是查阅其他有效的翻译资源。尽管遇到很多困难，但是这时候没有人选择放弃。学生译者经常在大集体或小组内讨论机器的工作原理、译文的连贯性及术语翻译的准确性。截止日期前的最后几天，学生译者对译文进行校对。每位组员随机抽取其他组员的译文，核对是否有误，一旦发现疑问，直接询问相应译者并进行讨论。

提交了第一份译文之后，我们与客户李先生召开了会议。李先生首先表扬了学生译者接受此项目的勇气和努力工作的态度，同时也指出科技翻译中需要注意的诸多问题。李先生对学生译者蹩脚的中文表达非常不满意，因为这可能会误导操作工人们的工作。

每位学生译者都做了笔记，特别是关于自己负责的部分，且积极提问。我们可以感觉到，他们已经具备了强烈的职业译者责任感。当李先生支付第一笔酬劳时，项目的真实性得到了充分的体现。这对于学生译者来说是一种巨大的动力，将鼓励他们在下一阶段的翻译任务中更加努力，提高译文质量。

翻译能力培养：

第二阶段中，学生译者以市场为导向的翻译能力的所有部分都在该真实项目中得到了提高。第一阶段中得到发展的调节身心状态、管理翻译资源、人际交往技能等子能力，在第二阶段中有了进一步提高。此外，截止日期和酬劳都能提高他们的翻译道德意识。对客户和最终使用者需求的敏锐察觉，能帮助他们改善工作态度，提高工作能力。与传统翻译课堂不同，教师退到了幕后，成为一个促进者。我们认为学生译者已经认识到：项目是他们自己的，他们才是翻译工作和教学的中心，他们要自己决定应该怎样做、怎样负责才能高效地完成工作。

第三阶段：第7周至第8周

参与人：翻译教师，学生译者，研究助理，客户活动：完成整本操作手册的翻译(共 477 页, 29 页/人)；以问卷和后续采访的形式对学生译者进行第一次翻译能力调查；通过客户进行第一次翻译质量调查

与之前的阶段相比,本阶段的翻译任务不再显得极具挑战性。在前两个阶段的基础上,学生译者的知识和能力都得到了积累。随着他们对科技翻译困惑点的逐渐增多,他们的独立思考能力与小组翻译工作一并推进。学生译者完成各自负责的部分之后,仍要在小组内进行讨论和校对,我们也会每周组织两次集体会议。这个阶段的工作中,学生译者讨论热烈,并且相互启发。他们大都已经进入一种自觉构建社会知识及个人知识的状态,或是在小组内问题解决,或是向客户请教细节性的技术问题,而不会把问题带到集体会议上来。作为一个通晓中英文的英语教师,王教授在各组之间走动,尽力在词汇的选择、成语的使用、措辞的组织等方面提供帮助。实际翻译工作的绝大部分都由学生译者自己完成,包括资料搜索、初稿以及修改。

学生译者在规定的时间内完成了整本操作手册的翻译。尽管李先生指出有些表达会使操作工人难以理解,需要重新措辞,但是他对这次的译文质量还是给予了充分的肯定。

翻译能力培养：

在第三阶段,学生译者开始意识到作为一名合格译者的不易。其中,有两位学生译者由于项目使他们感到筋疲力尽甚至提出退出本项目；还有几位学生译者抱怨说在所获酬劳相同的情况下,他们负责的部分却比其他人的困难,这很不公平。这些都证明他们具有权利保护意识,这也能够改善工作态度,提高工作能力。

研究助理小张对学生译者的翻译能力进行了第一次调查。在向客户递交操作手册译文后,学生们仔细填写了调查问卷,并且接受了有关翻译能力知识的采访。

第四阶段：第 9 周至第 12 周

参与人：翻译教师,学生译者,研究助理,客户

活动：完成维修手册的翻译(共 258 页, 16 页/人)；以问卷和后续采访的形式对学生译者进行第二次翻译能力调查；通过客户进行第二次翻译质量调查

有了操作手册的翻译经验,学生译者完全凭借自己的能力出色地完成了这一阶段的翻译任务。他们偶尔在小组内开会讨论,同时也定时召开集

体会议,以确保全文的连贯性和术语的一致性。客户对此次译文质量非常满意,甚至认为如果不是因为文件需要保密,译文完全可以出版发行。此外,通过观察学生译者的翻译过程,王教授也给出了一个整体的翻译质量评估。观察的切入点有两个,即学生译者和译文。前者包括译者人际交往技能(与客户和其他学生译者的互动)、工作态度、心理-生理状态和翻译资源管理技能等;后者包括是否实现功能对等,翻译策略的使用,译本的可读性、可理解性和宏观结构等等。

翻译能力培养:

在教学实验的最后一个阶段,学生译者每人已完成约 60 页的翻译,他们以市场为导向的各项翻译子能力都得到了提高。学生译者能够在截止日期前合理安排时间完成工作(说明具备道德意识);学生译者之间,以及学生译者与客户之间建立了良好的关系(反映了人际交往技能);他们关心酬劳,但是更关注译文是否会被接受或者被最终使用者使用(说明具备工作态度和工作能力的意识);他们在高度紧张的工作中表现得越来越自信从容(反映了心理-生理状态);每个学生都找到了最有效的翻译资源,其中一个学生甚至制作了术语表并与他人分享(显示了翻译资源管理能力)。学生们都认为,译者在把译本交付给客户之前应该进行校对,而且客户的反馈对他们来说和酬劳一样重要。对很多人来说,适当地培训翻译知识,优化学科知识也是很重要的。

5.2.4 研究方法

本研究中应用了以下三种研究方法：文献研究、问卷调查和后续采访。

5.2.4.1 文献研究

本研究基于对相关文献的梳理,包括专著、论文和期刊(如 *Meta*[①] 和 CSSCI 期刊[②]等),其中大多是国内外的最新研究动态。文献回顾与本研究密切相关,文献范围包括从翻译能力的概念研究到实证研究,从翻译质量评估标准到其实际应用,从建构主义到基于项目驱动的翻译教学。

---

① *Meta* 为加拿大蒙特利尔大学主办的有关译者培训的电子期刊。
② CSSCI,即"中文社会科学引文索引",是由南京大学中国社会科学研究评价中心开发研制的引文数据库,用来检索中文人文社会科学领域的论文收录和被引用情况。

5.2.4.2　问卷调查

试验调查中,针对本地翻译市场的问卷的目的在于找出本地翻译公司/代理机构认为学生译者最需要的翻译能力。问卷调查的结果将作为文献研究的补充,进而得出本研究中以市场为导向的翻译能力的构成。

实证研究的主要数据来源为两份问卷:工科/理科学生翻译能力问卷旨在调查学生译者在本项目中翻译能力的习得,针对客户设计的翻译质量评估问卷意在评价学生译者的翻译质量。

5.2.4.3　后续采访

后续采访是面对面或通过电话进行的,它提供以上两份问卷的补充信息或遗漏的背景信息。

> ### *5.2.5*　研究工具

实证研究的工具主要是两份问卷:工科/理科学生翻译能力问卷和客户的翻译质量评估问卷。研究工具介绍如下:

5.2.5.1　翻译能力问卷

翻译能力问卷包括 50 个随机排列题项,旨在测量 16 个学生译者的翻译能力。前 39 个题项使用 Likert 五级量表进行定量分析(如图 5－5 所示),分数越高表明对题项的认同度越强;其余的 11 个题项收集学生译者的一般信息做进一步分析。50 个题项以 11 个国际口笔译组织所提出的"职业要素"为基础,从中选出一些共同要素应用于本探索性研究。我们为翻译能力设置了八个参数(见表 5－2),分别为:心理-生理状态(参数 1)、翻译资源管理(参数 2)、职业道德(参数 3)、工作态度和行为(参数 4)、质量管理技能(参数 5)、人际交往技能(参数 6)、进一步接受培训的意识(参数 7)和资格认证(参数 8)。表 5－2 展示了翻译能力问卷的组成部

图 5－5　Likert 五级量表的重新校准(1)

分。为了防止学生译者的分数趋于一致，问卷中 C11、C34、C35 和 D32 四项特地设计为负向表述。我们还提出了翻译能力的组成部分，包括子能力及相关解释。考虑到他们可能会有疑问，我们将姓名和电话号码附在问卷最后。学生译者给的分数越高代表他们越认同该项的阐述。翻译能力问卷表的 Cronbach alpha 系数为 0.857。

表 5 – 2　翻译能力问卷表构成

参　　数		因　　素	题　项	问卷中的问题序号
A　心理-生理状态	A1	生理状态	A11	1
	A2	心理状态	A21	2
B　翻译资源管理	B1	翻译资源的实际使用	B11,B12	40,41
	B2	翻译资源的重要性	B21,B22,B23	42,3,4
	B3	参观工厂及访谈工人	B31,B32,B33	5,6,7
C　职业道德	C1	项目前的准备工作	C11,C12	8,9
	C2	按时提交翻译文本	C21	10
	C3	翻译质量控制的意识	C31,C32,C33,C34,C35,C36	11,12,13,14,15,16
	C4	保密意识及忠诚度	C41,C42	17,18
	C5	更新翻译项目的最新信息	C51	19
D　工作态度和行为	D1	谦虚和合作	D11	20
	D2	个人权利意识	D21	21
	D3	对待酬劳的态度	D31,D32,D33	22,23,24
E　质量管理技能	E1	修订翻译文本	E11,E12,E13	33,34,35
	E2	对翻译质量管理标准的态度	E21,E22,E23	36,37,38
F　人际交往技能	F1	组员间的人际交往	F11,F12	25,29
	F2	与客户间的人际交往	F21,F22,F23	26,27,28
G　进一步接受培训的意识	G1	进一步接受翻译实践培训的意识	G11	30
	G2	进一步接受翻译理论培训的意识	G21	31
	G3	进一步接受翻译项目学科知识培训的意识	G31	32

参　　数		因　　素	题　项	问卷中的问题序号
H　资格认证	H1	英语证书	H11	43
	H2	翻译证书	H21	44
	H3	证书重要性的意识	H31	39
I　其他	I1	背景知识	—	45,46,47,
	I2	后续问题		48,49,50
总数	—		50	50

5.2.5.2　翻译质量评估问卷

　　针对客户的翻译质量评估问卷包括 11 个随意排列的题项(Likert 量表形式,见图 5-6),问卷主要是为客户评估学生译者的翻译质量而设计。

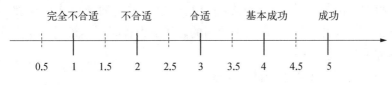

图 5-6　Likert 五级量表的重新校准(2)

　　问卷设计参考了 Darwish(2001)、Gile(2009)以及长沙八家翻译公司/代理机构[①]所采用的翻译质量要求。研究团队成员邹同学对这八家本地的翻译公司/代理机构进行了实验调查,采用 11 个题项从四个维度(见表 5-3)请客户对学生译者的翻译质量进行评估。

　　具体而言,客户将在本项目两个阶段分别对学生译者的译文质量进行评估。分数越高表明客户对题项的认同度越强。质量评估问卷的 Cronbach alpha 系数为 0.799。

---

① 这八家翻译公司/机构为:雪地翻译公司、长沙同声翻译有限公司、湖南社会科学翻译咨询协会、双赢翻译有限公司长沙分公司、湖南省翻译中心、长沙太平洋翻译有限公司、可奇翻译有限公司、青铜翻译有限公司。

表 5 - 3　质量评估问卷的构成

参　　数	题　　项
E21 版面	TQ1，TQ8
E22 表达	TQ2，TQ7
E23 忠实于源语文本	TQ3，TQ4，TQ5，TQ6，TQ9
其他方面	TQ10
整体评估	TQ11
总分	11

5.2.6　研究过程

研究过程如下（见图 5 - 7）：

（1）提出翻译教学模式

根据之前的文献研究，首先提出基于建构主义的项目式翻译教学模式，旨在提高我国学生以市场为导向的翻译能力；同时，本模式也是实证研究的理论指导。

（2）进行市场需求的试验调查

以问卷形式对长沙的市场需求进行了一次试验调查，旨在调查翻译公司对学生译者的态度和需求。本地翻译公司共有十余家，大多为成立于 2000 年之后的私有企业。这些翻译公司提供多领域、多主题、多类型的口笔译服务，覆盖的语言多达 40 余种。我们访问了其中八家翻译公司，它们为本研究提供了丰富、有效的数据，包括本地市场对职业译者的需求及对译者培训的期望等。

（3）在真实翻译项目中实施该教学模式

此阶段是基于建构主义项目式翻译教学模式进行的实验教学，由四个部分组成，分别是获得项目、分析项目、管理项目和评估项目产出译文的质量。教师在本项目中充分发挥了管理者和促进者的作用。首先，教师从工作市场争取了一个真实的翻译项目。为了避免超出学生的能力，项目难度并不太高。然后，教师把 16 个学生译者分成四组，每组安排一个组长，各组负责项目的 1/4（约 60 页/人）并在教师的引导下完成翻译任务。最后，教师通过客户的问卷反馈等对译文质量进行评估。

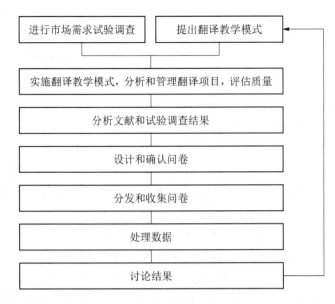

图 5-7　研究计划整体流程图

（4）分析文献和试验调查结果

通过分析文献和试验调查结果得出了本研究的理论基础和整体研究流程图。

（5）设计和确认翻译能力问卷和翻译质量问卷

针对学生译者和客户的问卷是在文献研究和试验调查结果的基础上设计的。为了完善问卷,我们也对同一个项目的其他学生译者和客户做了预测试,并通过采集学生、客户、大学教师及专家的意见对调查问卷进行了修订和确认。

（6）分发和收集问卷

本项目包括两本英文手册的翻译。在第一本手册的翻译完成后,将问卷分发给学生译者和客户。一个月后,当第二本手册的翻译完成时,再将同样的问卷再次分发给他们。此外,我们和学生译者通过电话保持紧密联系,这样所有问卷都可以有效回收,并且不会遗漏任何问题。

（7）处理数据

使用 SPSS 软件(SPSS20.0 版本)对问卷所收集的数据进行处理。

（8）讨论结果

对处理过的数据结果进行分析和讨论。调查结果可以用来验证和修订流程图最顶端所提出的教学模式。

5.2.7 效度控制

效度是科学研究，特别是实证研究中必不可少的因素。效度可以分为内部效度和外部效度，前者指"在研究方法、研究主体或研究参与者限制下，实证研究结论的真实程度"；后者指"当使用不同的研究方法、研究主体或研究参与者时，实证研究结论仍然能够保持真实的程度"（Colman, 2015）。

设计实验时，要对一些因素加以控制，以确保因变量的任何变化都是由自变量引起的，而不受其他因素的影响。内部效度主要受到以下两个因素的影响：

一是历史因素。时间跨度可能会对实验产生一定的负面影响。一般来说，学生可能会偶然从外语课堂、课外培训或其他资源获取一些专业知识，这些都可能是实验的干扰因素。但是，本研究中的实验对象都为大学四年级的工科学生，已经有一年多没上过英语课。此外，因为他们都忙于接下来的毕业事项和本项目的翻译工作，并没有任何业余时间参加翻译课程或者相关培训。在采访中，学生也表示没有受到老师或者是其他翻译培训机构的指导。

二是实验和数据收集时间分配。实验需要充足的时间以使变量发生变化，以及进行数据收集。如果时间太短，学生则可能无法在如此短的时间内取得任何明显进步，实验结果会因此受到质疑。鉴于此，我们没有让学生在一两周之内就完成这两本手册的翻译，而是设计了包括四个阶段、历时 12 周的教学实验。

我们将影响实验外部效度的因素归纳为以下两点：

一是霍桑效应。鉴于研究对象都是挑选出来的，他们可能会认为自己是"特殊群体"，也可能会意识到自己是在进行一项实验，而尽自己最大的努力帮助我们取得理想的结果。为了避免这种负面影响，我们并没有提前告诉学生他们需要完成问卷调查，也没有提及客户要对他们的译文质量进行评估。在这种情况下，学生在实验中的压力会变小，不受霍桑效应的影响。

二是研究效应。和霍桑效应一样，研究人员的行为、态度、语调、面部表情、指导意见、解释等都会给实验对象一些暗示，这些暗示会影响他们填写问卷时的行为和思想。因此，我们采取了一些措施来减少对实验对象产生的影响，如避免与他们进行密切联系，不谈论个人问题或与正在进行的研究有关的事项。如此一来，尽量保证实验对象的行为和态度不受研究人员有意或无意间的谈话和行为的影响。此外，我们也没有告知客户这次实验的目的，而只是希望他依据自己的判断完成问卷。

5.2.8 数据收集

在把翻译能力问卷分发给 16 名实验对象之前，我们先把问卷分发给了另外的 10 名学生（同一大学不同学院的大四学生，且正在进行不同的翻译任务）以确保问卷设计合理、表达清晰。质量评估问卷表也在预实验阶段被发给客户，用来进行试验测试和作出进一步修正。我们对这两份问卷进行了多次修改，不断减少变量。

16 名实验对象完成第一本手册的翻译后收到了第一次翻译能力问卷。虽然 50 个题项的问题大多简短易答，但是为了让他们有充足的时间仔细作答而不是匆匆了事，我们还是让他们把问卷带回去完成，以更好地保证数据的有效性。次日，我们将 16 份问卷收齐，并且让学生把未作答的问题完成。同样地，学生在完成第二本手册的翻译后，也就是一个月后，我们又把同样的问卷再次发给学生，给他们一天的时间来完成问卷然后再收齐。

质量评估问卷分别在两个翻译阶段结束时，即第 8 周客户查收了操作手册的译文以及第 12 周客户查收了维修手册的译文后，通过电子邮件发送，并电话通知客户。我们都在一个小时内收到了客户的回复。

5.2.9 数据处理

我们应用 SPSS 软件（SPSS20.0 版本）进行本研究的数据处理，主要包括以下步骤：

（1）输入数据。实验对象的个人信息、翻译能力问卷和质量评估问卷中个人所得分数都要输入 SPSS 软件。

（2）确认数据的完整性。问卷所收集的数据都要仔细确认，以保证两份问卷没有无效数据。

（3）重新编排数值。如 5.2.5.1 中所述，翻译能力问卷中有一些负向表述的题项，在分析之前，必须重新编排这些题项的分值，例如把 1 分重新编成 5 分，2 分重新编成 4 分，而 3 分则保持不变。

（4）汇总解释翻译能力同一方面的平行题项（见表 5－2）。

（5）检查内部一致性信度。Cronbach alpha 系数衡量问卷的内部一致性信度，其取值介于 0.00 与 1.00 之间，且只有该数值超过 0.70 时，问卷内部一致性信度才具有可接受性。本研究计算出了两份问卷的系数，其数值均超过 0.70，具有可接受的内部一致性信度。

（6）对比分析。我们运用 Wilcoxon 符号秩检验[①]对学生在两个阶段表现出来的翻译能力进行对比分析，计算每个变量的频率和百分比以描述实验对象的总体情况。

（7）Spearman 等级相关[②]分析。它用于检验学生翻译能力和译文质量之间的相关关系。由于本研究的样本有限而且没有遵循正态分布，因此使用 Spearman 等级相关分析对所收集的数据进行分析。

5.3 结果与讨论

5.3.1 学生翻译能力问卷表的统计分析

这一部分旨在探讨与第一阶段相比，学生的翻译能力在第二阶段是否得到了提高。我们对比分析了第一阶段和第二阶段中学生的翻译能力，然后列出翻译项目所培养的翻译能力中各子能力的排序表。

5.3.1.1 学生翻译能力的对比分析

本节探讨了学生的翻译能力是否得到提高，以及其中的各项子能力有何种程度的提高。

---

① Wilcoxon 符号秩检验用于进行非参数统计，适用于数据分布情况未知或呈非正态分布的情况。

② Spearman 等级相关是根据等级资料研究两个变量间相关关系的方法。它是依据两列成对等级的各对等级数之差来进行计算的，且对数据条件的要求不是十分严格。只要两个变量的观测值是成对的等级评定资料，或是由连续变量观测资料转化得到的等级资料，不论两个变量的整体分布形态、样本容量的大小如何，都可以用 Spearman 等级相关来进行研究。

首先,通过统计分析和简要地介绍研究背景,我们提出假设(1):"实施项目式翻译教学模式后,以市场为导向的翻译能力将得到整体提高"。由于实验对象少于 30 人,因此应用 Wilcoxon 符号秩检验和描述性统计数据分析来比较项目开始和结束时学生的翻译能力(见表 5-4)。

表 5-4　翻译项目两阶段中学生翻译能力的 Wilcoxon 符号秩检验

	Z	Asymp. Sig. (2-tailed)		Z	Asymp. Sig. (2-tailed)
A:心理-生理状态			C35	−2.360	0.018[a]
A11	−1.732	0.083[a]	C36	−2.449	0.014[a]
A21	−3.025	0.002[a]	C41	−2.126	0.033[a]
B:翻译资源管理			C42	0.000	1.000[c]
B22	−1.604	0.109[a]	C51	−3.307	0.001[a]
B23	−3.017	0.003[a]	D:工作态度和行为		
B31	−2.236	0.025[b]	D11	−3.276	0.001[a]
B32	−3.213	0.001[a]	D21	−3.207	0.001[a]
B33	−2.530	0.011[a]	D31	0.000	1.000[c]
C:职业道德			D32	−2.414	0.016[a]
C11	−2.873	0.004[a]	D33	0.000	1.000[c]
C12	−3.226	0.001[a]	E:质量管理技能		
C21	−2.588	0.010[a]	E11	−1.964	0.050[a]
C31	−3.247	0.001[a]	E12	−1.428	0.153[b]
C32	−2.919	0.004[a]	E13	−0.707	0.480[b]
C33	−2.976	0.003[a]	E21	−2.636	0.008[a]
C34	−2.251	0.024[a]	E22	−2.640	0.008[a]
			E23	−2.449	0.014[a]

	Z	Asymp. Sig. (2 - tailed)		Z	Asymp. Sig. (2 - tailed)
F：人际交往技能			G：进一步接受培训的意识		
F11	-3.153	0.002[a]	G11	-1.748	0.080[a]
F12	-3.086	0.002[a]	G21	-2.013	0.044[a]
F21	-2.828	0.005[a]	G31	-3.207	0.001[a]
F22	-1.992	0.046[a]			
F23	-2.972	0.003[a]			

a：基于负排序；b：基于正排序；c：基于负排序与正排序总量相等

　　表 5 - 4 可用图 5 - 8 表示，可见除 B22、C42、D31、D33、E12 和 E13 题项外，其他题项前后结果的变化都处于显著性水平（$p<0.10$），即第一阶段与第二阶段的统计数据存在显著性差异，说明其余 34 个题项所指征的子能力在第二阶段结束时都有明显的提高。

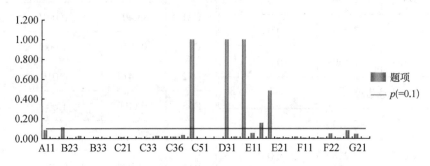

图 5 - 8　翻译中学生翻译能力的 Wilcoxon 符号秩检验

　　其次，对于 C42（$p=1$）、D31（$p=1$）和 D33（$p=1$）三个题项，学生在两个阶段给出了相同的回答，这些题项都没有显著差异。尽管 B22（$p=0.109$）接近显著差异，但是 E12（$p=0.153>0.1$）与 E13（$p=0.480>0.1$）在两个阶段的统计数据均未呈现显著差异。

　　总之，在以市场为导向的学生翻译能力问卷的构成中，大部分（33/38）题项都显示学生的翻译能力在第二阶段比第一阶段有所提高。由此，我们可以得出以下结论：在实施翻译教学模式后，以市场为导向的翻译能力整体得到了发展。

5.3.1.2 翻译能力组分的排序

本节试图回答假设（2）：实施项目式翻译教学模式后，以市场为导向的学生翻译能力各项子能力提高的显著程度不同，从弱到强呈阶梯状排列。上述 Wilcoxon 符号秩检验的结果清楚地显示：在项目的第二阶段结束时，学生在意识（认为翻译是一门职业）和行为（作为一名职业译者）两方面都表现得更为专业。我们试图找出在本翻译项目中，翻译能力的哪个部分提高最多。研究结果如表 5-5 所示，提高最多的三项子能力分别是职业道德、人际交往技能和翻译资源管理，紧接着是心理-生理状态、进一步接受培训的意识、工作态度和行为以及质量管理技能。

表 5-5　翻译项目中翻译能力各项子能力发展排序表

翻译能力子能力	排　序
C 子能力：职业道德	1
F 子能力：人际交往技能	2
B 子能力：翻译资源管理	3
A 子能力：心理-生理状态	4
G 子能力：进一步接受培训的意识	5
D 子能力：工作态度和行为	6
E 子能力：质量管理技能	7

作者分析了各项翻译子能力对应的各个题项，并且依照提高程度进行排序（见表 5-6 和图 5-9）。通过分析平均值，可知在本翻译项目中提高最多的十项分别是 C31、C33、F12、C12、C11、C51、F11、A21、B23 和 B32。这十项分属于职业道德（C 子能力）、人际交往技能（F 子能力）和翻译资源管理（B 子能力）三个翻译子能力。在翻译项目中提高最少的三项分别是E13、B31 和 E12。这三项分属于质量管理技能（E 子能力）和翻译资源管理（C 子能力）。

表 5 - 6　翻译项目中翻译子能力题项排序表

题项	平均差	整体排序	各部分排序	题项	平均差	整体排序	各部分排序
A：心理-生理状态				D：工作态度和行为			
A11	0.19	32	2	D11	0.88	11	1
A21	1.00	8	1	D21	0.75	17	2
B：翻译资源管理				D31	0.00	33	4
B22	0.38	29	4	D32	0.75	18	3
B23	1.00	9	1	D33	0.00	35	4
B31	−0.31	37	5	E：质量管理技能			
B32	1.00	10	2	E11	0.56	25	3
B33	0.50	26	3	E12	−0.38	38	6
C：职业道德				E13	−0.19	36	5
C11	1.13	5	4	E21	0.69	21	1
C12	1.19	4	3	E22	0.63	23	2
C21	0.75	14	7	E23	0.38	31	4
C31	1.31	1	1	F：人际交往技能			
C32	0.81	12	6	F11	1.06	7	2
C33	1.25	2	2	F12	1.25	3	1
C34	0.56	24	10	F21	0.50	27	5
C35	0.75	15	8	F22	0.81	13	3
C36	0.38	30	11	F23	0.75	19	4
C41	0.75	16	9	G：进一步接受培训的意识			
C42	0.00	33	12	G11	0.44	28	3
C51	1.13	6	5	G21	0.63	22	2
				G31	0.75	20	1

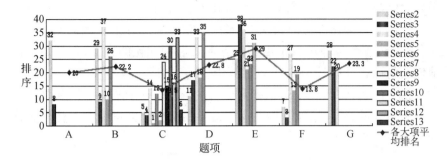

图 5-9　翻译项目中翻译子能力题项的排序表

综上所述,在实施建构主义项目式翻译教学模式后,学生们的以市场为导向的翻译能力得到了整体发展。此外,本节也证明了以市场为导向的翻译能力各项子能力提高的显著程度不同,从弱到强呈阶梯状排列。

本节试图探究与第一阶段相比,学生翻译质量在第二阶段是否得到了提高,并且提出假设(3):与第一阶段相比,学生的翻译质量在第二阶段得到了提高。我们比较了两个阶段学生的翻译质量,同时针对学生和客户做了一次翻译质量评估的对比分析。

5.3.2.1　客户翻译质量评估问卷的统计分析

这份问卷的统计分析(16 个样本)主要采用以下三种方法:Wilcoxon符号秩检验、平均值分析法和排序法。

如表 5-7 所示,与第一阶段相比,学生翻译质量在第二阶段得到了提高。首先,所有题项前后结果的变化都达到了显著性水平($p < 0.10$),这代表在第一阶段与第二阶段所收集的数据之间存在显著性差异。其次,第二阶段各项的平均值都比第一阶段各项的平均值大,这表明学生翻译质量得到了明显的提高。再次,根据水平幅度增长排名的统计,我们可得出提高最多的三项分别是:语法正确性、拼写和标点以及可理解性/可读性,接下来是风格/语域、格式、术语一致性、符合中文表达规范、功能对等、信息准确性,最后是信息完整性。此外,在表格显示的这十项中,学生在第一阶段中在格式、功能对等以及拼写和标点等方面表现得

最好,在风格/语域上表现最差;然而在第二阶段中,学生在格式、拼写和标点和语法正确性等方面表现得最好,在信息完整性上表现最差。这表明,学生在整个翻译项目中更加注重形式和程式化的方面,在第二阶段他们会将语言准确性引入功能对等中。另一方面,虽然在第二阶段中,学生译文的风格/语域得到了提高,但是他们似乎并没有意识到要找出一个最适合的风格/语域。导致这一结果的部分原因可能在于他们翻译的是科技文本而不是文学文本。

表 5-7 客户对学生翻译质量评估的统计分析

题 项	统计（第一阶段）		统计（第二阶段）		Wilcoxon 符号秩检验	水平幅度范围增加
	平均	排序	平均	排序		
TQ1 拼写和标点	3.562 5	3	4.625	2	−3.690(a) ***	2
TQ2 格式	3.687 5	1	4.687 5	1	−3.017(a) ***	5
TQ3 符合中文表达规范	3.25	7	4.187 5	5	−3.419(a) ***	7
TQ4 风格/语域	2.625	10	3.625	10	−3.557(a) ***	4
TQ5 可理解性/可读性	2.937 5	9	4	7	−3.690(a) ***	3
TQ6 功能对等	3.687 5	2	4.437 5	4	−2.972(a) ***	8
TQ7 信息完整性	3.375	6	3.937 5	8	−2.251(a) **	10
TQ8 信息准确性	3.437 5	4	4.125	6	−2.810(a) ***	9
TQ9 语法正确性	3.375	5	4.562 5	3	−3.755(a) ***	1
TQ10 术语一致性	2.937 5	8	3.875	9	−3.419(a) ***	6
整体评估	3.25		3.937 5		−2.840(a) ***	

a: 基于负排序; ***: $p<0.01$; **: $p<0.05$

总之,第一阶段和第二阶段的统计数据存在着显著差异。此外,第二阶段各项指标的平均值都大于第一阶段的平均值,这也表示学生翻译质量得到明显提高。对客户问卷的分析也显示出影响学生翻译质量的各项指标的前后差异,验证了假设(3),即与第一阶段相比,学生翻译质量在第二阶段得到了提高。

5.3.2.2 翻译质量评估的对比分析

对学生翻译质量评估问卷的分析是作为对客户问卷分析的一个补充，主要是为了了解学生的自我评估(内部评估)和客户评估(外部评估)是否一致，以期进一步证明通过本项目，学生翻译质量得到了提高。

如表5-8所示，在本项目中，学生提高最多的三个方面依次是：译文的版面、表达和对源语文本的忠实性。这也进一步证明了两份问卷表所收集数据的一致性，同时显示出学生翻译质量管理能力得到了提高。

表5-8　学生和客户翻译质量评估的对比分析

学生翻译质量的自我评估(内部评估)	增长幅度排名	客户翻译质量评估(外部评估)	增长幅度排名
E21 版面	1	TQ1 拼写和标点符号	2
		TQ2 格式	5
E22 表达	2	TQ3 符合中文表达规范	7
		TQ4 风格/语域	4
		TQ5 可理解性/可读性	3
		TQ9 语法正确性	1
E23 忠实于源语文本	3	TQ6 功能对等	8
		TQ7 信息完整性	10
		TQ8 信息正确性	9
其他方面		TQ10 术语一致性(属于译者道德)	6

由表5-8可知，本项目的专业性要求学生具备比较全面的知识，其中对版面的要求最容易掌握，这一点也会在译文中直观地体现出来。其次，表达质量的提高表明，随着经验的不断积累，学生对常用表达和科技翻译的问题特征越来越熟悉。再次，因为译文最终会投入实际使用，所以不管是从语义上还是功能上看，学生都加强了对源语文本的忠实性，同时也增强了对翻译工作的责任感。最后，术语的统一使用(一致性)也是衡量翻译质量的一个重要方面。翻译项目是团队作业，同一个术语的翻译可能会因人而异，甚至同一个译者在翻译同一个术语时也会有不同译文。术语不一致是科技翻译中最严重的错误。

第五章　建构主义的项目式翻译能力培养研究

面向人工智能的翻译能力研究：理论、方法与实证

5.3.3 学生翻译能力和翻译质量的相关性分析

本节旨在检验假设(4)，即在项目的两个阶段中，以市场为导向的翻译能力与译文质量具有相关性。

我们使用 Spearman 等级相关分析探究学生翻译能力和译文质量之间的关系，结果如表 5 - 9 和表 5 - 10 所示。参数 H(资格认证)在相关分析中被忽略，因为在本研究中，参数 H 是不可获取的部分；B1(翻译资源的实际使用)也被忽略，因为它包括两个开放性的问题，而这两个问题不包括在 Likert 五点量表的设计之内。因此在表 5 - 9 不呈现参数 H 和B1 的相关数据。

表 5 - 9　翻译能力因素和翻译质量的 Spearman 等级相关分析

(第一阶段)

	A1	A2	B2	B3	C1	C2	C3	C4	C5	D1
TQ	0.523*	0.087	0.236	0.015	0.271	0.146	0.406*	−0.063	0.091	0.596**

	D2	D3	E1	E2	F1	F2	G1	G2	G3
TQ	0.016	0.035	0.074*	0.292*	0.558*	0.100	−0.414	−0.411	−0.607**

注：*：相关性是显著的在 0.05 的水平(双尾)　　D1 = 谦虚和合作
**：相关性是显著的在 0.01 的水平(双尾)　　D2 = 个人权利意识
A1 = 生理状态　　　　　　　　　　　　　　D3 = 对待酬劳的态度
A2 = 心理状态　　　　　　　　　　　　　　E1 = 修订翻译文本
B2 = 翻译资源的重要性　　　　　　　　　　E2 = 对翻译质量管理标准的态度
B3 = 参观工厂和访谈工人　　　　　　　　　F1 = 组员间的人际交往
C1 = 项目前的准备工作　　　　　　　　　　F2 = 与客户间的人际交往
C2 = 按时提交翻译文本　　　　　　　　　　G1 = 进一步接受翻译实践培训的意识
C3 = 翻译质量控制的意识　　　　　　　　　G2 = 进一步接受翻译理论培训的意识
C4 = 保密意识及忠实度　　　　　　　　　　G3 = 进一步接受翻译项目学科知识培训的
C5 = 更新翻译项目的最新信息　　　　　　　意识

如表 5 - 9 所示，翻译文本质量与 A1(生理状态)(0.523)、C3(翻译质量控制的意识)(0.406)、D1(谦虚和合作)(0.596)和 F1(组员间的人际交往)(0.558)呈显著正相关；与 B2(翻译资源的重要性)(0.236)、C1(项目前的准备工作)(0.271)、C2(按时提交翻译文本)(0.146)、E2(对翻译质量管理标准的态度)(0.292)和 F2(与客户间的人际交往)(0.100)呈正向但

非显著相关性。

翻译文本质量与 G1(进一步接受翻译实践培训的意识)(−0.414),G2(进一步接受翻译理论培训的意识)(−0.411)和 G3(进一步接受翻译项目百科知识培训的意识)(−0.607)之间呈现显著负相关;这三个因素都与翻译能力的进一步发展有着密切的联系。这种出乎意料的结果可能是由于学生的能力可以胜任当前的翻译任务,因此他们忽略了进一步自我提高(包括学科知识、翻译理论和实践)的重要性。

翻译文本质量与 A2(心理状态)(0.087)、B3(参观工厂和访谈工人)(0.015)、C4(保密意识及忠实度)(−0.063)、C5(更新翻译项目的最新信息)(0.091)、D2(个人权利意识)(0.016)、D3(对待酬劳的态度)(0.035)和 E1(修订翻译文本)(0.074)未呈现出相关性。其中,A2、B3、C5 和 E1 四项与译文质量不相关则是在我们意料之外的。此外,与我们的猜测相反的是,结果显示心理状态和翻译质量没有相关性,这一结果背后的原因可能是学生并没有因这项翻译工作而感到超负荷,而对能够保质保量地完成翻译任务具有很强的自信,因此颇有难度的翻译工作并没有给他们造成太大的心理压力。至于 B3 项,我们认为多次的参观和联系对学生理解技术性信息和其他背景信息有很大帮助,进而可以提高他们的翻译质量。但是,如上文所述,受到条件和环境的限制,学生不能够频繁地参观工厂。另外,由于与客户和工人只有有限的联系,学生们无法得知本翻译项目的最新相关信息,进而导致了 C5 项反映出来的结果出乎意料。关于 E1 项,由于客户的反馈信息在很大程度上决定了文本的修订,所以如果客户不能及时给出反馈信息,学生们就无法进行文本修订。此外,正如所预测的一样,结果显示保密意识和忠实度,以及个人权利意识与翻译质量没有必然的联系。

表 5-10 为第二阶段的统计分析结果。

如表 5-10 所示,翻译文本质量与 A1(生理状态)(0.526)、B2(翻译资源的重要性)(0.443)、C1(项目前的准备工作)(0.427)、C3(翻译质量控制的意识)(0.735)、D1(谦虚和合作)(0.413)和 F1(组员间的人际交往)(0.617)呈显著正相关,与 A2(心理状态)(0.103)、C2(按时提交翻译文本)(0.150)、C4(保密意识和忠实度)(0.107)、E1(修订翻译文本)(0.399)、E2(对翻译质量管理标准的态度)(0.348)和 F2(与客户间的人际交往)(0.388)呈正向但非显著相关性。

表 5 - 10　翻译能力因素和翻译质量的 Spearman 相关分析

（第二阶段）

	A1	A2	B2	B3	C1	C2	C3	C4	C5	D1
TQ	0.526*	0.103	0.443	−0.097	0.427*	0.150*	0.735**	0.107	0.064	0.413

	D2	D3	E1	E2	F1	F2	G1	G2	G3
TQ	−0.298	0.089	0.399*	0.348**	0.617*	0.388**	−0.465	−0.043	−0.383

注：*：相关性是显著的在 0.05 的水平（双尾）.
**：相关性是显著的在 0.01 的水平（双尾）.
A1 = 生理状态
A2 = 心理状态
B2 = 翻译资源的重要性
B3 = 参观工厂和访谈工人
C1 = 项目前的准备工作
C2 = 按时提交翻译文本
C3 = 翻译质量控制的意识
C4 = 保密意识和忠实度
C5 = 更新翻译项目的最新信息

D1 = 谦虚和合作
D2 = 个人权利意识
D3 = 对酬劳的态度
E1 = 修订翻译文本
E2 = 对翻译质量管理标准的态度
F1 = 组员间的人际交往
F2 = 与客户间的人际交往
G1 = 进一步接受翻译实践培训的意识
G2 = 进一步接受翻译理论培训的意识
G3 = 进一步接受翻译项目学科知识培训的意识

另一方面，翻译文本质量与 G1（进一步接受翻译实践培训的意识）（−0.465）呈显著负相关，与 D2（个人权利意识）（−0.298）和 G3（进一步接受翻译项目学科知识培训的意识）（−0.383）呈负向但非显著相关性，与 B3（参观工厂和访谈工人）（0.097）、C5（更新翻译项目的最新信息）（0.064）、D3（对酬劳的态度）（0.089）和 G2（进一步接受翻译理论培训的意识）（0.043）未呈现任何相关性。

简要来说，翻译能力变化所带来的众多因素（第一阶段 12/19 的因素和第二阶段 15/19 的因素）与学生翻译质量之间有一定程度的相关性。这也证实了假设（4），即在项目的两个阶段中，以市场为导向的翻译能力与译文质量具有相关性。

对比表 5 - 9 和表 5 - 10 的统计结果发现，与第一阶段相比，第二阶段的翻译能力中有更多的因素与翻译文本质量呈现相关性，而 B3、C5、D3、G1、G2 和 G3 与翻译质量之间仍无联系或呈负相关。

如 5.3.1.2 所述，本实证研究中提高最多的部分是道德（C 子能力）、人际交往技能（F 子能力）和翻译资源管理（B 子能力）。这个结果和与翻译质量呈正相关的三个因素基本一致。因此，我们可以得出结论：道德（C 子能力）、人际交往技能（F 子能力）和翻译资源管理（B 子能力）是翻译能力中起决定作用的部分。在今后的翻译教学中，这三个部分应该引起更多的重视。

综上所述，本部分证明了实施翻译建构主义项目式教学模式后，以市场为导向的翻译能力整体得到了提高。此外，本研究的结果也显示出以市场为导向的学生翻译能力各项子能力提高的显著程度不同，呈阶梯状（从弱到强）排列。对学生翻译质量的研究表明，与项目的第一阶段相比，学生的翻译质量在第二阶段中得到了提高，由此可见，在本项目中，翻译能力与翻译质量具有相关性。

5.4 本章结语

5.4.1 研究问题回顾

本节主要通过回顾章节初提出的研究问题，对本研究的结果进行总结。

问题（1）：以市场为导向的翻译能力由哪些要素构成？

本研究重点关注以市场为导向的翻译能力，我们采用西班牙巴塞罗那自治大学 PACTE 翻译研究小组（PACTE，2000，2003，2005）的翻译能力模式，将翻译能力细分为六项子能力：双语能力、语言外能力、策略能力、工具能力、翻译知识能力和心理-生理能力。由于任何双语人士都具有双语知识和语言外知识，PACTE 小组认为工具能力、心理-生理能力、翻译知识能力和策略能力四种子能力才是翻译能力所特有的。本研究将其中前三种子能力纳入以市场为导向翻译能力模式。

职业能力是指满足市场需求和实际翻译工作需要的能力。广义上来说，职业能力是翻译决策过程的过滤器，是充分调动各种职业因素的翻译过程加速器，是译者职业行为的调节器和监控器。但是，在本研究中，翻译项目历时相对较短，因此仅考虑其狭义内涵，目的在于帮助学生获取一些职业翻译必要的知识和技能。如此一来，学生便能更加自信地感受到翻译教学/培训对他们在翻译行业或相关领域职业生涯的作用。

如 5.1.1.1 和 5.1.1.2 所述，基于文献综述、国内外关于翻译公司/代理机构的三份调查报告和译者职业行为的三个国际准则，本研究从狭义上将职业能力定义为职业道德、工作态度和行为、人际交往技能、培训和资格认证的能力、知识、意识、反思或智慧的综合。这些构成要素均以市场为导向。

本研究基于真实的翻译项目,历时共计 12 周。由于本次翻译项目的时间相对较短,因此不考虑双语能力、语言外能力和策略能力这三种需要较长时间才能得到提高的子能力的提高和发展,而其他的子能力则更为市场化,与职业翻译的联系也更为紧密,且可以在相对较短的时间里得到更显著的提高。

综上所述,本研究中以市场为导向的翻译能力重点关注四个子能力,它们是心理-生理子能力、翻译知识子能力、工具子能力以及包括职业道德、工作态度和行为、人际交往技能、培训及资格认证在内的狭义的职业子能力。

问题(2):建构主义项目式翻译教学模式是什么? 从理论上说,这种模式为什么能提高以市场为导向的翻译能力?

首先,在本研究中,建构主义项目式翻译教学模式是什么?

基于前人在概念上和方法上的研究,本研究旨在以社会建构主义为哲学基础,借助项目式教学法,构建一个可操作的翻译教学模式。该模式的最终目标在于培养满足市场需求的(半)职业化学生译者,而这也是目前传统教学无法实现的。

传统的客观主义教学法认为翻译是单纯的语言转换。这种教学模式通过一些非真实的翻译练习来锻炼学生的翻译能力,更多地强调转换策略。与此相反,本研究试图通过真实翻译项目,提出建构主义的以项目为基础的翻译教学法。

建构主义认为,人们在做与个人利益密切相关的事情时会更有动力。建构主义翻译教学模式试图将学生置于毕业后即将进入的真实翻译环境中,提供真实的翻译项目,以激发学生的学习自主性,提高学生解决问题的能力,为学生未来的职业发展铺路。

其次,从理论上说,这种模式为什么能提高以市场为导向的翻译能力?

该模式的目的在于通过真实的翻译经验,帮助学生获得半职业化的自主性和相应的专业技能。从生态效度来看,将真实翻译工作融入翻译教学和职业评价过程中的益处是显而易见的。首先,让学生解决真实情境下真实的翻译任务,面对具有和正式工作同等难度和限制条件的翻译任务,显然比单纯地让学生做翻译练习要更富有激励性。如果学生参照职业标准,看到了自身工作中的进步,他们的自信心会得到提高。其次,选择能够反映市场真实需求的翻译素材,而不是根据教师个人喜好选择翻译教材,更能帮助学生为职场工作做好充分准备。再者,通过积极完成与职业译者相同的工作,学生可以逐渐学到职场话语、标准和规范;学会使用翻译工具,了解获取翻译所需信息的方法和途径;学会与他人合作,与源语文本作者或客户协商,适当地妥协以及提出和接受批评;并逐渐明白,翻译并不存在唯一的、正确的答案,只存在可行性不同的解决方案。

通过该模式指导下的翻译教学,学生积极参与到大量以学习为中心的课堂之中,自然而然地像半职业译者一样完成工作。学生们将更加自信和自主,更加富有工作责任心,并且开始具备对自身翻译行为进规划、监控和评估的"元认知策略"(O'Malley & Chamot,1990)。简而言之,师生关系、学生—客户关系、学生—文本用户关系、学生—资源关系等,都可以通过以市场为导向的翻译能力的各组成部分在这一模式中反映出来。这些组成成分包括心理-生理状态、翻译资源管理、质量管理技能、职业道德、工作态度和行为、人际交往技能、培训及资格认证等。

该模式并不是全方位的,它只强调了与研究相关的且具有一定可操作性的方面。在对以市场为导向的翻译能力作出定义之后,本研究旨在提出职业翻译能力培养和评估框架。

问题(3):从实证角度看,这种建构主义项目式翻译教学模式能在何种程度上提高学生的翻译能力?

基于问题(3)引申出的两个更具体的问题是:

问题(3.1):项目结束后,学生译员以市场为导向的翻译能力得到了怎样的提高?

问题(3.2):项目结束后,学生翻译文本的质量得到了怎样的提高?以市场为导向的翻译能力与翻译文本质量之间有何种联系?

基于对学生翻译能力和翻译质量的调查分析,我们可以得到如下结论:

首先,本研究中,学生以市场为导向的翻译能力取得了很大进步,这也证明了真实的翻译经验对于工科学生的翻译能力培养具有积极作用。在真实翻译项目中,学生不仅能接触到只有职业译者才有的翻译资料和资源,而且还需要实际应用这些资料和资源,因此也为提高职业道德、人际交往技能、翻译资源管理、心理-生理状态、培训、工作态度和行为、质量管理技能和资格认证等各项子能力提供了机会,使他们能够更直接地习得翻译能力。

其次,翻译能力各个部分提高的显著程度呈阶梯状分布。其中,提高最显著的三个子能力是职业道德、人际交往技能和翻译资源管理，接下来是心理-生理状态、培训以及工作态度和行为，最后是质量管理技能。

此外，尽管学生的工作态度和行为子能力没有得到显著提高，但是他们的工作态度却发生了很大的变化，例如，在工作中更谦虚和合作。尽管如此，他们的工作行为仍然不尽如人意。由于只是把翻译项目看作培训而不是一个商业行为，他们对自己应得的酬劳和应有的权利不够敏感。学生在质量管理技能部分方面未能取得明显进步，一是因为不完全依靠这些技能，他们也有能力产出高质量的译文；二是由于他们受到客观因素的制约，例如，无法取得客户的反馈信息。

再次，第一阶段和第二阶段的翻译质量具有统计学意义上的显著性差异。就翻译质量的每个单项而言，第二阶段的平均值大于第一阶段的平均值，这表明经过翻译项目的训练，学生的翻译质量得到了较为明显的提高，进而证明真实的翻译经验对于培养工科学生的翻译能力具有积极作用。

尽管实验对象数量有限，一些翻译子能力与译文质量的相关性较低且不具有统计学显著性，如参观工厂和访谈工人（B3）、更新翻译项目的最新信息（C5）、对酬劳的态度（D3）以及进一步接受翻译理论培训的意识（G2）等，但是仍可发现翻译能力和翻译质量之间呈正相关，其中与翻译质量的相关性排名在前三位的翻译能力组成部分是职业道德（C 子能力）、人际交往技能（F 子能力）和翻译资源管理（B 子能力）。

5.4.2 教学启示

本研究的结果发现对翻译教学有如下启示：

（一）以市场为导向的翻译能力尽管是整体翻译能力中很重要的部分，但是却一直在传统的翻译课堂中被忽略。传统教学更加注重语言转换和相关翻译理论和方法的学习，但是为了满足日益增长的翻译市场的需求，有必要把这种训练融入翻译教学之中。这种意识的出现将是教学大纲、课程设计、教学材料和翻译教学的起点。

（二）建构主义项目式教学方法将真实项目融入教学环境，可以有效地指导翻译教学。真实情境能够激发学生的兴趣，增强他们的责任感，让他们更有动力地学习，并在学习中付出更多的时间与努力。作为翻译能力的一部分，以市场为导向的翻译能力在这种教学方法中得到了提高。与此同时，作为语言转换的关键因素，学生的语言熟练程度也得到了一定程度的提高。因此,我们完全可以将建构主义项目式教学法与提高语言熟练程度和语言转换能力的传统教学法相结合,以此作为构建翻译教学方法论的指导原则。

(三)应该关注与翻译质量呈明显正相关的翻译子能力,以及本项目中提高不明显的翻译能力组成部分。本项目中提高最明显、与译文质量呈正相关的三个子能力分别是职业道德、人际交往技能和翻译资源管理。因此,教师应在这些方面给予学生更多的关注,帮助学生提高这些方面的能力。我们建议将真实项目或模拟真实项目应用于翻译教学之中,培养学生翻译质量控制意识(职业道德)、保密意识和忠实度(职业道德)、翻译资源管理意识和翻译资源实际使用意识(翻译资源),提高学生与组员和与客户的交流能力(人际交往技能)。

另一方面,本研究中质量管理技能(第7位)以及工作态度和行为(第6位)提高程度最小。教师也应当给予这一现象一定关注,引起学生的重视,鼓励学生有意识地提高这两方面的能力。

(四)本研究的发现对于教师发展同样具有重要意义。建构主义要求教师摒弃信息分配者的身份,并努力成为学生学习的促进者。建构主义翻译教师应鼓励并认可学生的自主性和主动性,让学生进行真实或模拟真实的翻译活动,支持学生通过协商进行知识的合作建构,对学生在真实运用中的表现进行评估,引导学生产出真实的译文并将其应用于现实生产和生活。因此,建构主义翻译教学的目标不是让作为促进者的教师提供答案或使学生找出预先确定的问题解决方法,而是要引导学生在解决现实问题的过程中提高翻译技巧和能力。

(五)翻译市场及客户是建构主义项目式教学方法的重要教学资源。翻译教师应关注翻译市场动态和需求,与客户保持联系。如果能得到学校有关部门的理解和支持,还可以邀请他们作为兼职教师,定期给学生授课。

5.4.3 研究局限性及建议

由于时间有限,本研究没有对双语能力、语言外能力和以市场为导向的翻译能力之间的关系进行探索。如果后续能进行此类研究,或许可以发现哪种子能力对提高学生整体翻译能力最重要,相应地,也就可以修订或改进本研究提出的教学模式,提高其有效性。

由于实验对象数量有限，实验得出的翻译能力和翻译质量的相关性在统计学意义上的说服力有待提升。如果学生样本数量更大，可以进行因果关系检验，从而发现翻译能力和翻译质量相关关系的更多信息。学生样本数量增加能够使得到的数据更加充分，从而可以进行回归分析，确定两者之间的因果关系。

同样地，由于学生样本数量有限，本研究无法设置控制组。然而，本研究的实验对象都是工科专业的大四学生，在英语课上没学过翻译，也没有从事过任何真实的翻译工作，而且高校在大四也不再开设英语课程。通过直接观察和采访发现，在这三个月里，翻译任务几乎占用了实验对象所有的业余时间，因此可以合理地假设翻译项目是影响他们翻译能力提高的唯一因素。本项目只是一个初步研究，目的是检验教学实验的可行性，下一步研究可以重复当前实验，同时使用实验组和控制组进行对比，并且出于统计学意义的考虑，每组至少包括30人。

本研究所有的实验对象具有相似的年龄、年级、专业和经历。如果实验对象能包括其他类型的学生，可能会得到不同的统计结果。因此，未来研究中，扩大样本数量，选择年龄、年级、专业、经历等方面更具代表性的群体作为实验对象，可以提高研究结果的信度，使其更加具有教学启示意义。

此外，研究中使用的问卷和采访在内容、设计以及措辞方面仍有待提高。

MTI 学生网络信息
检索能力实证研究

　　互联网技术的快速发展让人类可以以更便捷的方式获得信息,在"大数据""语言资产"及"知识管理"等理念的倡导下,翻译行业也正在进行大规模的信息化改造。业务平台和辅助翻译工具的完善与成熟,加大了信息化时代下对高质量翻译人才的需求。如今,译者进行信息检索的媒介逐渐从纸质文献转向网络数字资源。由于信息技术的发展,译者的外部资源检索工具已从传统纸质文献或词典转向网络检索资源、翻译记忆库、计算机辅助软件、翻译云平台等现代化技术应用。培养译者的信息检索能力,加强其翻译工具使用能力,已成为破除人才培养思维局限、提升翻译人才培养质量的重要方向。

　　在翻译研究领域,尽管国外已经有研究者(Pinto, 2008; Massey & Ehrensberger-Dow, 2011a, 2011b; Raído, 2013)认识到信息检索对于译者的重要性,并对译者的信息检索行为进行研究,但在国内,译者信息检索研究仍然处于较为空白的地位,更遑论对学生的信息检索水平的评估以及特征分析,仅有少数研究者从翻译能力角度对其进行探索(王湘玲、王律、陈艳杰,2014;王育伟,2014)。

本研究主要探讨国内翻译硕士专业（简称 MTI）学生的网络信息检索能力（competence of information searching through Internet，简称 CISI）的现状以及特点。网络检索能力是信息时代的一种核心能力，而翻译学领域中，针对译者的网络信息检索能力的研究较为缺乏。本研究拟回答以下三个问题：（1）如何测试 MTI 学生的 CISI？（2）MTI 学生的 CISI 现状如何？（3）MTI 学生的信息检索能力行为特征、影响因素以及其基本检索行为模式是什么？

6.1 文献综述

6.1.1 翻译过程中的信息检索行为

PATCE（2005）认为，译者可以通过内部和外部两种支持来解决翻译问题。内部支持是指翻译记忆的支持，而外部支持是指词典、百科全书等资源。

大部分关于译者信息搜寻行为的研究都集中在词典和其他参考文献，而不是电子或网络资源。并且，这些研究大多重点分析译者检索资源的目的、类型和频率。例如，Krings（1986）研究了受试者在词典使用中的策略以及采取这些策略的原因；Jääskeläinen（1989）研究了使用的词典的频率和类型、参考资料的主要来源和词典使用目的；Livbjerg 与 Mees（2003）分析了词典使用的频率和方式对学生翻译质量的影响；Pavlović（2007）为学生提供了包括印刷和网络资源在内的外部支持，并比较了问题数量、咨询次数和资源类型。除了上述研究，还有学者进行翻译过程中信息搜寻行为相关研究，如 Alanen（1996）使用问卷调查了解熟悉互联网的翻译人员的工作习惯，White 等人（2008）通过焦点小组的方式探讨了职业译者的信息行为。

值得注意的是，在目前的研究中，有两位研究者专注于译者信息素养的探究。Pinto 与 Sales（2007）的研究主要调查了学生、教师和翻译专业人员的信息需求和信息资源的使用。研究发现，翻译学生群体已经意识到信息素养对于翻译技能而言至关重要，这些素养包括识别和定义信息需求、评估信息来源以及通过整合新信息生成知识。

Massey 与 Ehrensberger-Dow(2011a)研究了翻译者的信息行为,特别是工具和外部资源的使用模式,并运用多元互证的研究探索翻译记忆、研究工具和外部资源对职业翻译过程的影响,采用的研究方法包括民族志观察数据、问卷调查、半结构式访谈、键盘记录、屏幕录制、回溯性访谈以及眼动追踪。

虽然上述两个研究的对象都是译者的信息行为,但其均采用问卷或访谈来收集数据,而不是通过评估翻译任务质量来进行分析。与以上两项研究不同的是,Raído(2014)采用问卷调查法、屏幕录制和在线检索报告与访谈相结合的多元测量方法,探索了在真实翻译任务中教师和学生的信息检索行为模式特征及其影响因素。Raído(2014)将整个检索过程分为检索需求、检索目标、检索过程和检索结果,分析了学生因素(翻译专业知识、信息检索技能和领域知识)与信息检索行为之间的关系。研究发现,翻译专业知识和任务复杂性都会影响译者的信息选择,而学生往往会因缺乏网络检索专业知识而进行低层次检索。

反观国内研究动态,虽然研究人员已经认识到工具能力的重要性,认为学生应该学习如何利用先进的信息通信技术和设备,他们在对翻译工具能力发展的研究中记录了受试者的搜寻行为,包括使用的资源、搜寻频率和翻译质量,但与译者信息检索能力及素养相关的研究还是较少。龚锐(2014)在其论文中探索了参与者的检索行为与翻译方向性的相关性问题。王育伟(2014)比较了新手译者、半职业译者和职业译者的检索行为,认为参与者的检索模式与其翻译表现之间具有很强的相关性。

综上所述,无论国内还是国外,关于译者信息检索行为的研究呈现实证研究不足,偏向工具资源的研究等特点。正如 Massey 与 Ehrenberger-Dow(2011b)所说,"信息素养研究的重要性尚未得到大量支持"。作者认为,为了深入研究译者的信息需求、信息检索和信息管理,仍需进一步研究译者的信息检索行为,从而为翻译教学中的译者信息素养培养打下坚实基础。

6.1.2 翻译过程中的 CISI

根据美国大学与研究型图书馆协会(Association of College and Research Library,简称 ACRL)发布的《高等教育信息素养能力标准》(Information Literary Competency Standard for Higher Education),CISI 可以被定义为"个人能够明

确何时需要信息并对有效信息进行定位、评估和使用的能力"（ACRL, 2001）。

网络技术加速全球信息一体化的同时，也更加凸显了翻译技术、翻译工具以及网络资源在翻译过程中的重要性。近几十年来，翻译研究中出现了许多与信息素养或 CISI 密切相关的概念。

在翻译能力研究领域，PACTE 的翻译能力模型应用最为广泛（详见第二章）。在该模型的六个组成部分中，工具能力与 CISI 最为相关。PACTE（2003）将工具能力定义为"主要涉及使用参考资料的程序性知识以及适用于翻译的信息和通信技术：各种类型的词典、百科全书、语法书、平行文本、电子语料库等。"除此之外，PACTE（2017）认为，译者的检索资源、检索时间、检索类型与检索方法的不同组合会影响译者的检索行为。

与 PACTE 的研究相似，Göpferich（2009）将工具和研究能力定义为"译者能够使用特定翻译的传统工具和电子工具的能力，包括词典、百科全书（印刷版或电子版）等参考著作、术语库和其他数据库、平行文本、检索引擎、文字处理器、术语和翻译管理系统以及机器翻译系统"。

在我国，也有不少学者注意到技术在翻译和翻译培训中的重要性。其中，王律（2014）探讨信息与通信技术能力，将之细分为信息能力、技术能力、交际能力、解决问题能力、道德与安全等五个组成部分。她从信息检索过程的角度定义了信息能力，包括"检索、评估、处理、整合和管理信息"。

此外，还有一些其他概念涉及技术的使用和翻译中的信息检索，如 Massey 与 Ehrensberger-Dow（2011）所研究的技术和工具能力。

综上可知，尽管信息检索能力的定义与翻译中的工具能力相似，但两者并不完全相同。信息检索能力强调对工具的操作能力，而翻译工具能力则更注重翻译知识与工具的结合，聚焦于整个翻译能力框架之下与其他子能力相联系。

在此，根据前人对 CISI 的定义，本研究将 CISI 划分为五个组成部分：信息分析、信息检索知识、批判性思维、信息整合和资源管理（见表 6-1）。

表 6-1　CISI 组成

CISI 组成成分	内　　容
信息分析	分析翻译问题
信息检索知识	检索技能性知识等
批判性思维	理解并评估检索结果
信息整合	组合所选择的信息
资源管理	储存并使用翻译资源

信息分析主要发生在信息的预检索阶段。译者通过信息分析确定信息需求和目标。在开发信息检索策略、选择信息检索工具和进行信息检索等过程中,译者需要有关信息检索的知识,包括检索工具和检索技能等知识。批判性思维是指译者批判性地阅读和评估信息,主要用于理解检索结果、判断信息来源和评估信息。信息综合是指将所选择的信息与翻译环境相结合,以保证翻译结果的准确性。资源管理则是在翻译信息检索的过程中保存有用的翻译资源,以便于未来的检索行为。

6.2 实证研究

本研究在借鉴信息科学领域的信息素养测试的基础上,设计了一套翻译信息检索测试,对 26 名 MTI 学生进行测试,采用屏幕记录软件对测试过程进行记录,收集相关的实验数据。由于技术及其他原因,有 4 份数据无效,实验最终获得 22 份有效数据。

6.2.1 研究对象

本研究随机选择国内重点高校的 26 名 MTI 学生作为受试,其中男性 5 人,女性 21 人。为了反映 MTI 学生的真实水平,本研究所筛选的学生为湖南某高校的研究生,其中 15 人为研究生一年级学生,其余 6 人为研究生二年级学生。

6.2.2 实验材料

本研究在参考 InfoLiTrans Test 和 iSkill 系统的基础上,根据中国知网(CNKI)上 50 名 MTI 学生的翻译报告,分析并总结了学生译者在翻译过程中所遇到的词汇、句法和背景信息等问题,形成了 100 个任务的小型题库。然后,根据完成任务所需的检索步骤以及复杂程度将所有的任务分为基础任务(需要 1—2 个步骤)、中级任务(需要 3—4 个步骤)和高级任务(需要 4 个步骤以上)。之后,从题库中选取了 4 个基础任务(每个 5 分)、4 个中级任务(每个 10 分)

以及 2 个高级任务（每个 20 分），最终构成了一套 10 个题目的 CISI 测试。

6.2.3 研究步骤

本研究分为两部分进行：前测实验与正式实验。首先，在实验开始之前，本研究对测试和问卷进行了前测，在前测实验数据符合研究设想之后，再开始正式实验。实验按照以下步骤进行：

首先，受试签署实验知情书，并通过实验指导书了解实验过程中所有的流程及要求。其次，受试通过互联网完成测试者所发布的翻译任务，并在测试者的指导下提前安装好必要的研究工具软件（包括录音软件和屏幕录制软件）。为了保证实验环境的真实性以及信度，实验尽可能模拟真实的翻译环境，以受试的自我感觉为主。

正式开展实验前，受试利用屏幕录制软件提前进行小型测试，以保证软件的可操作性。随后，实验正式开始。在实验的过程中，受试需要完成一份测试题以及调查问卷。当受试完成测试及问卷后，立即停止屏幕录制，并将录制文件按照指示发送到指定电子邮箱中。

6.2.4 研究工具

本研究所采取的研究工具有三种：网络检索测试、问卷调查以及屏幕录制。网络检索测试主要用于评估 MTI 学生的翻译检索能力水平。问卷调查主要用于探究在翻译过程中，影响 MTI 学生网络检索行为的相关影响因素。屏幕录制用于记录受试在翻译过程中所涉及的一系列网络检索行为，也是本次实验所需数据的主要来源。

值得注意的是，与以往研究不同，本次研究不使用有声思维法作为研究工具。尽管有声思维法在翻译过程研究领域起着重要作用，但也存在着一定的缺点与不足。王树槐（2013）认为，有声思维法要求受试在翻译过程中回答问题，这会干扰翻译过程的完整性，从而影响实验的信度与效度。其次，实验环境与译者的真实环境不同，因此实验并未能保证其生态效度。此外，有声思维法不能真实完整地描述译者的翻译过程，受试在进行口头描述时容易忘记或忽略一定的信息。受试者数量有限，数据的整理、编码及分析仍需建立统一的规范。因此，本研究不采用有声思维法。

6.2.5.1 网络检索行为评估

目前对于信息素养的测试大部分都对受试所提供的检索结果进行评分,并将准确性作为评估受试信息素养水平的唯一指标。但是,评估过程也应当考虑时间因素。信息科学领域的一些学者认为时间因素在信息检索行为研究过程中起着重要作用。Brand-Gruwel 等人(2009)将信息问题解决过程分为五个阶段:定义信息问题、检索信息、扫描信息、处理信息、组织和呈现信息。时间被视为分析每个阶段信息行为的最重要因素。因此,为了全面评估 MTI 学生的 CISI,时间因素也将被考虑。在此研究中,我们采用丁韧等人(2011)提出的评估体系,将检索精度和检索时间结合起来。

评估受试的 CISI 主要有两个指标:检索有效性(SS)和检索效率(SY)。检索有效性是指检索结果的准确性,可以通过测试所获分数与测试满分的比例来衡量,其公式如下:

$$\text{SSn} = \frac{\sum_{a=1}^{n} Getscore_a}{\sum_{a=1}^{n} Fullscore_a} \times 100\%$$

(Getscore$_a$ 指检索任务 a 的得分;Fullscore$_a$ 指检索任务 a 的满分)

检索效率是指检索信息所花费的时间,可以通过检索结果的总准确率(即检索有效性)与检索花费的总时间的比率来衡量。其公式如下:

$$\text{SY}n = \frac{SS_n}{\sum_{a=1}^{n} T_a}$$

(T_a 指用于检索任务 a 的信息的时间)

6.2.5.2 屏幕录制数据的转写和编码

本次 CISI 测试通过 Sojump 网站进行,该网站主要用于进行在线问卷调查、评估和投票。本次屏幕录制数据的转写和编码主要借鉴 Raído(2013)的方法,如图 6-1 所示。实验共产生 26 组屏幕录制数据。由于技术及其他原因,其中 4 组数据无效。因此,对剩余的 22 个屏幕录制数据进行转写及编码。

面向人工智能的翻译能力研究：理论、方法与实证

Time	Page	Action	tool	query	Enter	Highlight/Select	Link text	FL	SL	Notes
042813	task									
043700	Baidu									
043773		enter								
044273		enter			candlewood					
044327	Task									
044500	Baidu									
044607		add			cupboard					
044940		add								
045100	SRP	SM	baidu							
045473		click "翻译此页"		candlewood cupboard	candlewood cupboard		翻译此页	wikipedia		Translated pages
045513	Link 1									
050653	SRP		baidu	candlewood cupboard	candlewood cupboard					
051347		copy								
051573		copy				candlewood cupboard				
051700	Link 1									
051813	Youdao									
051967		enter								
052293		enter			candlewood cupboard					
052327	Youdao		youdao	candlewood cupboard	candlewood cupboard	candlewood cupboard				
052547	Link 1									
052833	SRP		baidu	candlewood cupboard	candlewood cupboard					
053093	Link 2	click link 2					Candlewood Cupboard at the Candlewood Suites	oyster		
053140	Link 2									
053507		close link 1	baidu							
053840	SPR		baidu	candlewood cupboard	candlewood cupboard					buffering

图 6-1 屏幕录制数据

053887	Link 2					buffering
054047	SRP	SM	baidu	candlewood cupboard		
054667		add		中文		
055053	SRP	add	baidu	candlewood cupboard 中文		
055253	Link 2	close link 2				
055833						
060233						
060280	SRP	sm	baidu	candlewood cupboard 中文		
060860		delete				
061047		delete		中文		
061187	SRP		baidu	candlewood cupboard		
061453		click link 3			oyster	
061460	link 3					
062613		close link 3				
062633	SRP		baidu	candlewood cupboard		
062793		click "翻译此页" link 4				
062820	Link 4				oyster	Link 2 / translated page
063687		copy				
064273		copy		狄特伍德柜		
064333	task					
064393		paste				
064507		paste		狄特伍德柜		
064700		next task				

图 6-1　屏幕录制数据(续)

在图 6-1 中,FL 表示受试所打开的第一个链接;SL 则是后续链接,指的是通过内部检索或点击第一个链接页面上的外部链接生成的后续链接,供受试展开其他信息检索;SRP 是指检索结果页面。

6.3 数据与讨论

6.3.1 MTI 学生 CISI 的现状

对于 MTI 学生而言,信息检索能力已经成为衡量其职业水平的重要标准之一,但目前鲜有对 MTI 学生的 CISI 进行评估的相关研究。为了调查 MTI 学生的 CISI 整体表现,本次实验通过检索测试收集相关数据。评估指标由检索有效性和检索效率两部分组成。

6.3.1.1 MTI 学生 CISI 的总体表现

测试由十个检索任务组成,根据完成任务所需的时间和程序分为三个难度等级。其中,大部分任务的答案都可以通过互联网检索得到,只有两个任务需要自身额外的认知负荷才能解决。可以直接得到答案的八个检索任务根据正确性进行评判,而其余两个任务则在标准答案的基础上进行灵活评价。得到的结果如图 6-2 与图 6-3 所示。

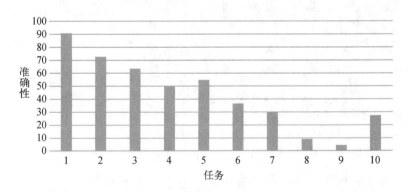

图 6-2 每个任务的准确性

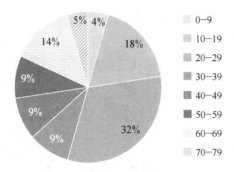

图 6 - 3 分数总体分布

此外,通过屏幕录制数据能够计算受试的总体检索时间,并结合分数对受试进行质量评估。MTI 学生 CISI 的平均检索效率和检索有效性如表 6 - 2 所示。FullScore 是指任务满分时的总值。例如,四个任务属于简单任务,每个任务的总分为 5 分,FullScore 即为 20 分。M.GetScore 是指受试者表现评分的平均值。

表 6 - 2　CISI 的总体检索效率与检索有效性

任务	M.FullScore	M.GetScore	M.SS(%)	M.t(s)	M.SY(%/s)
简单	20	13.86	69.32	289.91	0.24
中等	40	12.95	32.39	641.55	0.05
困难	40	6.36	15.91	520.05	0.03
总计	100	33.18	33.18	1 451.50	0.02

总的来说,一个任务平均检索时间为 1 451.50 秒,平均分数为 34.32 分。检索效率和检索有效性的平均值是 33.18% 和 0.02%/秒。从表中可以看出,MTI 学生对简单任务检索性能的平均值为 13.86 分,简单任务检索有效性的平均值为 69.32%,简单任务检索时间的平均值为 289.91 秒,检索效率的平均值为 0.24%/秒。中型任务的检索效率和检索有效性的均值低于简单任务,而中型任务检索时间的平均值比简单任务的平均值要长。对于难度较大的任务,受试得分平均值为 6.36 分,检索效率和检索有效性的平均值分别为 15.91% 和 0.03%/秒。任务完成困难程度与任务时间的平均值为 520.05 秒。一般来说,随着难度和认知负荷的增加,受试的检索效率和检索有效性都相应降低。

不同组织制定的信息素养能力标准不同。其中，美国大学与研究型图书馆协会（ACRL）于 2001 年发布的《高等教育信息素养能力标准》最受学界的肯定。这份能力标准详细描述了信息素养、评判标准、绩效指标和成果，其中包括 5 个一级指标，22 个二级指标和 86 个三级指标。

根据 ACRL 制定的这一标准，众多学者及组织开发了相应的信息素养评估测试。美国教育考试服务中心开发的 iSkills 评分得分范围为 0—500。根据评分范围对绩效进行三级分类，这些评分范围包括总体信息通信技术素养（总分为 130—250 分），基础信息和通信技术素养（总分为 260—340 分）和提高信息和通信技术素养（总分为 350—500 分）。每个级别都有相应的能力对应等级。在美国詹姆斯麦迪逊大学评估和研究中心联合该校图书馆开发的信息素养测试中，根据受试答案的准确性，受试的考试成绩分为三个级别：低于熟练、精通和先进。达到精通级别和先进级别的准确率分别为 65% 和 90%。由众多美国组织赞助的信息素养标准化评价工具 SAILS 是另一项信息素养技能评估测试。在这项测试中，受试的表现分为两个级别：熟练程度（70%）和掌握程度（85%）。基于上述评估，丁韧（2013）制定了一个信息检索能力标准，将检索准确性和检索效率相结合，并将信息检索能力分为七个层次。

为了全面了解 MTI 学生的 CISI，本研究根据上述结果制定了评估标准，将学生的成绩分为 1—7 级。这七个层次具体划分为：水平欠缺（1 级），低水平层次（2 级和 3 级），中等水平层次（4 级和 5 级）和更高水平层次（6 级和 7 级）（见表 6-3）。检索效率的界限值（0.024%/秒）是学生检索效率的平均值，用于区分学生的检索效率水平。根据这一评估标准，学生检索能力的分布情况如图 6-4 所示。

表 6-3 MTI 学生的 CISI 评估标准

	SS（%）	SY（%/s）	水平	描　述
7	70—100	≥0.024	高	快速、准确地完成困难任务
6	70—100	<0.024	高	完成困难任务
5	50—69	≥0.024	中等	快速、准确地完成中等难度任务
4	50—69	<0.024	中等	完成中等难度任务
3	20—49	≥0.024	初级	快速、准确地完成初等难度任务
2	20—49	<0.024	初级	完成初等难度任务
1	<20	<0.024	不足	不能完成简单任务

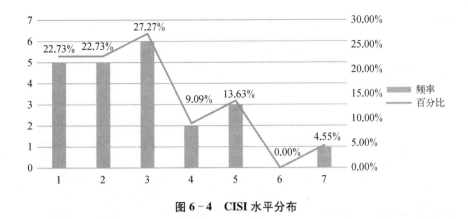

图 6-4　CISI 水平分布

在 22 名学生中,22.73%处在第一层次,这意味着他们并不具备 CISI。大部分学生(占 50%)处于低水平层次,即只具备关于信息检索的基本技能和知识。CISI 处于中等水平的学生的总比例仅为 22.73%,而高水平层次的比例则下降到 4.55%。

表 6-4　学生信息检索的总体表现

水平	百分比(%)	M.SS(%)	M.SY(%/s)	表现评价
7	4.55	70.0	0.039	优秀
6	0.00	0.0	0.000	中等
5	13.63	60.0	0.033	及格
4	9.09	57.5	0.019	失败
3	27.27	27.5	0.034	失败
2	22.73	28.0	0.014	失败
1	22.73	12.0	0.016	失败

根据 ACRL 标准和其他相关标准,本研究中 MTI 学生信息检索的表现可以被分为优秀组(7级)、中等组(6级)、及格组(5级)和失败组(1级至4级)。从表 6-4 可以发现,只有 18.18%的学生通过了此次测试。

由此可以得出结论,参加测试的大多数学生的 CISI 水平较低。他们不能通过在互联网上检索信息来解决翻译问题,或者花费过多时间来寻找与翻译相关的解决方案。此外,研究生一年级和二年级学生在检索效率和检索有效性方面没有差异,这意味着相关课程有所缺乏,或者课程效果并不显著。

6.3.1.2 不同情境下 MTI 学生的 CISI

经过 SPSS 数据处理之后，检索有效性在性别和年级层面的分布如表 6-5 所示。

表 6-5 检索有效性分布

	性别	数量	平均数	标准差	标准差误差
SS	男	5	18.00	10.954	4.899
	女	17	37.65	20.165	4.891

	年级	数量	平均数	标准差	标准差误差
SS	一	12	27.92	20.721	5.982
	二	10	39.50	18.326	5.795

在性别上，男性检索有效性的平均值为 18%，低于女性（37.65%）。从年级来看，MTI 一年级学生检索有效性的平均值为 27.92%，而二年级学生检索有效性的平均值为 39.50%。经过 Kolmogorov-Smirnov 检验和 Shapiro-Wilk 检验，结果显示其显著性值均小于 0.05，这意味着检索有效性的数据不呈现正态分布。因此本研究进行非参数检验来探寻检索效率和检索有效性的分布规律。

根据 SPSS 检验，男生与女生的检索能力具有显著性差异（$p = 0.036 < 0.05$）。从以上的测试结果可以看出，女生的检索有效性远远高于男生。然而，第二次测试的结果显示，不同年级学生的检索有效性分布的差异并不显著（$p = 0.171 > 0.05$），这意味着二年级学生的检索有效性与一年级学生水平相当。

通过 Levene 检验和 t 检验，本研究对样本数据进行了进一步分析。通过对比不同性别和年级之间检索效率的分布差异，结果显示，一年级学生和二年级学生的检索效率没有显著差异（$p = 0.561 > 0.05$）。男生与女生的检索效率差异也并不显著（$p = 0.914 > 0.05$）。

为了调查 MTI 学生的 CISI 在翻译方向上的差异，本研究取文本长度相同的两个任务进行对比（任务 2 与任务 3）。其中，任务 2 为英译中练习，任务 3 为中译英练习。

表 6-6 任务 2 与任务 3 的描述性统计

	数量	极小值	极大值	平均值	标准差	标准差误差	方差
S2	22	0	5	3.70	2.245	.468	5.040
S3	22	0	5	3.26	2.435	.508	5.929

如表 6-6 所示,任务 2 和任务 3 的得分均值分别为 3.70 和 3.26,这表明对受试而言,英译中的整体表现比中译英更好。

表 6-7 任务 2 与任务 3 检索时间的描述性统计

	数量	极小值	极大值	平均值	标准差	标准差误差	方差
T2	22	45	268	118.09	60.037	12.519	3 604.447
T3	22	35	292	110.26	78.295	16.326	6 130.111

从表 6-7 可以看出,对于任务 2 和任务 3,检索时间分别为 118.09 秒和 110.26 秒,该数据说明参与者在英汉翻译信息检索上花费的时间比汉英翻译任务更长。由于任务 2 和任务 3 的检索效率数据不呈现正态分布,因此对该研究问题进行非参数测试。结果显示,p 值为 0.755,大于 0.05。因此,可以推断任务 2 和任务 3 的检索效率没有显著差异。

由此得出结论:参与者在英汉翻译和汉英翻译方面的表现没有显著性差异。

6.3.2 学生翻译信息检索行为的特点

我们从信息检索过程特征和信息检索模式两个角度来分析 MTI 学生的信息检索行为。就前者而言,从检索过程的不同阶段对信息检索过程特征进行分析,重点研究检索时间分布以及各阶段的检索行为。就后者而言,从整体行为特征的角度分析信息检索模式的特点,即信息检索过程和检索结果。

如上所述,信息检索过程分为三个阶段:检索前阶段、检索阶段和检索后阶段。下文将讨论 MTI 学生每个阶段信息检索行为的特点。

6.3.2.1 检索前阶段的行为特点

检索前阶段从读取任务的主题开始，到受试完成任务为止。在该阶段中，受试先要读取任务，了解任务的需求，最终确定信息需求。但这些行为无法直接被观察到，因此，本研究通过分析 MTI 学生在检索前阶段所花费的时间进行分析。

如表 6 - 8 所示，所有的平均值都大于标准误差值，这意味着数据中没有极端的异常值，并且数据的分散程度不高。每项任务花费的时间平均值从 9.41 到 29.00 不等。从图 6 - 5 可以看出，检索前阶段时间均值的总趋势尽管存在波动，但总体在上升，这与准确性趋势相反。也就是说，随着难度的增加，检索前阶段的时间也在增加。

表 6 - 8　检索前阶段下的描述性统计

	数量	极小值	极大值	平均值	标准差	标准差误差	方差
Tpr1	22	2	23	215	1.340	9.77	6.286
Tpr2	22	4	43	382	2.514	17.36	11.794
Tpr3	22	3	24	274	1.400	12.45	6.566
Tpr4	22	2	49	338	2.533	15.36	11.883
Tpr5	22	2	60	461	3.370	20.95	15.807
Tpr6	22	2	40	207	1.747	9.41	8.192
Tpr7	22	3	50	282	2.345	12.82	11.001
Tpr8	22	3	45	342	2.567	15.55	12.039
Tpr9	22	3	47	280	2.427	12.73	11.386
Tpr10	22	6	94	638	4.216	29.00	19.773

注：Tpr，即 time of pre-searching，指每个任务检索前阶段所耗费的时间。

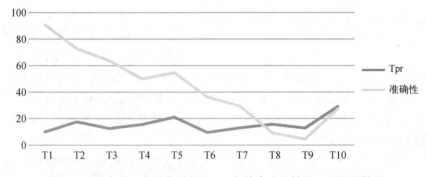

图 6 - 5　检索前阶段耗费时间（Tpr）与检索准确性的平均数趋势图

除此之外,本研究对性别和年级的检索前阶段耗费时间差异也进行了调查(见表6-9)。可以发现,男性和女性参与者的检索前阶段耗费时间分别为15.180秒和15.647秒。而一年级受试(14.650秒)的检索前阶段耗费时间的平均值低于二年级学生(16.610秒)的检索前阶段耗费时间。

表6-9　性别与年级的分组统计量

Tpr		数量	平均数	标准差	F值	T值	自由度	显著性
性别	男	5	15.180	10.138 885 5	.082	−.108	20	.915
	女	17	15.647	8.031 509 6				
年级	一	12	14.650	7.748 372 3	.898	−.543	20	.593
	二	10	16.610	9.205 970 3				

然而,在运行独立样本测试后,男性和女性参与者在检索前阶段耗费时间差异没有统计学意义($p=0.915>0.05$)。不同年级之间的差异也是一样的($p=0.593>0.05$)。

在检索前阶段采取的大部分认知负荷是阅读并理解任务需求,因此,耗费时间出现以上波动可能是由于语言、任务长度和任务结构的影响。每项任务的目的都是由"请完成以下要求"这句话来完成,因此所有的任务结构都非常清晰。然而,语言可能是一个重要影响因素,因为任务1、3、6、7、9、10用汉语表达(受试的母语),而任务2、4、5、8用英语表达。考虑到任务的难度和长度,本研究选择任务5和任务6进行分析。

表6-10　任务5&6的预检索阶段分布

	任务	数量	平均数	标准差	F值	T值	自由度	显著性
Tpr	5	22	20.95	15.807	9.031	3.042	42	.004
	6	22	9.41	8.192				

从上表可以看出,检索前阶段阅读并理解英文任务和中文任务所耗费的时间分别为15.807秒和8.192秒。因此,考虑到语言的差异,任务5(30

个英语单词）和任务 6（65 个中文单词）的长度虽然相似，但受试阅读和分析中文任务的时间比英语任务少，并且进行的独立样本测试显示这两项数据具有显著性差异（$p = 0.004 < 0.05$）。

以下部分计算了不同难度的任务所耗费的时间，以研究受试在检索前阶段的检索行为特征。

表 6-11　任务难度的描述性统计

	数量	最小值	最大值	平均数	标准差
TprE	88	2	49	13.74	9.797
TprM	88	2	60	14.68	12.600
TprD	44	3	94	20.86	17.944

从上表可以看出，随着任务难度的增加，所耗费时间的平均值也在不断增加。受试在这两项任务上花费的平均时间为 13.74 秒，中等任务的时间增加到 14.68 秒，而在困难任务上该平均时间增加到 20.86 秒。

进行正态分布检验之后，数据结果显示，每一项时间数据并不呈现正态分布，Kolmogorov-Smirnov 和 Shapiro-Wilk 均为小于 0.05。为了便于后续分析，本研究使用 Blom 公式将数据转换为正态分布，并通过单向方差分析测试，比较每项任务花费的时间差异，结果显示所有数据的方差是均匀分布的。如表 6-12 所示，显著性差异小于 0.05（$p = 0.028$），这意味着该数据具有统计意义。

表 6-12　用 Blom 公式计算 ANOVA 正常分数

		决定系数	自由度	均方误差	F 值	显著性
	不同组别	6.918	2	3.459	3.647	.028
Tpr	组　间	205.821	217	.948		
	总　计	212.739	219			

为了深入了解不同任务之间的差异，进行多重比较，本研究采用 Turkey 多重比较检验来比较平均差异。

表 6 - 13　多重比较结果

					95% 置信区间	
(I) Ta01	(J) Ta01	平均数差异 (I - J)	标准差误差	显著性	下限值	上限值
1.00	2.00	-.002 086 5	.146 821 3	.981	-.348 571	.344 398
	3.00	-.444 350 0 *	.179 818 6	.038	-.868 706	-.019 995
2.00	1.00	.002 086 5	.146 821 3	.981	-.344 398	.348 571
	3.00	-.442 263 5 *	.179 818 6	.039	-.866 619	-.017 908
3.00	1.00	.444 350 0 *	.179 818 6	.038	.019 995	.868 706
	2.00	.442 263 5 *	.179 818 6	.039	.017 908	.866 619

杜凯氏差距

* 表示 $p < 0.05$

比较结果表明,简单任务和中等任务所用的时间之间没有显著差异($p = 0.981 > 0.05$),并且在困难任务上耗费的时间与在简单任务和中等任务上耗费的时间具有显著差异(分别为 $p = 0.038 < 0.05$ 和 $p = 0.039 < 0.05$)。

由于检索前阶段的认知负荷是阅读并分析任务需求,所以问卷中对翻译方向性、任务难度、任务紧迫性、任务奖励、翻译能力和领域知识等六个影响因素进行了调查。

在这六个因素中,任务难度得分的均值最高(4.47),其次是任务紧迫性和领域知识(分别为 4.32 和 4.27),任务奖励和翻译能力的均值分别为3.65 和 3.40。该结果支持了之前的分析,即任务的难度是影响该阶段所花费时间的最主要因素。虽然测试没有时间限制,而且领域知识无法衡量,但结果表明,任务紧迫性和领域知识对参与者都有一定的影响。在测试翻译能力(由受试自己评估)和检索前阶段耗费时间之间的相关性之后,结果显示两者不存在显著相关性。虽然翻译的方向性的平均得分是 3.38,但如前所述,在检索前阶段,花在英语任务上的平均时间多于中文任务。

因此,可以得出以下结论:随着任务难度或复杂度的增加,检索前阶段花费的时间将会增加,尽管用在简单任务上的时间与花在中等任务上的时间之间的差异并不显著。对于语言的影响,分析结果表明,英语任务与中文任务存在统计学意义上的显著差异。此外,本研究还测试了不同性别和年级之间的检索是否存在差异,结果显示,男性受试和一年级受试花在阅读和分析任务上的时间较少。在检索前阶段,受试的主要目的是分析任务并确定他们的信息需求。因此,可以将该阶段耗费的时间、检索问题的时间以及测试的准确性结合起来测量受试的信息分析能力。

6.3.2.2 检索阶段的行为特点

信息检索是整个检索过程中第二个阶段,也是最重要的一个阶段。信息科学研究人员对这一阶段采取的行动有不同的定义。在甘利人等(2007)的数据库用户信息检索行为三阶段模型中,检索阶段包括信息来源选择、概念选择、检索策略选择、检索词选择以及扫描反馈。基于上述分类,本研究的检索阶段分为三个部分:选择检索工具、打字查询、扫描和评估结果。

在下文中,我们将从检索时间、检索工具、检索查询等角度分析检索阶段的行为特点。

6.3.2.2.1 检索行为的检索时间特征

在计算了所有受试使用的时间之后,我们将讨论他们所花费的检索时间的差异。

表 6 - 14　检索阶段上检索时间的描述性统计

	数量	极小值	极大值	平均值	标准差	标准差误差	方　差
Ts1	22	0	262	60.14	68.671	14.641	4 715.742
Ts2	22	0	233	80.77	55.885	11.915	3 123.136
Ts3	22	17	177	58.77	44.767	9.544	2 004.089
Ts4	22	11	540	90.23	121.434	25.890	14 746.184
Ts5	22	13	346	92.59	87.834	18.726	7 714.825
Ts6	22	12	861	139.14	196.370	41.866	38 561.361
Ts7	22	25	454	170.50	113.402	24.177	12 860.071
Ts8	22	19	893	239.32	234.975	50.097	55 213.465
Ts9	22	13	363	140.36	94.962	20.246	9 017.766
Ts10	22	110	1109	379.68	262.121	55.884	68 707.370

从表6-14可以发现,任务1和任务2检索时间的极小值都是0,这意味着某些受试没有花时间进行检索。受试本身知晓测试问题的答案,因此,不需要查询任何参考资料或网页。然而,其中一人未能给出正确的答案。至于检索时间的均值分布,图6-6是检索时间和测试精度的线图。

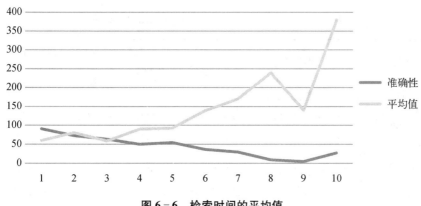

图6-6 检索时间的平均值

如上图所示,检索均值的总体趋势是向上的,这与测试的准确性趋势相反。由此可见,随着任务难度的增加,检索时间也在增加。

表6-15 检索时间在不同组别间的描述分析

	数量	最小值	最大值	平均数	标准差
TsE	88	0	540	72.48	78.220
TsM	88	12	893	160.39	174.584
TsD	44	13	1109	260.02	229.369
Valid N(listwise)	44				

从表6-15可以看出,受试在检索阶段的用时最多从简单任务所耗费的540秒增加到困难任务所耗费的1 109秒。

接下来,本研究对不同年级受试在任务上花费的时间进行差异性比较。首先,在用 Kolmogorov-Smirnov 和 Shapiro-Wilk 运行正态性检验后,发现检索时间数据不是正态分布($p = 0.000 < 0.05$)。因此,通过 Blom 公式将数据转化为正态分布,然后测试差异的均匀性,以便进行下一步分析。结果发现 Ts 的 p 值小于 0.05($p = 0.040 < 0.05$),这意味着方差不均匀。因

此，本研究又通过 Welch 和 Brown-Forsythe 检验，以分析不同任务上的时间差异。结果显示 Welch 和 Brown-Forsythe 中 Ts 的 p 值小于 0.05，即至少存在一组数据与其余组不同。为了进一步分析，再进行 Games-Howell 多重比较检验。

表 6 – 16　Ts01 的 Games-Howell 多重比较分析结果

(I) Tg	(J) Tg	平均值差异 (I - J)	标准差误差	显著性	95% 置信区间 下限值	95% 置信区间 上限值
1.00	2.00	− .548 144 3 *	.136 538 1	.000	− .871 050	− .225 239
	3.00	− 1.165 991 5 *	.155 496 2	.000	− 1.537 292	− .794 691
2.00	1.00	.548 144 3 *	.136 538 1	.000	.225 239	.871 050
	3.00	− .617 847 1 *	.168 261 0	.001	− 1.018 261	− .217 433
3.00	1.00	1.165 991 5 *	.155 496 2	.000	.794 691	1.537 292
	2.00	.617 847 1 *	.168 261 0	.001	.217 433	1.018 261

从表 6 – 16 可以看出，所有的 p 值小于 0.05，这意味着简单任务、中等任务和困难任务之间所用的检索时间差异在统计学上是显著的。因此，可以得出这样的结论：检索花费在每个群组任务上的时间假设具有显著性差异。如表 6 – 16 所示，在困难任务组上检索时间最多，其次是中等难度任务和简单任务。

接下来，本研究分析了不同性别和年级在检索时间上的差异。

表 6 – 17　性别与年级的组别差异

		数量	平均值	标准差	标准差误差
性别	男	5	87.520 00	44.129 434 6	19.735 283 1
	女	17	162.100 0	82.656 276 2	20.047 091 6
年级	一	12	118.308 3	70.172 663 1	20.257 103 0
	二	10	177.360 0	85.248 684 6	26.958 001 1

从表 6 – 17 可知,男性受试(87.52 秒)的检索时间均值远低于女性受试(162.1 秒)。同时,不同年级受试的检索时间差异也较大,一年级受试每项任务的平均检索时间为 118.31 秒,二年级受试每项任务的平均时间为 177.36 秒。

在检验数据的正态分布后,结果显示检索时间并不呈现正态分布。因此,我们将在下文中进行非参数检验,以调查这些差异在性别和年级方面是否具有统计学意义上的显著性差异。然而,从数据分析结果可以看出,两个假设都被保留了(p 分别为 0.724>0.05 和 0.575>0.05),这意味着检索时间在性别和年级上的差异没有统计学意义。

之后,本研究对不同语言的翻译任务的检索时间进行研究。在此,本部分选择简单级别的四个任务作为示例来分析差异。

表 6 – 18　不同语言的组别差异

	组别	数量	平均数	标准差	标准差误差
T01	1	44	59.45	57.291	8.637
	2	44	85.50	93.540	14.102

在表 6 – 18 中,第 1 组是中文任务,第 2 组是英文任务。可以看出,在简单级别中,花费在中文任务上的检索时间的平均值是 59.45 秒,远远低于英文任务的 85.50 秒。我们又接着使用非参数检验进一步测试差异。结果显示,不同语言任务的检索时间不具有显著性差异($p = 0.064>0.05$)。

基于以上分析可以得出结论:随着难度的增加,受试的检索时间也在增加。尽管差异不显著,我们仍可以看出,男性受试和一年级受试在信息检索方面花费的时间少于女性受试和二年级受试。

6.3.2.2.2　检索行为在不同检索工具上的特征

一般来说,人们主要通过网络检索来完成信息处理过程。然而,在翻译过程中所出现的问题涉及译者对单词、句子或语境等要素的理解,因此,普通的网络检索与翻译过程中的网络检索有所差别。

本研究中,22 位受试均不能通过检索引擎或词典来完成这 10 项任务。

正如图 6 – 7 所示,在处理任务 1、3、4 和 5 的过程中,大多数受试选择词典作为检索的主要工具,这可能与问题难度有关。为了完成任务 6、7、8 和 9,不少受试将检索工具范围从词典扩大到互联网。然而,由于在词典或互联网上未能找到直接答案,受试不得不寻求其他解决方法。由于最后

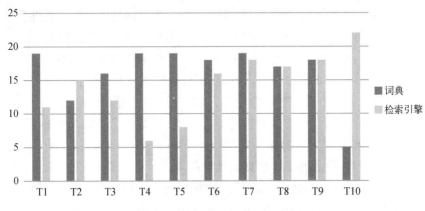

图 6-7 检索工具的分析

一项任务的目的是找到由 119 个汉字组成的一段法规的来源和英文翻译，因此所有受试都通过互联网寻找信息。一些受试使用词典查阅某些词的英文翻译，以使检索关键词更加准确。在未能找到法规的英文版本后，一些受试也转向在线翻译软件(如谷歌翻译)寻求帮助。

从图 6-7 中可以得出检索工具应用的总趋势。随着任务难度和复杂度的增加，词典的应用频率下降。相反，检索引擎的应用频率正在上升。

表 6-19   参考检索和引擎检索的分布

	T1	T2	T3	T4	T5	T6	T7	T8	T9	T10	Sum
R	24	17	22	39	28	46	87	43	70	21	397
Mr	1.09	0.77	1	1.77	1.27	2.09	3.95	1.95	3.18	0.95	18.05
E	20	25	19	14	18	49	57	61	42	105	410
Me	0.91	1.14	0.86	0.64	0.82	2.23	2.59	2.77	1.91	4.77	18.64
Total	44	42	41	53	46	95	144	104	112	126	807
Mt	2	1.91	1.86	2.41	2.09	4.32	6.55	4.73	6.09	5.73	36.68

如果按照所使用的检索工具进行划分，大致可分为参考检索和引擎检索两个类别。参考检索是指在检索过程中对所有相关资料的检索，如词典、百科全书和翻译软件等。引擎检索是指通过检索引擎进行的检索。从表 6-19 可以看出，所有 22 位参与者共进行了 397 次参考检索(R)和 410 次引擎检索(E)，用检索信息来解决测试中的 10 个任务。

但是，不同任务之间检索工具使用的差异非常明显。如图 6-8 所示，前三个任务中参考检索和引擎检索的使用次数较少,且在检索工具使用方面没有明显的波动。任务 4 是单个单词翻译,因此受试对检索工具的偏好转向词典,检索引擎使用减少。虽然任务 5 是为了找到 catch 的含义,但参考检索和引擎检索的使用数量是接近的。由于此任务中 catch 的含义并不常见,通常在短语中使用,因此在网络或词典上的检索数量没有显著差异。除此之外,任务 6、7、8 和 9 的参考检索和引擎检索的使用数量迅速增加,这表明任务的难度和复杂度的提升增加了受试的认知负荷。从图中可以看出,参考检索的最大值是由任务 7 产生的。任务 7 的要求是翻译"卧穴式窑"。由于这个短语现在没有相应的翻译,所以大多数受试试图通过将短语分成几个独立的部分,例如"卧式""穴""窑"和"卧穴窑"来进行检索。由于这些独立部分是常见的词汇,因此大部分受试倾向于使用词典。

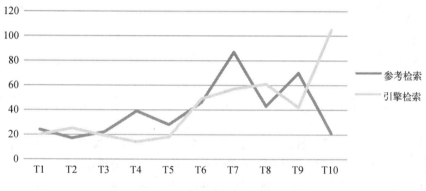

图 6-8　参考检索与引擎检索使用分析

在检索过程中,检索界面往往会显示多种词典和检索引擎处于工作状态中。如表 6-20 所示,在本研究的屏幕数据转录过程中发现有 16 种参考检索工具和 6 种检索引擎,于是我们对受试的检索次数也进行了统计分析。

表 6-20　参考检索工具排序

	T1	T2	T3	T4	T5	T6	T7	T8	T9	T10	Total
有道(D)	11	15	13	11	18	21	13	44	38	2	186
必应(D)	3	5	3	1	4	6	3	18	7	1	51
爱词霸(D)	1	4	1	1	6	5	4	4	2	1	29

续　表

	T1	T2	T3	T4	T5	T6	T7	T8	T9	T10	Total
中国知网	1	2	1		5	2	2	3	5	5	26
百度（T）	1	1	1	1	1	2	1	4	5	1	18
谷歌（T）	2	1	1	2	1	2	1	1	2	1	14
必应（T）	1	2	1	1	1	1	1	1	1	4	14
灵格斯	1	1			2	1	1	3		1	10
Dict.CN		2						2	4		8
有道（T）	1	1			1		1			4	8
Chacha	1	2			1	1		2			7
词都		2				1		3	1		7
维基百科					2	2				1	5
词博								1	1		2
爱词霸（T）	1										1
译点通						1					1

注：D 指在线词典，T 指翻译引擎。

从表 6－20 可以看出，有道词典是最受欢迎的参考检索工具，其检索次数为 186 次。与有道词典和必应词典相比，其余参考检索工具知名度较低。对于受试而言，大部分词典具有相同的内容和用途。他们使用词典的方式较为简单，这说明受试对词典使用方法的掌握仍然处于相当原始和低层次的水平。具体而言，受试在检索框中输入查询词之后，只关注词典中出现的对应词组。如果检索结果不满意，受试会很快扫描词典的结果页面，然后更换另一个查询词或转向检索引擎。只有少数受试会细读检索结果，并试图在例句中理解查询结果。

表 6－21　检索引擎的排序

	T1	T2	T3	T4	T5	T6	T7	T8	T9	T10	Total
百度	10	9	13	12	44	35	13	45	29	69	279
360	2	5	5	8	8	5	1	9	10	25	78
搜狗	2	0	0	5	6	6	3	3	2	4	31

	T1	T2	T3	T4	T5	T6	T7	T8	T9	T10	Total
必应	4	0	1	0	3	2	1	0	0	1	12
谷歌	2	0	0	0	0	0	0	0	0	1	3
有道	0	0	0	0	0	1	0	0	0	0	1

在检索引擎的使用上,百度占所有引擎检索的69.06%。相反,由于网络限制,谷歌检索仅占0.01%。在进行屏幕数据的转录时,由于检索引擎内部算法对结果的排名方式不同,页面会显示不同的检索结果。以任务6为例,输入相同的关键词"联邦计算法"后,百度首页结果页面中显示的10个链接中没有一个与任务6相关;由360检索引擎生成的第一个结果页面中的10个链接中有9个与任务相关;必应检索引擎第一个结果页面中的10个链接中有5个与任务相关;搜狗引擎的结果页面中仅有1个链接与任务相关。所有数据表明,大多数受试并没有养成根据不同任务使用不同检索引擎的习惯。

6.3.2.2.3　检索行为在检索方式上的特征

在信息行为研究的早期阶段,用户信息行为主要包括通过目录查找纸质文档或通过在线数据库查找与各种文档相关的信息。因此,基于浏览和基于查询的检索成为信息检索的两种主要方法。随着信息科学技术的发展,尤其是在20世纪末以谷歌为代表的检索引擎出现之后,互联网已经成为进行信息检索的主要工具。互联网上的信息组织成为选择检索方法的关键因素。

在翻译研究方面,Austermühl(2001: 52)总结出三种主要的信息检索方法:习惯性检索、专题检索和关键词检索。习惯性检索是指通过输入这些网站的链接来查找专业网站和资源(如术语数据库或某些组织的官方网站)。专题检索是指通过主题树进行目录检索。关键字检索是进行信息检索最常用的方法,主要通过在检索引擎框中输入关键字,得出相关信息结果。他的分类与White 与 Iivonen(2001: 722)的检索策略分类相对应,分为直接地址检索、主题目录检索和检索引擎检索。用户只需根据"公司或组织名称,地址结构,类别和缩写"(同上)输入网址即可完成直接地址检索。主题目录检索是一个多步骤的过程,基于用户对主题和检索任务类别的识别进行。检索引擎检索也是一个多步骤过程。要进行成功的检索引擎检索，不仅需要了解任务，还需要了解检索引擎的功能，例如查询成分构成和结果排序。

由于检索方法与检索结果并不存在显著性差异，本研究将讨论受试在互联网上的信息检索行为。

在翻译研究中主要有上述三种信息检索方法。然而，在转录屏幕数据的过程中，我们发现只有两种方法被用于本次翻译任务的信息检索，即直接地址检索和检索引擎检索。没有任何受试选择通过主题目录检索来检索信息。

（一）直接地址检索

根据上述定义，本研究中，采用直接地址检索方法的受试人数非常有限。尽管存在网络限制，受试未能访问谷歌，但有一位受试（即P17）在检索开始时便在地址栏中输入了谷歌的地址。同时，一些受试通过点击书签访问某个特定的网站。这种信息检索方法不属于以上三种方法中的任何一种。但是，就像直接地址检索一样，书签访问检索也仅限于用户在特定网站进行的检索。因此，本研究将书签访问归类为直接地址检索。

表 6－22　书签访问

	书签/链接	次数
P1	百度	1
P2	有道/百度/有道/百度	4
P8	百度	1
P9	百度	1
P10	百度/维基百科(C)/必应/百度/必应/维基百科(E)/搜狗学术/必应/必应/中国知网翻译助手/必应	11
P15	爱词霸/中国知网翻译助手/Chacha 网络词典	3
P16	谷歌翻译/谷歌翻译/百度翻译	3
P17	www.google.com.hk/Daohang/Daohang	3
P20	法律教育网（www.chinalawedu.com）	1

从表 6－22 可以看出，共有 8 位受试使用直接地址检索来查找信息。他们一共进行了 27 次书签访问和 1 次网址访问。这 28 次访问可以进一步分为三类：参考访问、检索引擎访问和数据库访问。参考访问包括网络

词典、百科全书和其他翻译工具。因此，有道、维基百科、谷歌翻译、百度翻译、中国知网翻译助手、爱词霸和 Chacha 网络词典都可以归类为参考访问。检索引擎访问的目的是获取所需信息。因此，百度、必应、搜狗学术、谷歌和道航可以被标记为检索引擎访问。此外，通过打开新页面开始信息检索的其他受试的检索行为也属于检索引擎访问，因为在受试执行第一次引擎检索的新页面上存在检索引擎框。数据库访问则包括除参考网站和检索引擎之外的所有网页和网站，它们可以提供有用的翻译信息。本调查研究中的法律教育网属于该类。然而，只有两位受试保存了有用的翻译资源，如百科全书和并行文本，并有意识地使用翻译资源。该情况的出现主要基于以下三大原因：（1）受试在过去的翻译实践中依赖于词典，他们不需要或者不愿意在互联网上检索额外的信息。（2）受试在互联网上进行信息检索，并在网上找到有用的信息和网站，但他们未能认识到未来使用这些信息或网站的可能性。（3）受试在检索过程中已经保存了相关的翻译资源，但忘记了或不知道如何以及何时使用相关资料。

因此，在翻译教学中，教师应重视翻译资源管理的教学，以帮助学生形成保存、管理和利用翻译资源的意识。

（二）检索引擎检索

检索引擎检索的方法可根据不同的检索目标细分为三类：导航检索、信息检索和交易检索。导航检索的目的是寻找特定网站。导航检索的关键字是网站的名称或其描述。尽管这种检索类似于直接地址检索，但它们是通过不同的方法进行的。信息检索则基于用户遇到的问题，它涉及探索新的主题或进一步探讨特定主题。这种检索采用的关键词以问题的形式呈现，例如"什么是在中国钓鱼的最佳时间"。交易检索通常与互联网产品相关，如在线购物或下载文件等。

表 6-23　导航检索和信息检索

	检索项	网络行为	总计
P1	1（有道词典）	8	9
P2	2（有道词典，谷歌词典）	10	12
P3	1（有道词典）	26	27
P4	2（百度，百度）	32	34
P5	1（维基百科）	18	19

面向人工智能的翻译能力研究：理论、方法与实证

续 表

	检 索 项	网络行为	总计
P6	0	15	15
P7	0	8	8
P8	0	5	5
P9	2(有道词典,有道词典)	19	21
P10	2(维基百科,维基百科)	31	33
P11	0	2	2
P12	5(必应,维基百科,维基百科,必应词典,必应词典)	25	30
P13	0	4	4
P14	2(谷歌词典,维基百科)	29	31
P15	0	20	20
P16	0	1	1
P17	2(译点通,译点通)	11	13
P18	0	18	18
P19	0	28	28
P20	3(必应,必应词典,必应)	24	27
P21	6(译点通,爱词霸,谷歌词典,译点通,译点通,有道词典)	26	32
P22	0	14	14

　　如表 6-23 所示,22 名受试在进行信息检索的过程中,采用导航检索的次数非常有限,最多为 6 次,仅占所有检索引擎的 18.75%。其中一些受试甚至没有进行导航检索。此外,从导航检索生成的大多数网站都与参考网站相关,如在线词典和百科全书,检索引擎的数量仅有 5 种。另外,本研究发现受试访问的这些参考站点都比较类似。在这 23 个导航检索中,6 个导航指向有道,6 个指向维基百科,5 个指向译点通,3 个指向谷歌翻译,3 个指向必应翻译,1 个指向爱词霸。基于以上检索,可以作出以下推断:受试对翻译资源不熟悉,常用的网络资源是一些常见的英语学习网站或参考工具网站,例如在线词典和翻译网站等,且大部分受试仍然不属于职业译者,其 CISI 水平较低。

6.3.2.2.4 检索行为在检索困难上的特征

本研究将从查询复杂度、查询长度和查询类型三个角度分析检索中遇到的困难。查询复杂度或检索复杂度可分为简单查询和高级查询。查询长度则主要包括检索框中输入的所有单词及其与翻译任务的关系。查询类型引用可以分为初始查询和后续查询。

（一）查询复杂度

查询复杂度分为简单查询和高级查询。简单查询是指在检索框中输入关键字，而无须进行下一步操作。从简单检索生成的结果页包含结果中的任何匹配项，例如标题、内容和网址。在进行高级查询时，查询更加具体化，例如在网站中检索时需要或不需要某些信息，从而减轻检索负担。由于检索机制和词典组织结构的限制，高级查询无法在词典中使用。因此，查询复杂度的分析将集中在由检索引擎执行的查询上。

在22位受试的查询过程中生成的404项查询中，只有两个高级查询。这两个高级查询是由同一名受试进行的。在检索任务6的相关信息的过程中，P19通过给"联邦计算法"添加引号来指定她的查询。该关键字产生了更多相关的结果页面，但其余所有查询都是简单查询。此后，受试通过添加更多关键字，如"英文""怎么翻译""怎么说"等进行检索。此外，部分受试仅在检索框中输入一个问句，例如任务5的"Candlewood Cupboard是什么酒店"。

在所有查询行为中，共有377个查询与真实的信息检索过程相关。根据检索条件的组成，这些查询可以分为四个不同的类别，分别是简单术语查询、混合术语查询、参考查询和验证查询。简单术语查询的关键字与任务中所需的术语相同，如"电动葫芦"。混合术语查询的关键词由两部分组成：一部分是必需词，另一部分是翻译，如"第三届中美省州长论坛""第三届中美合作论坛""州长论坛"。参考查询是通过添加一些与翻译相关的额外信息来完成检索，如"第三届中美省州长论坛英文"。验证查询是评估互联网上受试找到的解决方案，如"电气连锁"。但是，在测试中生成的这220个检索中只有8个验证查询。此外，还有一些其他类型的查询，例如与所需术语相关的查询术语，如来自任务6的"预计支付额度"以及由检索引擎提供的相关检索查询。

（二）查询长度

由于不同任务的需求不同，查询的长度因任务而异。在所有这些查询中，大多数查询的查询条款与任务问题相同。另外，不少受试增加了一些额外单词来查询术语以增加查询结果或关注某些特定信息。如上所述，查询术语不仅由所需术语组成，而且由一些附加信息组成。因此，查询条件的平均长度比所需条款的平均长度更长。受试的查询术语中有许多杂项信息，这些信息易干扰检索者的判断与分析。本结果与前人研究结果不一致，出现该差异的原因可能是检索引擎和检索习惯的不同。

（三）查询类型

如前所述，查询可以分为初始查询和后续查询。最初的查询可以细分为一次性查询或多个查询。一次性查询意味着在整个引擎检索会话期间只有一个查询，并且在结果页面中也不存在随后的相关链接。在155个初始查询中，有17个查询属于一次性查询，但这并不意味着受试通过一次查询便能获得预期的信息。除了这些一次性检索，受试还通过词典寻找其他信息。

由于受试在检索过程中访问的页面与查询类型密切相关，因此本研究将对检索界面进行以下分析。所有页面分为五种类型：（1）SRP1，表示检索结果页面，没有后续点击链接；（2）SRP2，表示随后点击链接的检索结果页面；（3）LP，表示通过单击结果页面中的链接打开的页面；（4）SQ，即链接页面内通过检索生成的页面；（5）EL，即来自链接页面的外部页面。

表6-24　网页分布

	SRP1	SRP2	LP	SQ	EL	Total
T1	10	10	10	5	0	35
T2	13	13	14	0	0	40
T3	12	6	17	0	0	35
T4	10	5	14	8	3	40
T5	9	9	10	2	0	30
T6	16	35	26	3	2	82
T7	20	42	23	8	3	96
T8	41	31	66	13	0	151
T9	17	29	26	8	0	80
T10	79	48	125	32	1	285

如表 6-24 所示,任务 3 中的 SRP1 的数量大于 SRP2 的数量,这意味着受试经常改变查询词语以提高查询结果的满意度。对于任务 7,虽然 SRP1 的数量少于 SRP2 的数量,但是受试也经常修改查询项目。该行为表明受试检索信息的能力水平较低。该度量标准通常表明访问的特点是短暂的,点对点的,也可能是粗略的,因为他们在短时间内访问大量页面而没有考虑构建查询条件并仔细提取结果页面中的信息。

另一个值得注意的现象是网页语言对受试的影响。本研究通过屏幕录制数据发现,当扫描检索结果页面时,2 名受试选择点击检索引擎提供的"翻译此页面"功能,而不是直接打开链接。因此,他们打开的英文链接页面以中文显示。随后,这 2 名受试仅复制了这些短语在检索引擎翻译的页面上的翻译。这些页面上的结果与在线词典自动生成的翻译没有区别。另外,5 名受试在利用维基百科查询问题时,其中 3 名受试的首个动作是试图找到维基百科提供的中文版解释。

总之,本研究发现,受试在信息检索过程中经常使用简单查询,其中又可细分为简单术语查询、混合术语查询、参考查询和验证查询四种方法。在查询类型上,受试普遍倾向于使用初始查询,这是互联网普通用户的基本特征。在进行网页检索时,部分受试通过网页检索获得了检索答案,并未进一步阅读链接所提供的信息,这可能是由时间压力、检索习惯、好奇心或自信缺乏引起的。另外,网页语言类型也会对受试产生影响。

6.3.2.3 检索后阶段的行为特点

检索后阶段是指从信息检索结束到完成任务的时间段。在此阶段,受试将重新整理所收集的信息并提供解决方案。由于信息检索、重组收集的信息和生成解决方案之间没有明确的界限,因此本部分将从任务页面的点击开始,到下一个任务点击结束这一阶段进行讨论。

表 6-25　检索后阶段描述性统计

受试	数量	极小值	极大值	平均值	标准差	标准差误差	方差
Tpo1	22	5	44	281	12.77	1.743	8.176
Tpo2	22	5	83	403	18.32	3.793	17.791
Tpo3	22	6	107	754	34.27	7.260	34.053
Tpo4	22	4	45	259	11.77	1.882	8.826

续　表

受试	数量	极小值	极大值	平均值	标准差	标准差误差	方差
Tpo5	22	5	53	287	13.05	2.064	9.683
Tpo6	22	3	57	380	17.27	3.104	14.558
Tpo7	22	2	121	568	25.82	6.828	32.025
Tpo8	22	5	102	560	25.45	4.617	21.657
Tpo9	22	5	118	932	42.36	5.973	28.018
Tpo10	22	4	70	692	31.45	4.209	19.741

注：Tpo，即 time of post-searching，指每个任务检索后阶段所耗费的时间。

　　从表 6 – 25 中可以看出，每个任务所花费的检索后阶段耗费时间的平均值从 11.77 秒到 42.36 秒不等。一些受试没有重新组织信息，他们只是复制网页结果或参考答案，并将其粘贴在答案框中。因此，他们仅花了几秒钟就完成了任务的检索后阶段，这也是极值差异较大的主要原因。

　　由于检索后阶段涉及答案的输入，因此每项任务的平均用时比检索前阶段的平均用时要长。但是，从表 6 – 8 比较可以看出，任务 4 和任务 5 较为不同，其检索前阶段耗费时间比检索后阶段耗费的时间长。这两项任务的目的分别是翻译 land（着陆）和 catch（捕捉）。一方面，这两项任务都是英语表达，受试不得不花更多时间阅读背景信息。另一方面，这两项任务的答案可以直接从网页或参考文献中复制，即使手动输入中文答案，参与者也仅只需几秒时间。

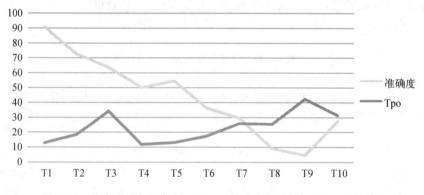

图 6 – 9　检索后阶段耗费时间（Tpo）与检索准确性的平均数趋势图

从图 6 - 9 可以看出,检索后阶段耗费时间的总体趋势与其准确度不一致,这意味着检索后阶段所花费的时间与任务难度无关。相反,从图中可以看出,检索时间因检索词组长度的不同而变化。因此,可以推断参与者在信息检索之后不再付出额外的努力来重新润色其检索结果。

表 6 - 26　检索后阶段耗费时间的描述性统计

		数量	平均值	标准差	标准差误差
性别	男	5	22.280 000	8.340 083 9	3.729 798 9
	女	17	23.541 176	11.064 812 4	2.683 611 2
年级	一	12	21.875 000	11.942 751 7	3.447 575 5
	二	10	24.910 000	8.327 257 8	2.633 310 1

从表 6 - 26 中可以看出,检索后阶段耗费时间并不呈现正态性($p < 0.05$)。为了便于后续分析,本研究使用 Blom 公式将数据转换为正态分布,并测试差异的同质性。结果显示 p 值为 0.458,大于 0.05,这意味着该数据的方差是均匀分布的。

通过方差分析来探究检索后阶段耗费时间的差异,可以得出 p 值小于 0.05,这意味着不同任务组所用的时间具有显著性差异。为了进一步检查其差异的具体情况,本研究采用 Tukey 多重比较检验。结果表明,受试在困难任务上花费的检索后阶段耗费时间与在简单任务和中等任务上花费的时间明显不同。在简单任务和中等任务上花费的检索后阶段耗费时间并不存在统计学意义上的显著性差异。

接着,通过分析性别和年级差异,从上表可以得出,男性受试(22.28 秒)在后检索阶段花费的平均时间少于女性受试(23.54 秒)。一年级和二年级受试的检索后阶段耗费时间相同。在语言任务上,受试在中文任务上花费的时间多于英文任务。然而非参数检验结果显示,受试在不同语言任务上在检索后阶段所花费的时间并没有显著性差异($p = 0.101 > 0.05$)。

表 6 - 27　不同语言任务的描述性统计

		数量	平均值	标准差	标准差误差
T	中文	44	23.52	26.781	4.037
	英文	44	15.05	14.268	2.151

因此，根据以上分析，可以看出男性受试和一年级受试在检索后阶段花费的时间少于女性受试和二年级受试。此外，检索后阶段所花费的时间变化与检索长度的变化一致。

此外，本研究的调查问卷涉及任务重要性、任务紧迫性、外部反馈、翻译能力、情感、职业道德和人格等七个因素。从调查问卷的结果来看，受试认为职业道德、人格、任务重要性和反馈是检索后阶段的重要因素。

6.4　本章结语

本研究主要讨论的是如何评估学生译者在翻译过程中的网络信息检索能力以及其在网络信息检索中的行为特征，进而为译者的网络信息检索能力培养提供相关的借鉴。

首先，通过对文献的整理和回顾，本研究认为网络信息检索能力可视为翻译能力的一个子能力，与翻译工具能力类似，或隶属于该能力。但是工具能力侧重于多种工具的使用，而翻译网络信息检索能力则侧重于为解决翻译问题而对信息的检索和利用。在信息科学领域内，研究者并未对信息检索能力进行界定，而是将其划为信息素养中的一部分。美国大学与研究型图书馆协会将信息素养定义为"明确信息需求，以及定位、评估和高效利用所需信息的能力"（ACRL，2000）。此外，研究者从不同角度对检索者的信息检索行为进行阐释与分析，进而构建了多个信息检索行为模型。Choo（1999）从检索的过程出发，将检索活动划分为三个阶段：信息需求、信息检索和信息利用。基于 Choo 的模型，甘利人等（2007）构建了一个包括启动阶段、检索阶段和获取阶段在内的三阶段模型。基于以上的分析，本研究对翻译网络信息检索能力进行了界定，将翻译信息检索过程划分为检索前阶段、检索阶段和检索后阶段，同时认为信息分析、信息检索知识、批判性思维、信息整合和资源管理等五种子能力贯穿整个信息检索过程，相互联系，相互影响。

其次，从实证主义角度出发，本研究采用实验的方式，通过随机抽样，采用网络检索测试、问卷调查和屏幕录制的方法，对 26 名 MTI 学生的实验数据（其中有效数据 22 组）进行量化和质化分析。通过对数据的总体分析与讨论，本研究对以下三个方面进行了探索。

（一）如何测试 MTI 学生的 CISI。虽然国内已有译者工具能力的相关研究，但是对于工具能力的评估仍处于起步阶段，主要通过问卷调查或者分析译者的翻译报告进行总结概括。该研究方法无法深入探究译者的检索行为和检索效率，从而影响译者能力评估。而对译者的翻译网络信息检索能力的研究更是少之又少。本研究在参考 InfoLiTrans Test 和 iSkill 系统的基础上，设计了一套基于任务的测试，以对译者的 CISI 进行评估。本研究所采用的测试包括 4 个基础任务、4 个中级任务以及 2 个高级任务。

（二）MTI 学生的 CISI 水平评估。本研究借鉴丁韧（2013）在高校学生的网络检索行为研究中为信息检索能力制定的标准，采用正确率和检索时间相结合的方法来对译者的 CISI 能力进行评估。

通过随机抽样，本研究选取了当地高校 26 名 MTI 学生作为实验的受试，并通过实验获得有效数据 22 组。经过对测试结果以及屏幕录制数据进行分析，可知大部分受试信息检索水平不高（占比 50%），进行的检索多为简单性检索，且检索效率较低。除此之外，22.73% 的受试者检索水平较低，难以利用外部资源解决翻译问题。仅有 4.55% 的受试者处于高检索水平阶段。

（三）MTI 学生在翻译中的信息检索行为特征研究。本研究通过分析屏幕录制数据，认为 MTI 学生的检索行为基本上由简单检索组成，检索过程较为单一。在检索前阶段，由于任务结构简单明确，且迫于时间压力，受试在该阶段中花费时间较短。在检索阶段，受试的问题分析能力较差，资源检索工具单一，多为网络词典和浏览器检索，且检索问题的构建方式较为简单。这一方面说明了受试对于翻译过程中的信息需求并不明确，另一方面反映了受试作为学生译者的检索知识匮乏，检索技巧和检索方式影响其检索质量与效果。除此之外，在检索过程中，受试频繁返回任务界面，重新浏览问题，再次进行检索的重复且无效的检索行为也是影响检索效率的重要原因之一。值得注意的是，仅有极少的受试会对检索信息进行验证，或考虑信息网站的权威性和公正性。这些行为都表明，学生译者在信息结果的选择上过于依赖自身的检索习惯和以往经验，缺乏一定的批判性思维。在检索后阶段，即翻译资源管理上，大部分受试没有保存或以其他方式管理翻译资源，涉及相同翻译问题时，往往要重新检索，只有少数受试利用收藏夹或书签访问已保存的翻译资源。由此可以看出，学生译者缺乏翻译资源管理意识，网络信息检索能力有待进一步提高。

综上所述，本研究基于 MTI 学生的 CISI 评估以及对其网络检索行为特征的探讨,认为 MTI 学生在检索过程中,呈现出检索需求分析不足、检索知识和经验匮乏、信息筛选和管理较差等问题。因此,在今后的教学中应重视培养学生的信息需求分析、检索知识和技巧、批判性思维、信息整合和管理等方面的能力。

　　语言服务行业的规模化及行业化发展使得翻译从"象牙之塔"变成了对外交流的"发动机"。翻译技术的迅速发展更是进一步消除了信息互联互通的障碍,推动着语言服务与现代化生活中其他行业的融合与协作。目前,翻译工具与资源已不再局限于多国语言应用,少数民族智能翻译软件等新型应用型翻译技术正不断改变翻译技术行业格局,为翻译人才培养提供了更为明确的努力方向。在信息化时代背景下,翻译人才的培养应紧密结合信息技术、网络资源和模式创新,适应多元化教育需求(陈琳等,2022),以弥合人才需求不足与培养模式受限的差距,为我国的语言服务行业输送更多高质量翻译人才。

第七章

不同翻译方向下信息加工模式的眼动研究

从认知心理学角度来看,翻译过程实际上是一个信息加工过程。近年来,为揭示翻译过程中译者的"黑匣子"之谜,翻译过程研究借用了认知心理学的理论和方法,部分学者尝试将眼动仪应用到翻译过程研究中(Jakobsen & Jensen, 2008; Dragsted & Hansen, 2008; O'Brien, 2009)。然而,鲜有学者探究不同翻译方向的翻译过程,学者们更加关注翻译过程中自上而下加工与自下而上加工、平行加工与序列加工这两组信息的加工模式(如 Balling et al., 2014)。基于此背景,本研究采用眼动追踪法,辅以屏幕记录、反思性访谈和问卷调查,选取 16 名母语为汉语的学生译者为实验对象,收集并分析相关定性、定量数据,以此揭示译者在汉英翻译与英汉翻译两种翻译方向中的信息加工模式(即自动化加工与控制加工)的差异。本研究拟回答以下三个问题:(1)译者在汉英翻译与英汉翻译的翻译过程中的自动化加工与控制加工存在哪些差异?(2)译者在不同翻译方向中信息加工模式的差异对翻译质量有何影响?(3)哪些因素可能会导致译者在不同翻译方向中的信息加工模式产生差异?希望本研究的结果不仅对揭示翻译认知过程具有重要意义,而且对翻译教学及翻译人才培养也具有一定的启示意义。

7.1 理论基础与文献综述

7.1.1 基于"即时加工假说"和"眼-脑假说"的眼动研究

　　眼动研究与翻译过程研究结合的主要理论基础是"即时加工假说"和"眼-脑假说"。"即时加工假说"认为，"对文章中实词的加工和理解从受试看到这个词就即时开始"（Just & Carpenter, 1980: 330）。"眼-脑假说"认为，"受试对一个词的注视会一直持续到它的心理加工完成为止"（同上）。换言之，受试对某词的注视与对该词的心理加工同时进行，受试所加工的词正是其所注视的词（闫国利、白学军, 2012）。因此，受试的眼球注视位置和眼球运动轨迹可以反映其内在的心理认知过程。眼动仪利用角膜和瞳孔反射法原理，以毫秒为单位记录眼球注视屏幕的精确位置和眼球运动轨迹。眼动法能记录译者在翻译过程中每一时刻的信息加工情况，获得一系列的眼动指标，包括总任务时长、凝视时间、平均注视时长、注视次数、注视频率、眨眼频率、瞳孔直径变化等，这些数据能反映译者相应的认知心理活动，揭示译者在翻译过程中的信息加工过程。

7.1.2 翻译方向性

　　翻译方向性主要指译成外语（L2 翻译）和译成母语（L1 翻译）两种情况。尽管翻译过程研究已有 30 余年历史，但目前鲜有研究涉及翻译方向性，其原因主要在于 L2 翻译历来不为世人所接受。传统观念认为，理想状态下，所有翻译均应由以目标语为母语的译者完成（潘文国, 2004）。直至 20 世纪 90 年代，随着全球化的到来，翻译行业工作量剧增，翻译人才紧缺，部分学者才开始改变对翻译方向性问题的态度，逐渐接受 L2 翻译，并进一步关注翻译方向性研究,如一些学者试图探索 L1 翻译和 L2 翻译的差异,以期找到 L2 翻译的翻译人才培养目标,或是着力研究 L1 翻译和 L2 翻译的翻译过程(Pavlović, 2007)。近年来,少数学者开始尝试运用眼动追踪法进行翻译方向性研究。Pavlović 与 Jensen(2009)的研究是将眼动仪运用于翻译方向性研究的初次尝试。他们运用眼动追踪法探索学生译者和职业译者在 L1 翻译和 L2 翻译(L1 为丹麦语,L2 为英语)中的认知行为差异,以验证以下五条假设:(1)在两种翻译方向中,译文文本加工的认知负荷均大于原文文本加工;(2)L2 翻译的认知负荷大于 L1 翻译;(3)L1 翻译中原文文本加工的认知负荷大于 L2 翻译;(4)L2 翻译中译文文本加工的认知负荷大于 L1 翻译;(5)在两种翻译方向中,学生译者的认知负荷均大于职业译者。通过分析凝视时长、平均注视时长、总任务时长和瞳孔直径这四个眼动指标,他们成功验证了第一条假设,而后四条假设仅得到部分证实。Chang(2011)同样运用眼动追踪法探索汉英翻译和英汉翻译过程中译者的认知负荷差异,发现 L2 翻译的认知负荷大于 L1 翻译。综上所述,此类研究已在一定程度上证明眼动追踪法是运用于翻译实证研究的可行方法。

7.1.3 自动化加工与控制加工

"自动化加工"与"控制加工"这组概念最早由英国著名心理学家 Donald E. Broadbent 于 1957 年提出,后由 Donald C. Kiraly 于 1990 年引入翻译认知研究中。目前,对于翻译过程中的自动化加工和控制加工,国内外学者已提出多种不同定义(Kiraly, 1990; Lörscher, 1991; Jääskeläinen, 1993; Bernardini, 2001; Prassl, 2010; 王湘玲、陈罗霞, 2013),但区分两者的关键均在于信息加工过程是否以问题为导向、是否涉及翻译策略。根据王湘玲与陈罗霞(2013)对自动化加工和控制加工的定义,结合翻译认知过程研究成果,本研究将翻译过程中的自动化加工和控制加工定义如下:自动化加工即译者能快速在长时记忆中提取与源语相匹配的目标语信息、完成原文理解及目标语表达的翻译过程,该过程中译者无须消耗或只需消耗少量认知资源,是直觉式的加工;控制加工即译者在长时记忆中搜索不到与原文相匹配的目标语信息时,通过各种翻译策略解决翻译问题的过程,该过程需要译者消耗大量的认知资源。对于自动化加工和控制加工在翻译实证研究中的操作性定义,前人研究大多依据有声思维法,通过分析受试的口述报告对两者进行区分(Kiraly, 1990;Jääskeläinen & Tirkkonen-Condit, 1991)。然而,由于自身的主观性特征及其对翻译过程的干扰性,有声思维法越来越受到学界的质疑。为克服这种研究方法的不足,本研究采用客观精确、干扰较少、便于实时记录的眼动追踪法探析翻译过程中的自动化加工和控制加工,利用眼动数据对两者进行区分,即自动化加工是指不存在停顿、注视点轨迹图呈线性型、注视点热区图呈现浅色的翻译单位,而控制加工是指具有停顿、注视点轨迹图呈非线性型、注视点热区图呈现深色的翻译单位。此外,考虑到眼动追踪法只能记录译者的翻译行为过程,而不能直接反映其翻译认知心理过程,本研究采用多元互证法,选择屏幕录制、反思性访谈和问卷调查来辅助收集数据,运用多种数据交叉验证,减少单方面数据的不足和偏差,以期更加全面、客观地探究不同翻译方向的翻译认知过程。

通过文献梳理可以发现,不同翻译方向的翻译过程研究以及翻译过程中的自动化加工和控制加工这一对信息加工模式分别引起了学界的关注,但目前还没有将两者结合起来的研究。译者在汉英翻译和英汉翻译两种翻译方向中的自动化加工和控制加工究竟存在何种差异? 此种差异对于翻译质量有何影响? 导致此种差异的因素有哪些? 这些正是本次实证研究致力回答的问题。

7.2　实证研究

7.2.1　研究对象

本研究招募到 16 名自愿参与的湖南某高校翻译硕士专业一年级和二年级的学生,所有学生均以汉语为母语,英语为第一外语。每人翻译两篇难度相当的短文,其中一篇为汉英翻译,另一篇为英汉翻译。由于 5 名学生的眼动数据质量不达标,实验最终获得 11 份有效数据。这 11 名受试中 10 名为女性,1 名为男性;5 名为研二学生,6 名为研一学生,年龄在 22—25 岁之间,英语学习时间均在 10 年以上。此外,11 名受试中,9 人已通过英语专业八级考试,2 人通过大学英语六级考试①,4 人获得全国翻译专业资格证书。

7.2.2　实验文本

　　本研究共有一个前测文本和两个正式实验文本。前测文本用于帮助受试适应实验环境和设备。正式实验文本包括一篇汉英翻译,一篇英汉翻译,用于收集实验数据。为排除专业知识这类无关变量对实验的干扰,并确保所有受试的翻译过程均含有自动化加工和控制加工,且受眼动仪屏幕的限制,本研究从文本长度、文本类型、可读性和可译性四个方面来考量文本难度,具体选择标准如下:(1) 实验文本长度在 100 字左右;(2) 实验文本为非科技类文本;(3) 实验文本应包含多种不同类型的翻译问题。依据上述标准,本研究从 James Elkins 所著的 *What Painting Is* 一书中选取 3 篇英语短文,从以中国古代人物画为主题的一本中文课本中选取 3 篇汉语短文。然后,根据 8 名职业译者和 9 名学生译者对这 6 个文本翻译难度的给分,计算各文本的平均得分,选取平均分最为接近的一个汉语文本和一个英语文本作为正式实验文本。最终选取的汉语文本长度为 112 字(50 词),英语文本长度为 70 词。汉语原文字体为宋体,英语原文字体为 Times New Roman,字号均为 14 号,白底黑字,文本对齐方式为左对齐。电脑屏幕分辨率为 720 像素×480 像素,屏幕分为上下两个区域,上方区域用于呈现实验文本,下方区域用于受试输入对应译文。实验文本按照半随机顺序呈现,以尽可能避免适应效应(adaptation effect)和扭曲效应(skewing effect),以保证实验的信度。

7.2.3　研究方法和工具

　　本研究采取以眼动追踪法为主,以屏幕记录、反思性访谈、问卷调查为辅的多元互证研究方法。这种多种数据交互验证的研究方法,能有效减少单方面数据的不足和偏误,从而更加真实地反映翻译认知过程。

　　作为最核心的研究工具,本研究中使用的眼动仪是来自美国应用科学实验室(Applied Science Laboratories)的 D6 型桌面式眼动仪。实验时,系

————————

① 　这两名受试本科就读非英语专业。

第七章　不同翻译方向下信息加工模式的眼动研究

统的光学模块固定在桌面上,受试只需坐在镜头前,其头部位置会受到下巴托限制。尽管实验的生态效度会因此受到影响,但眼动追踪的精度却能得到很大的提高。ASL-D6 镜头可以快速、准确地跟踪受试的眼睛,记录其在翻译过程中的各项眼动指标。本研究所采用的眼动指标包括注视时长、注视次数和瞳孔直径。

由于眼动仪只能记录受试的翻译行为过程,并不能直接反映其翻译认知心理过程。为了更全面地揭示受试在不同翻译方向中信息加工模式的差异,本研究还运用屏幕记录、反思性访谈和问卷调查作为辅助的数据收集方法。其中,ASL-D6 眼动追踪系统自带的屏幕记录软件能实时记录受试在翻译过程中的屏幕行为活动,反思性访谈和问卷调查[①]可收集到受试的翻译心理认知数据。本研究将定性方法和定量方法相结合,使翻译行为数据和翻译认知心理数据相互验证,以期更加客观并真实地反映受试在不同翻译方向中的自动化加工和控制加工差异。

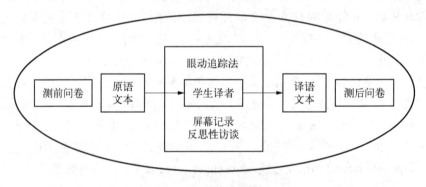

图 7-1　研究方法图示

7.2.4　实验步骤与评分方法

本实验过程包含以下步骤:(1)主试与受试沟通,告知其整个实验流程,受试填写同意书及测前问卷;(2)受试熟悉眼动仪和录音软件操作流程,利用

---

① 本文采用两份调查问卷:一份测前问卷,用于收集受试的背景信息;一份测后问卷,用于调查受试对本实验的态度。

前测文本熟悉仪器操作步骤（包括定标①、录制、结束保存、回放等）；（3）受试从汉英两个原语文本中随机选取一篇进行翻译，可使用任何网络资源或网上电子词典等工具辅助翻译，翻译时间不限；（4）第一篇文本翻译完成后，受试根据屏幕记录回放，观察自身所有屏幕动作，用录音软件录制对主试预设的五个问题作出口述回答；（5）受试翻译第二篇文本，翻译结束后录制口述报告，此过程的要求与第一篇文本要求相同；（6）受试填写测后问卷。

本研究采取以产品为导向的译文质量评估方法，由三位评分者独立匿名评审 11 名受试的汉英翻译和英汉翻译译文。评分者均为具有五年以上翻译教学经验的翻译教师，且均以汉语为母语，英语为第一外语。本研究借鉴 PACTE（2005）和王湘玲（2012）的翻译质量评估问卷及 Pavlović（2007）的"红牌"与"黄牌"评分系统，设计了本次实验的译文质量评估方式。首先，评分者对单个翻译单位进行评分，共分为三个等级：可接受（表示为绿色）、半可接受（表示为黄色）、不可接受（表示为红色）。然后，评分者按照评估参数对译文质量进行五分制（从"完全不符合"1 分到"完全符合"5 分）单项打分。译文最终得分为三位评分者所给分数的平均值。

7.2.5 数据收集与转录

本研究在翻译过程中收集的数据包括眼动数据、屏幕记录数据和反思性访谈数据这三大类数据。

为保证实验的信度，本研究对实验中收集的 16 份眼动数据进行了严格的质量把控，采用追踪率和平均注视时长作为数据质量参数，其中追踪率要求大于 65%，平均注视时长要求大于 200 ms。根据以上两个参数标准，5 名受试的眼动数据被视为无效数据，故从实验中剔除，本研究最终获得 11 份有效眼动数据。本研究采用 ASL-D6 眼动仪自带的分析软件

---

① 本实验采用九点瞳孔校对法，具体操作方法如下：请受试入座并调整座椅与显示器距离，使受试眼睛与显示器之间的距离保持在 60 厘米左右，然后开始进行眼动校准。如吻合度高，则可以开始正式试验；如吻合度低，则重新进行校准；若多次校准后，吻合度仍不够高，则放弃该名受试。

表 7 - 1 数据源示例

—眼动数据

示例：注视点热区图

示例：元数据/系统记录文件

—屏幕记录数据

示例：查询有道词典

示例：上网搜索相关信息

—反思性访谈数据

示例："我的翻译过程大致分为四个阶段，额，就是先通读一下这个段落"

示例："中文的话，它的短句比较多，但是英文的话，它的句子是比较偏长复杂一点的
　　　结构，那么我在翻译的时候就进行了一个糅合吧。"

ASL Results Data Analysis Software（1.20.08）对这 11 份数据进行初步处理，主要任务是定义兴趣区（area of interest，简称 AOI）。基于实验获取的眼动数据，本研究结合屏幕记录数据和反思性访谈数据，将兴趣区划定为自动化加工（AP）和控制加工（CP）两类，屏幕记录数据和反思性访谈数据的具体转写示例可见表 7 - 2。兴趣区划分完成之后，本研究将注视时长、注视次数和瞳孔直径三个眼动指标数据导入 EXCEL 中进行详细的分析。

表 7 - 2 屏幕记录数据与反思性访谈数据转写示例

	示　　例	转写结果
屏幕记录	S1 开始浏览原文，读完两句之后，遇到一个生词，随即打开电脑上的电子词典	自动化加工控制加工
反思性访谈	S7 中文的话，它的短句比较多，但是英文的话，它的句子是比较偏长复杂一点的结构，那么我在翻译的时候就进行了一个糅合吧。	控制加工
	"中国古代画家们"比较好翻，直接译成"Chinese ancient painters"	自动化加工
	"封建教化"，额，这个教化翻译起来比较困难，我先查了一下字典吧	控制加工

7.3 结果与讨论

本研究通过分析眼动追踪、屏幕记录、反思性访谈和问卷调查的定量与定性数据,对比了译者在汉英翻译和英汉翻译两种不同翻译方向的信息加工模式(即自动化加工和控制加工)的差异,尝试探索不同翻译方向中译者信息加工模式对翻译质量的影响及影响英汉互译过程中信息加工模式差异的因素,主要有以下三个方面的发现。

7.3.1 不同翻译方向中译者信息加工模式对比

本研究涉及三大眼动指标,分别为注视时长(即受试眼睛注视某一兴趣区的总时长)、注视次数(即受试对某一兴趣区的总注视次数)和瞳孔直径(即受试在注视某一兴趣区时的瞳孔大小)。其中,注视时长和注视次数主要用于考察受试在翻译过程中的认知资源分配,瞳孔直径用于反映受试在翻译过程中的认知负荷。

7.3.1.1 注视时长

Rayner(1989)将"注视"定义为受试眼睛落在某单词上的时间,注视时长反映受试对翻译材料的加工程度,注视时长越长,加工越深。本研究发现,从整个翻译过程来看,汉英翻译过程中译者自动化加工与控制加工的注视时长均明显长于英汉翻译。为进一步对比汉英翻译和英汉翻译过程中信息加工模式的差异,本研究基于 Jakobsen(2002)提出的翻译过程三阶段划分标准,将翻译过程划分为阅读阶段、翻译转换阶段和修改阶段(关于各阶段的目标和可操作性定义详见表 7 - 3)。

表 7 - 3 翻译过程三阶段

三阶段	阶 段 目 标	操 作 性 定 义
阅读阶段	熟悉原文,提取意义	开始于译者开始阅读原文之时,结束于动手翻译的第一次击键

面向人工智能的翻译能力研究：理论、方法与实证

续　表

三阶段	阶 段 目 标	操 作 性 定 义
翻译转换阶段	将原文翻译为译文	开始于阅读阶段结束之时,结束于最后一句原文翻译结束之时,以译文初稿的最后一个句号键入为标志
修改阶段	修正译文初稿,形成终稿	开始于译文初稿的最后一个句号键入完成之时,结束于终稿形成之时

对比整个翻译过程,汉英翻译中控制加工的平均注视时长明显长于英汉翻译,同样,汉英翻译中自动化加工的平均注视时长也明显长于英汉翻译。该结果表明,汉英翻译中的控制加工和自动化加工均多于英汉翻译,即 L2 翻译的认知难度大于 L1 翻译,这再次验证了前人的研究结果(Pavlović & Jensen, 2009; Chang, 2011)。对比翻译过程的三个阶段,在阅读和修改阶段,英汉翻译中控制加工的平均注视时长(37,66)明显长于汉英翻译(20,45);然而,在翻译转换阶段,汉英翻译中自动化加工和控制加工的平均注视时长(338,246)均明显长于英汉翻译(220,167)(见图 7-2)。因此,在英汉翻译中,译者阅读阶段和修改阶段的控制加工多于汉英翻译;而在汉英翻译中,译者翻译转换阶段的自动化加工和控制加工均多于英汉翻译。

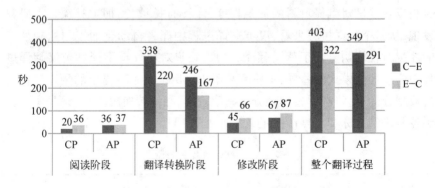

图 7-2　不同翻译方向中自动化加工和控制加工的平均注视时长

除对比平均注视时长外,本研究还计算了自动化加工和控制加工在不同翻译方向各翻译阶段所占的比重(见图 7-3)。在翻译转换阶段,英汉

翻译的控制加工所占比重(68%)明显低于汉英翻译(84%),自动化加工所占比重(57%)低于英汉翻译(71%)。在阅读阶段和修改阶段,英汉翻译的控制加工所占比重(11%,21%)明显高于汉英翻译(5%,11%),自动化加工所占比重(30%,13%)也高于汉英翻译(19%,10%)。

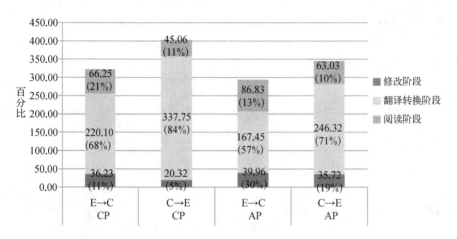

图7-3　不同翻译方向的翻译各阶段中自动化加工和控制加工所占百分比

　　数据表明,受试在汉英翻译的翻译转换阶段中的自动化加工和控制加工均较英汉翻译多,但在阅读阶段和修改阶段中均较英汉翻译少。换言之,受试在英汉翻译中需要将更多的认知资源分配到阅读和修订两个阶段,而在汉英翻译中需要将更多的认知资源分配到翻译转换阶段。造成此种差异的原因可能在于受试的汉英语言水平差异,即英汉翻译的难点多在于原文理解,而汉英翻译的难点则多在于译文产出。这一点在受试的反思性访谈中可以得到印证:大部分受试表示生词会造成英文原文的理解困难,而汉语原文却基本不存在这类理解问题。例如,受试 S5 表示,在阅读汉语原文时,她未能找到"教化"一词的英语对等词,但她的阅读阶段却没有因此受阻,但进入翻译转换阶段后,她便需要通过查询字典找到与"教化"对应的英语单词。然而,当她在英语原文中阅读到生词 entrance 和 tether 时,她需要立即查询词典,弄清楚这两个生词的意思,才能继续阅读原文。

7.3.1.2　注视次数

　　注视次数可有效反映翻译过程中译者的认知资源分配和认知负荷强

度。实验数据显示，汉英翻译中自动化加工和控制加工的注视次数（1801，1119）均多于英汉翻译（1490，1021）。Chang（2011）发现汉英翻译中译者的注视次数明显多于英汉翻译，与本研究的结果相吻合。在阅读和修改阶段，英汉翻译中自动化加工和控制加工的注视次数均多于汉英翻译（阅读阶段中，英汉翻译和汉英翻译自动化加工的注视次数较为接近）；在翻译转换阶段，汉英翻译中自动化加工和控制加工的注视次数均多于英汉翻译（见图7－4）。可见，不同翻译方向的各翻译阶段中注视次数差异与注视时长差异呈现相似趋势。

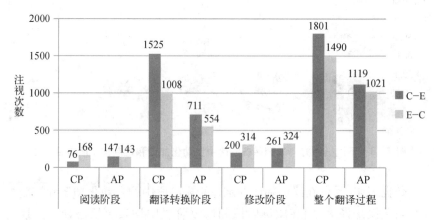

图7－4 不同翻译方向各翻译阶段中自动化加工和控制加工的平均注视次数

　　分析注视时长和注视次数这两个眼动指标可发现：（1）受试在汉英翻译中的自动化加工和控制加工均多于英汉翻译，这表明受试在汉英翻译中的认知负荷大于英汉翻译；（2）在汉英翻译中，受试在阅读和修改阶段的自动化加工和控制加工均少于英汉翻译，在翻译转换阶段的自动化加工和控制加工均多于英汉翻译，这表明受试在英汉翻译中，阅读和修改阶段的认知负荷较大，而在汉英翻译中，翻译转换阶段的认知负荷较大。

7.3.1.3 瞳孔直径

　　瞳孔直径也能有效反映认知过程中的信息加工强度（Hess & Polt，1964），瞳孔直径越大，认知负荷越大。本研究通过分析数据发现，瞳孔直径这一参数呈现的不同翻译方向信息加工模式的差异与预期相反，即英汉翻译中受试的瞳孔直径大于汉英翻译,表明受试在英汉翻译中的认知负荷大于汉英翻译。然而,Chang(2011)发现汉英翻译中受试的瞳孔直径明显大于英汉翻译。两个相反研究结果产生的原因可以归结于实验文本的难度差异。Chang(2011)的实验文本是长度为50词的简单文本。根据 Flesch-Kincaid 等级测验结果,英语原文得分为4.5,即该文本难度相当于美国教育体系中小学四年级二期课本的难度。而根据可读性测验结果,本研究的英语原文得分为15,即20岁左右的读者才能理解该文本的内容。可见,本研究的英语原文难度远大于 Chang(2011)所用的英语原文。另外,根据测后问卷调查结果显示,本研究的英语原文和汉语原文的难度平均得分分别为4.75和4.33,即英语原文的难度大于汉语原文。因此,本研究得出英汉翻译中译者瞳孔直径大于汉英翻译是可以理解的。从各翻译阶段来看,英汉翻译和汉英翻译中自动化加工和控制加工的最小瞳孔直径均出现在阅读阶段,而最大瞳孔直径均出现在修改阶段(见图7-5)。这表明,受试的瞳孔直径随着翻译的进行而增大,即受试的认知负荷随着翻译的进行而逐渐增大。

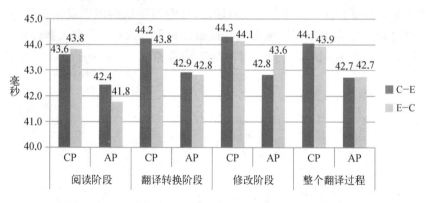

图7-5 不同翻译方向中自动化加工和控制加工的瞳孔直径

　　为清楚反映各受试间的个体差异,本研究对比了11名受试在两种翻译方向中自动化加工和控制加工的注视时长,数据表明,不同翻译方向中自动化加工和控制加工均存在较大的个体差异(见图7-6)。

　　为进一步分析不同翻译方向中自动化加工和控制加工的个体差异,本研究还对比了不同翻译方向各翻译阶段自动化加工和控制加工注视时长

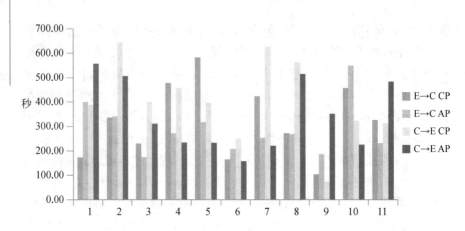

图 7 - 6　11 名受试在不同翻译方向中自动化加工和控制加工的注视时长

的变异系数[①]（见图 7 - 7）。当变异系数接近或超过 1 时，受试间存在较大个体差异。在汉英翻译中，阅读阶段的自动化加工和控制加工个体差异较大（2.35，0.93），修改阶段的控制加工个体差异较大（0.94）。在英汉翻译中，阅读阶段的控制加工个体差异较大（1.03），修改阶段的自动化加工和控制加工个体差异较大（1.07，0.99）。因此，汉英翻译和英汉翻译中的个体差异均主要存在于阅读和修改阶段，这可能与受试的译者风格有关，这点可分别通过屏幕记录数据和问卷调查结果得到解释：在进入翻译转换阶段之前，部分受试会将较多时间用于阅读原文，而部分受试则只将较

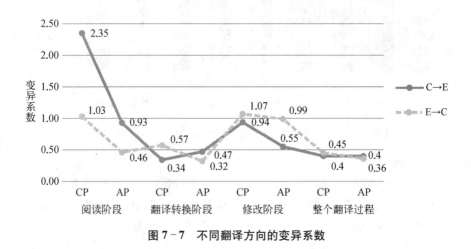

图 7 - 7　不同翻译方向的变异系数

---

① 变异系数即相对标准偏差，计算公式为变异系数 CV =（标准偏差 SD/平均值 Mean）×100%。

少时间用于阅读原文,尤其是汉语原文。另外,进入修改阶段后,部分受试会对照原文,对译文进行逐句修改,而部分受试则只是对译文整体稍加修改。

7.3.2   不同翻译方向中译者信息加工模式对翻译质量的影响

为探究译者在不同翻译方向中信息加工模式对翻译质量的影响,本研究根据译文质量评估结果(各名受试译文得分见表7-4),将11名受试划分为高质量组和低质量组,其中,英汉翻译以2.7分为切分线,汉英翻译以3.3分为切分线。两种翻译方向中高分组均为6人,低分组均为5人。

表7-4   11名受试的英汉翻译与汉英翻译译文得分

方向	S1	S2	S3	S4	S5	S6	S7	S8	S9	S10	S11
E—C	2.7	2.3	2.7	4.0	2.3	3.3	2.0	3.3	2.7	2.3	2.3
C—E	3.3	3.0	3.0	3.0	3.7	4.0	2.7	3.7	2.7	3.7	3.3

本研究主要依据平均注视时长这一眼动参数对比高质量组和低质量组在不同翻译方向中信息加工模式的差异,从而得出受试信息加工模式对翻译质量的影响。

首先,对比高质量组和低质量组在英汉翻译中的平均注视时长发现,从整个翻译过程来看,低质量组自动化加工和控制加工的平均注视时长(338.76,425.16)均明显大于高质量组(251.65,237.09)(见图7-8)。从各翻译阶段来看,高质量组在阅读阶段的自动化加工和控制加工的平均注视时长(47.52,43.45)明显多于低质量组(22.68,29.17)。在翻译转换阶段,低质量组控制加工的平均注视时长(281.31)明显多于高质量组(169.10),而自动化加工的平均注视时长(167.64)却与高质量组(167.30)相近。然而,在修改阶段,低质量组自动化加工和控制加工的平均注视时长(121.17,141.95)却明显多于高质量组(20.47,40.90)。因此,在翻译转换和修改阶段,高质量组的自动化加工和控制加工均少于低质量组;而在阅读阶段,高质量组的自动化加工和控制加工均多于低质量组。

面向人工智能的翻译能力研究：理论、方法与实证

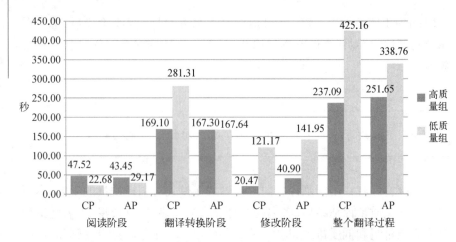

图 7-8　英汉翻译中高质量组和低质量组的平均注视时长

其次,对比高质量组和低质量组在汉英翻译中的平均注视时长发现,从整个翻译过程来看,高质量组控制加工的平均注视时长(371.90)明显少于低质量组(440.59),而自动化加工的平均注视时长(361.98)则高于低质量组(324.79)(见图7-9)。这表明在汉英翻译中,高质量组的控制加工少于低质量组,而自动化加工则多于低质量组。从各翻译阶段来看,在阅读和修改阶段,高质量组自动化加工和控制加工的平均注视时长均小于低质量组,而在翻译转换阶段,高质量组自动化加工和控制加工的平均注视时长则均大于低质量组。因此,在汉英翻译中,高质量组在阅读和修改阶

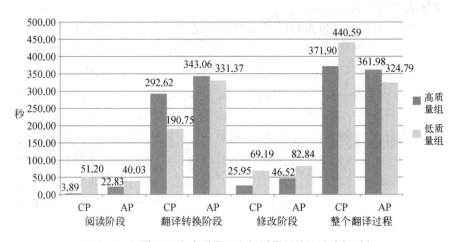

图 7-9　汉英翻译中高质量组和低质量组的平均注视时长

段的自动化加工和控制加工均少于低质量组,而在翻译转换阶段的自动化加工和控制加工则均多于低质量组。

以上分析结果说明,翻译质量并不与自动化加工和控制加工的多少成正比,即自动化加工和控制加工越多,翻译质量不一定越高。此外,在英汉翻译中,高质量组在阅读阶段的自动化加工和控制加工均多于低质量组,而在汉英翻译中,高质量组在翻译转换阶段的自动化加工和控制加工均多于低质量组。由此可见,译者需要分配足够的认知资源用于英汉翻译原文理解及汉英翻译文本生成。

7.3.3 不同翻译方向中译者信息加工模式的影响因素

通过文献研究和实验数据分析,本研究总结出不同翻译方向中译者信息加工模式的影响因素,其中包括翻译转换的不对称性、译者的双语水平、翻译实践经验以及对于不同翻译方向的态度。

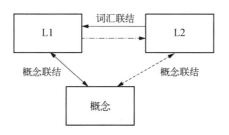

箭头代表联结方向,实线箭头代表较强联结,虚线箭头代表较弱联结

图 7‑10　修正层级模型(Kroll & Steward, 1994)

首先,翻译转换的不对称性(translation asymmetry)(Kroll & Steward, 1994)是导致译者在不同翻译方向中信息加工模式差异的一个重要因素。Kroll 与 Steward(1994)提出修正层级模型(revised hierarchical model)(见图 7‑10)。该模型认为,鉴于双语水平间的差异,L1 和 L2 心理词库之间及其各自与概念之间的联结强度存在差异,并且任何一种语言的词汇都与一个一般概念形成联结,但 L1 词汇至 L2 词汇的联结相对较弱,而 L2 词汇至 L1 词汇的联结较强。其次,概念与 L1 和 L2 词汇都形成联结,但是与 L1 词汇联结的强度大于与 L2 词汇联结的强度。因此,L1 翻译通常无

需经过语义层面加工就可直接实现词汇转换，而 L2 翻译则需要经过语义层面的转换加工。根据王湘玲（2013）的观点，L1 和 L2 心理词库储存量的差异也会导致 L1 翻译和 L2 翻译生成过程中控制加工和自动化加工存在差异。由于译者的 L1 心理词库大于 L2，译者在 L2 翻译生成过程中会遇到在记忆中搜索不到恰当词汇来表达某些概念等困难，此时译者会采用释义、借用上下文语境等策略，控制加工因而增多。同样，L1 和 L2 语法知识的差异也会影响译者的信息加工模式。总的来说，翻译转换的不对称性会导致 L2 翻译中译者的自动化加工和控制加工均多于 L1 翻译，即译者在 L2 翻译中需要承受的认知负荷多于 L1 翻译。

其次，双语水平也是影响译者信息加工模式的重要因素。受试背景信息问卷调查显示，11 名受试中有 2 人未通过英语专业八级考试，而这 2 名受试的译文质量相对较低；有 4 人获得全国翻译专业资格证书，而这 4 名受试的汉英翻译译文质量相对较高。此外，英汉语言能力自我评定等级较高的受试在英汉互译中自动化加工和控制加工数量均相对较少。双语水平较高的译者能快速在长时记忆中提取与源语相匹配的目标语信息，双语水平较低的译者则需要将更多的认知资源分配在一些低层次的简单翻译问题上。因此，双语水平较高的译者整体自动化加工和控制加工少于双语水平较低的译者。

再次，Kiraly（1995）指出，翻译实践经验会不可避免地影响译者的自动化加工和控制加工。受试背景信息问卷调查中关于翻译经验的数据显示，在 11 名受试中，只有 1 人有过 10 万—15 万字的翻译实践经验，5 人完成过 5 万—10 万字的翻译任务，3 人完成 1 万—5 万字，2 人完成不到 1 万字。译文质量评估结果显示，翻译实践经验越丰富的受试的译文质量越高，且控制加工较少。

最后，译者对于两种翻译方向的不同态度也会直接或间接影响其信息加工模式。本研究在测后问卷中就受试对于不同翻译方向的态度进行调查，结果见表 7－5。

表 7－5　受试对于两种翻译方向的态度

受试	译文得分		对于两种翻译方向的态度				
	E—C	C—E	频率	自信度	个人偏好	难度	满意度
S1	2.7	3.3	E—C	E—C	E—C	C—E	E—C
S2	2.3	3.0	相等	C—E	E—C	C—E	E—C

受试	译文得分		对于两种翻译方向的态度				
	E—C	C—E	频率	自信度	个人偏好	难度	满意度
S3	2.7	3.0	相等	相等	E—C	C—E	E—C
S4	4.0	3.0	C—E	C—E	C—E	E—C	C—E
S5	2.3	3.7	相等	E—C	E—C	E—C	E—C
S6	3.3	4.0	E—C	相等	无	C—E	无
S7	2.0	2.7	C—E	E—C	C—E	C—E	E—C
S8	3.3	3.7	相等	E—C	E—C	C—E	E—C
S9	2.7	2.7	E—C	E—C	C—E	E—C	C—E
S10	2.3	3.7	C—E	C—E	E—C	E—C	C—E
S11	2.3	3.3	相等	相等	E—C	相等	相等

数据显示，11 名受试中 5 人的英汉翻译和汉英翻译频率相等，3 人的英汉翻译频率较高，另外 3 人的汉英翻译频率较高。因此，所有受试的英汉翻译和汉英翻译频率可视为相等。对于自信度、个人偏好和满意度，多数受试选择的是英汉翻译，同时多数受试都认为汉英翻译较英汉翻译难度更大。这与本研究之前得出的结论相一致，即汉英翻译的认知难度大于英汉翻译。值得特别注意的是，由于多数受试对英汉翻译的自信度更高，相较于汉英翻译而言，他们倾向于将更多的认知资源分配到英汉翻译的修改阶段，因此在英汉翻译修改阶段中的控制加工多于汉英翻译。正如 Kiraly（1995）的观点所示，"译者自信度"是影响翻译过程的一个重要因素。

7.4　本章结语

本研究基于认知心理学理论，通过分析眼动数据、屏幕记录、反思性访谈、问卷调查的定量与定性数据，对比了不同翻译方向中译者自动化加工和控制加工这对信息加工模式的差异，主要发现如下：（1）整体来看，译者在汉英翻译中自动化加工与控制加工均较英汉翻译多；从翻译的各个阶段来看，在翻译转换阶段，译者在汉英翻译中的自动化加工与控制加工均较英汉翻译多，但在阅读阶段与修改阶段其自动化加工与控制加工均较英汉翻译少。（2）对于不同信息加工模式对翻译质量的影响，整体来看，高质量组译者的自动化加工与控制加工均少于低质量组，这表明，译文质量的高低与译者自动化加工及控制加工的多少并不成正比。在英汉翻译的翻译转换和修改阶段中，高质量组的自动化加工与控制加工均少于低质量组，但其在阅读阶段的自动化加工与控制加工较低质量组多；在汉英翻译的阅读阶段和修改阶段中，高质量组的自动化加工与控制加工均少于低质量组，但其在翻译转换阶段的自动化加工与控制加工均多于低质量组。这表明，译者需要分配足够的认知资源用于英汉翻译原文理解以及汉英翻译文本生成。（3）导致译者在不同翻译方向中信息加工模式产生差异的因素，除了翻译转换的不对称性之外，还包括译者的双语水平、翻译实践经验及其对不同翻译方向的态度。具体表现为，由于 L1 翻译和 L2 翻译的不对称性，译者在汉英翻译中的自动化加工和控制加工均较英汉翻译多；双语水平较高的译者自动化加工和控制加工少于双语水平较低的译者；与一般译者相比，具有丰富翻译实践经验的译者控制加工相对较少，自动化加工相对较多；译者对于英汉翻译的满意度高于汉英翻译，其在英汉翻译中修改阶段的控制加工明显高于汉英翻译。

　　本研究有助于揭示译者翻译过程中的认知心理活动及认知资源分配情况。首先，通过对比译者信息加工模式的差异，本研究对翻译教学与翻译人才培养具有以下启示：（1）应提高双语水平。本研究发现双语水平是影响译者信息加工模式的重要因素。通过提高双语水平，增大 L2 心理词库，加强 L1 词汇与 L2 词汇之间的联结及 L2 词汇与概念之间的联结，译者能有效增加其在翻译过程中的自动化加工并提高译文的翻译质量。（2）应提高加工层次。本研究发现高质量组译者的自动化加工和控制加工均少于低质量组译者。测后问卷结果显示，这是由于高质量组译者倾向于将较多的认知资源用于较高层次的加工，而低质量组译者则将较多认知资源用于词汇、短语这类较低层次的加工。因此，译者应将更多的认知资源分配到较高层次的翻译问题上。（3）应注重不同翻译方向各翻译阶段的认知资源分配。译者应将更多的认知资源分配在英汉翻译的阅读阶段和汉英翻译的翻译转换阶段。其次，本研究利用眼动数据分析翻译过程中的自动化加工和控制加工，并从整体翻译过程以及翻译过程的三阶段两个层面进行深入探讨,进一步证明了眼动仪用于翻译研究的可行性及有效性,对于翻译过程研究是一次有益的尝试。

本研究尚存在一些不足之处,主要体现在眼动仪自身的局限、样本容量较小和文本难度控制不足等方面,希望在今后的研究中能得到完善。

参考文献

ACRL. Information literacy competence standards for higher education [OL]. (2001) [2016 - 4 - 1]. http: //www.ala.org/ala/marps/divs/acrl/standardards/informationliteracycompetency.

Adab, B. Evaluating translation competence[J]. *Benjamins Translation Library*, 2000, 38: 215 - 228.

Alanen, A. The translator and the current services of the Internet[J]. *Department of Translation*, 1996, 29.

Albir, A. H. *Enseñar a traducir. Metodología en la formación de traductores e intérpretes*[M]. Madrid: Edelsa, 1999.

Albir, A. H. Competence-based curriculum design for training translators [J]. *The Interpreter and Translator Trainer*, 2007, 1(2): 163 - 195.

Albir, A. H. Translation skills and skills training[J]. *TTR: Traduction, Terminologie et Redaction*, 2008, 21(1): 17 - 64.

Albir, A. H. The acquisition of translation competence. Competences, tasks, and assessment in translator training[J]. *Meta*, 2015, 60(2): 256.

Albir, A. H. *Researching translation competence by PACTE group*[M]. Amsterdam & Philadelphia: John Benjamins Publishing Company, 2017.

Albir, A. H. & Olalla-soler, C. Procedures for assessing the acquisition of cultural competence in translator training[J]. *The Interpreter and Translator Trainer*, 2016, 10(3): 1 - 25.

Allwright, R. L. The importance of interaction in classroom language learning[J]. *Applied Linguistics*, 1984, (5): 156 - 171.

Alves, F. *Triangulating translation: Perspectives in process oriented research*[M]. Amsterdam & Philadelphia: John Benjamins Publishing Company, 2003.

Alves, F. & Gonçalves, J. L. V. R. A relevance theory approach to the investigation of inferential processes in translation [C]//F. Alves. *Triangulating Translation: Perspectives in Process-oriented Research.* Amsterdam & Philadelphia: John Benjamins Publishing Company, 2003: 3 - 24.

Anderson, J. *Cognitive psychology and its implications* [M]. New York: Worth, 2000.

Angelelli, C. V. & Jacobson, H. E. *Testing and assessment in translation and interpreting studies* [M]. Amsterdam: John Beujamins, 2009.

Aranberri, N., Labaka, G. & de Ilarraza, A. D., et al. Comparison of post-editing productivity between professional translators and lay users [C]//*Proceedings of the 11th Conference of the Association for Machine Translation in the Americas*, 2014: 20 - 33.

Austermühl, F. & Coners, M. Computer-assisted terminology management [J]. *Electronic Tools for Translators*, 2001: 102 - 123.

Bale, R. Undergraduate consecutive interpreting and lexical knowledge: The role of spoken corpora [J]. *The Interpreter and Translator Trainer*, 2013, 7(1): 27 - 50.

Balling, L. W., Hvelplund, K. T. & Sjørup, A. C. Evidence of parallel processing during translation [J]. *Meta*, 2014, 59(2): 234 - 259.

Barsalou, L. W., Simmons, W. K., Barbey, A. K., & Wilson, C. D. Grounding conceptual knowledge in modality-specific systems [J]. *Trends in Cognitive Sciences*, 2003, 7(2): 84 - 91.

Beeby, A. Evaluating the development of translation competence [C]//C. Schäffner & B. Adab. *Developing Translation Competence.* Amsterdam & Philadelphia: John Benjamins, 2000.

Beeby, A., Berenguer i Estellés, L. & Ensinger, D., et al. Acquiring translation competence: Hypotheses and methodological problems of a research project [J]. *Investigating translation*, 2000: 99 - 106.

Beeby, A., Fernández, M & Fox, O. et al. Results of the validation of the PACTE translation competence model: Acceptability and decision-making [J]. *Across Languages and Cultures*, 2009, 10(2): 207 - 230.

Bell, R. T. *Translation and translating* [M]. Beijing: Foreign Language Teaching and Research Press, 2001.

Benson, P. *Teaching and researching: Autonomy in language learning* [M]. London & New York: Routledge, 2013.

Benson, S. N. K. & Ward, C. L. Teaching with technology: Using TPACK to understand teaching expertise in online higher education [J]. *Journal of Educational Computing Research*, 2013, 48(2): 153 - 172.

Bernardini, S. Think-aloud protocols in translation research: Achievements, limits, future prospects [J]. *Target*, 2001, 13(2): 241 - 263.

Blasco, D. Student's attitudes toward integrating mobile technology into translation activities [J]. *International Journal on Integrating Technology in Education*, 2016, 5(1): 1 - 11.

Bogain, A. & Thorneycroft, V. Translation, theory and practice [C]//*Proceedings from the Crossing Frontiers: Languages and the International Dimension Conference*, Cardiff University, 2006.

Boyer, E. L. *The basic school: A community for learning* [M]. California: Princeton Fulfillment Services, 1995.

Brand-Gruwel, S., Wopereis, I. & Walraven, A. A descriptive model of information problem solving while using internet [J]. *Computers and Education*, 2009, 53 (4): 1207 - 1217.

Broadbent, D. E. A mechanical model for human attention and immediate memory [J]. *Psychological Review*, 1957, 64(3): 205.

Brown, H. D. *Teaching by principles: An interactive approach to language pedagogy* [M]. New York: Longman, 2001.

Buchweitz, A. & Alves, F. Cognitive adaptation in translation: An interface between language direction, time, and recursiveness in target text production [J]. *Letras de hoje*, 2006, 41(2): 241 - 272.

Caminade, M. & Pym, A. Translator-training institutions [J]. *Encyclopedia of Translation Studies*, 1998: 280 - 285.

Campbell, S. J. Towards a model of translation competence [J]. *Meta*, 1991, 36(2 - 3): 329 - 343.

Carl, M. Correlating translation product and translation process data of professional and student translators [R]. *2010 European Association for Machine Translation*, 2010.

Carl, M. & Dragsted, B. Towards a classification of translation styles based on eye-tracking and key-logging data [J]. *Journal of the Writing Research*, 2013, 5(1): 133 - 158.

Catford, J. C. *A linguistic theory of translation* [M]. London: Oxford University Press, 1965.

Chang, V. C. Translation directionality and the revised hierarchical model: An eye-tracking study [C]//S. O'Brien. *Cognitive Explorations of Translation*. London: Continuum, 2011: 154 - 174.

Chau, S. S. Aspects of the translation pedagogy: The grammatical, cultural and interpretive teaching models [Z]. *Unpublished PhD thesis*, University of Edinburgh, 1984.

Chesterman, A. Causes, translations, effects [J]. *Target*, 1998, 10(2): 201 - 230.

Chesterman, A. Teaching strategies for emancipatory translation [C]//C. Schäffner & B. Adab. *Developing Translation Competence*. Shanghai: Shanghai Foreign Language Education Press, 2012: 77 - 90.

Choo, C. W., Detlor, B. & Turnbull, D. Information seeking on the web: An integrated model of browsing and searching [J]. *First Monday*, 2000, 5(2): 1 - 18.

Colina, S. *Translation teaching from research to the classroom: A handbook for teachers* [M]. Boston: Mcgraw Hill Education, 2007.

Colman, A. M. *A dictionary of psychology* [M]. Oxford: Oxford University Press, 2015.

Danaher, P. A., Moriarty, B. & Danaher, G. *Mobile learning communities: Creating new educational futures* [M]. London & New York: Routledge, 2009.

Danks, J. H., Shreve, G. M., Fountain, S. B. & M. K. McBeath. *Cognitive processes in translation and interpreting* [M]. Thousand Oaks: Sage, 1997.

Darwish, A. Transmetrics: A formative approach to translator competence assessment and translation quality evaluation for the New Millennium [J]. *Australia, Victoria, RMIT*

University, 2001.

Davies, M. G. *Multiple voices in the translation classroom: Activities, tasks and projects* [M]. Amsterdam & Philadelphia: John Benjamins Publishing Company, 2004.

DePalma & Donald, A. Post-edited machine translation define [OL]. (2013 - 04 - 30) [2014 - 02 - 21]. http: //www. commonsenseadvisory. com/AbstractView. aspx? ArticleID = 5499.

Domas White, M., Matteson, M. & Abels, E. G. Beyond dictionaries: Understanding information behavior of professional translators [J]. *Journal of Documentation*, 2008, 64(4): 576 - 601.

Dragsted, B. & Hansen, I. G. Comprehension and production in translation: A pilot study on segmentation and the coordination of reading and writing processes [J]. *Copenhagen Studies in Language*, 2008, (36): 9 - 29.

Duchowski, A. *Eye tracking methodology: Theory and practice (second edition)* [M]. London: Springer, 2007.

Ericsson, K. A. & Kintsch, W. Long-term working memory [J]. *Psychological Review*, 1995, 102(2): 211.

Ericsson, K. A. & Simon, H. A. *Protocol analysis: Verbal reports as data* [M]. Cambridge, MA: MIT Press, 1993.

Fiederer, R. & O'Brien, S. Quality and machine translation: A realistic objective [J]. *The Journal of Specialised Translation*, 2009, (11): 52 - 74.

Flanagan, M. & Christensen, T. P. Testing post-editing guidelines: How translation trainees interpret them and how to tailor them for translator training purposes [J]. *The Interpreter and Translator Trainer*, 2014, 8(2): 257 - 275.

Fox, O. The use of translation diaries in a process-oriented translation teaching methodology [C]//Schäffner, C. & B. Adab. *Developing Translation Competence*. Shanghai: Shanghai Foreign Language Education Press, 2012: 115 - 130.

Gaballo, V. Learning translation strategies in a CSCL framework [C]//*Knowledge Construction in E-learning Context*. Cesena, Italy, 2008.

Galán-Mañas, A. & Albir, A. H. Competence assessment procedures in translator training [J]. *The Interpreter and Translator Trainer*, 2015, (1): 63 - 82.

Garcia, I. Is Machine Translation Ready yet? [J]. *Target*, 2010, 22(1): 7 - 21.

Garcia, I. Translating by post-editing: Is it the way forward [J]. *Machine Translation*, 2011, 25(3): 217 - 237.

Gile, D. *Basic concepts and models for interpreter and translator training* [M]. Amsterdam & Philadelphia: John Benjamins Publishing, 2009.

Göpferich, S. Towards a model of translation competence and its acquisition: The longitudinal study Transcomp [C]//S. Göpferich, A. L. Jakobsen & I. M. Mees. *Behind the Mind: Methods, Models and Results in Translation Process Research*. Copenhagen: Samfundslitteratur, 2009: 11 - 37.

Göpferich, S. Translation competence: Explaining development and stagnation from a dynamic systems perspective [J]. *Target*, 2013, 25(1): 61 - 76.

Guerberof, A. Productivity and quality in MT post-editing [C]//*Proceedings, MT Summit XII Workshop: Beyond Translation Memories: New Tools for Translators*, 2009: 1 - 9.

参考文献

面向人工智能的翻译能力研究：理论、方法与实证

Guerberof, A. What do professional translators think about post-editing? [J]. *The Journal of Specialised Translation*, 2013, 19: 75 – 95.

Guion, L. A., Diehl, D. C., & McDonald, D. Triangulation: Establishing the validity of qualitative studies: FCS6014/FY394, Rev. 8/2011[J]. *Edis*, 2011, (8): 3.

Harris, B. *The importance of natural translation* [M]. Ottawa: University of Ottawa, School of Translators and Interpreters, 1977.

Harris, B. & Sherwood, B. Translating as an innate skill[C]//D. Gerver & W. Sinaiko. *Language, Interpretation and Communication*. Oxford: Plenum Press, 1978: 155 – 170.

Hess, E. H. & Polt, J. M. Pupil size in relation to mental activity during simple problem-solving[J]. *Science*, 1964, 143(3611): 1190 – 1192.

Holmqvist, K. et al. *Eye tracking: A comprehensive guide to methods and measures*[M]. Oxford: Oxford University Press, 2011.

Homles, J. The name and nature of translation studies[C]//L. Venuti. *The Translation Reader*. London & New York: Routledge, 1972: 172 – 185.

Holmes, J. *Translated!: Papers on literary translation and translation studies* [M]. Amsterdam: Rodopi, 1988.

House, J. *Translation quality assessment: A model revisited*[M]. Tübingen: Gunter Narr Verlag, 1997.

House, J. *Translation quality assessment: Past and present*[M]. London & New York: Routledge, 2014.

Howe, K. R. Mixed methods, triangulation, and causal explanation[J]. *Journal of Mixed Methods Research*, 2012, 6(2): 89 – 96.

Hu, Z., Zheng, B. & Wang, X. The impact of a metacognitive self-regulation inventory in translator self-training: A pre-post study with English-Chinese translation students[J]. *The Interpreter and Translator Trainer*, 2021, 15(4): 430 – 449.

Huertas Barros, E. & Vine, J. Current trends on MA translation courses in the UK: Changing assessment practices on core translation modules [J]. *The Interpreter and Translator Trainer*, 2018, 12(1): 5 – 24.

Hvelplund, K. T. Allocation of cognitive resources in translation — An eye-tracking and key-logging study[D]. Copenhagen: Copenhagen Business School, 2011.

Hymes, D. H. *On communicative competence* [M]. Philadelphia: University of Philadelphia Press, 1971.

Hyo-Jeong, S. O. Towards rigor of online interaction research: Implication for future distance learning research[J]. *TOJET: The Turkish Online Journal of Educational Technology*, 2010, 9(2): 256 – 263.

ISO TC 37. ISO 18587 Translation services: Post-editing of machine translation output Requirements[OL]. (2014)[2017.4]. https://www.iso.org/standard/59106.html.

Jääskeläinen, R. The role of reference material in professional vs. non-professional translation: A think-aloud protocol study [J]. *Empirical Studies in Translation and Linguistics*, 1989: 175 – 200.

Jääskeläinen R. Investigating translation strategies[C]//S. Tirkkonen-Condit & J. Laffling. *Recent Trends in Empirical Translation Research*. Joensuu: University of Joensuu,

1993: 99 - 120.

Jääskeläinen, R. Think-aloud protocols [C]//M. Baker. *Routledge Encyclopedia of Translation Studies*. London & New York: Routledge, 1998.

Jääskeläinen, R. Think-aloud protocol studies into translation: An annotated bibliography [J]. *Target*, 2002, 14(1): 107 - 136.

Jääskeläinen, R. & Tirkkonen-Condit, S. Automated processes in professional vs. non-professional translation: A think-aloud protocol study [C]//S. Tirkkonen-Condit. *Empirical Research in Translation and Intercultural Studies*. Tübingen: Gunter Narr, 1991: 89 - 109.

Jakobsen, A. L. Translation drafting by professional translators and by translation students [C]//E. Sánchez Trigo & O. D. Fouces. *Traducción & Comunicación* v. 3. Vigo: Universidade de Vigo, Servicio de Publicacións, 2002: 89 - 103.

Jakobsen, A. L. & Jensen, K. T. H. Eye movement behaviour across four different types of reading task[C]//S. Göpferich, A. L. Jakobsen & I. M. Mees. *Looking at Eyes: Eye-Tracking Studies of Reading and Translation Processing*. Copenhagen: Samfundslitteratur, 2008: 103 - 124.

Jakobsen, A. L. & Schou, L. Translog documentation[C]//H. Gyde. *Probing the Process in Translation: Methods and Results*. Copenhagen: Samfundslitteratur, 1999: 151 - 186.

Jia, Y., Carl, M. & Wang, X. How does the post-editing of neural machine translation compare with from-scratch translation? A product and process study[J]. *The Journal of Specialised Translation*, 2019a, 31(1): 60 - 86.

Jia, Y., Carl, M. & Wang, X. Post-editing neural machine translation versus phrase-based machine translation for English-Chinese[J]. *Machine Translation*, 2019b, 33(1 - 2): 9 - 29.

Just, M. A. & Carpenter, P. A. A theory of reading: From eye fixations to comprehension [J]. *Psychological Review*, 1980, 87(4): 329.

Kelly, D. *A handbook for translator trainers*[M]. London & New York: Routledge, 2014.

Kiraly, D. C. Toward a systematic approach to translation skills instruction[D]. Urbana: University of Illinois at Urbana-Champaign, 1990.

Kiraly, D. C. *Pathways to translation: Pedagogy and process*[M]. Kent, Ohio: Kent State University Press, 1995.

Kiraly, D. C. *A social constructivist approach to translator education: Empowerment from theory to practice*[M]. London & New York: Routledge, 2014.

Kiraly, D. C. Occasioning translator competence: Moving beyond social constructivism toward a postmodern alternative to instructionism [J]. *Translation and Interpreting Studies*, 2015, 10(1): 8 - 32.

Koehn, P. & Germann, U. The impact of machine translation quality on human post-editing. [C]// *Proceedings of the EACL* 2014 *Workshop on Humans and Computer-assisted Translation*. Association for Computational Linguistics, Gothenburg, Sweden, 2004: 38 - 46.

Koglin, A. An empirical investigation of cognitive effort required to post-edit machine translated metaphors compared to the translation of metaphors [J]. *Translation and*

Interpreting Studies, 2015, 7(1): 126 - 141.

Koller, W. Einführung in die Übersetzungswissenschaft. Heidelberg: Quelle and Meyer. Translated by Pym, A. 2003. Redefining translation competence in an electronic age: In defence of a minimalist approach[J]. *Meta*, 2003, 48(4): 481 - 497.

Koller, W. *Einführung in die Übersetzungswissenschaft*[M]. Heidelberg: Quelle & Meyer, 1979.

Koponen, M. Is machine translation post-editing worth the effort? A survey of research into post-editing and effort[J]. *The Journal of Specialised Translation*, 2016, 25(2): 131 - 148.

Krings, H. P. Translation problems and translation strategies of advanced German learners of french (L2) [C]//J. House & S. Blum-Kulka. *Interlingual and Intercultural Communication: Discourse and Cognition in Translation and Second Language Acquisition Studies*. Tübingen: Gunter Narr, 1986: 257 - 270.

Krings, H. P. *Repairing texts: Empirical investigations of machine translation pe-processes* [M]. Kent, Ohio: Kent State University Press, 2001.

Kroll, J. F. & Stewart, E. Category interference in translation and picture naming: Evidence for asymmetric connections between bilingual memory representations [J]. *Journal of Memory and Language*, 1994, 33(2): 149 - 174.

Lachaud, C. M. EEG, EYE and KEY: Three simultaneous streams of data for investigating the cognitive mechanisms of translation[J]. *The International Association for Translation and Intercultural Studies Translation Studies*, 2011: 131 - 153.

Lasnier, F. *Réussir la Formation par Compétences*[M]. Montreal: Guérin, 2000.

Latour, B. On actor network theory: A few clarifications[J]. *Soziale Welt*, 1996, 47: 369 - 381.

Lee, T. Using computer-assisted interpreter training methods in Korean undergraduate English classrooms[J]. *The Interpreter and Translator Trainer*, 2014, 8(1): 102 - 122.

Livbjerg, I. & Mees, I. M. Patterns of dictionary use in non-domain-specific translation [C]//F. Alves. *Triangulating Translation: Perspectives in Process-oriented Research*. Amsterdam & Philadelphia: John Benjamins, 2003: 123 - 136.

Lörscher, W. *Translation performance, translation process, and translation strategies: A psycholinguistic investigation*[M]. Tübingen: Günter Narr, 1991.

Macizo, P. & Bajo, M. T. When translation makes the difference: Sentence processing in reading and translation[J]. *Psicológica*, 2004, 25: 181 - 205.

Mackenzie R. The place of language teaching in a quality-oriented translators' training programme[C]//K. Malmakjaer. *Translation and Language Teaching*. Manchester: St. Jerome, 1998: 15 - 19.

Mackenzie, R. The competence required by the translator's roles as a professional[C]//K. Malmjkaer. *Translation in Undergraduate Degree Programmes*. Amsterdam & Philadelphia: John Benjamins, 2004.

Malkiel, B. Directionality and translational difficulty [J]. *Perspectives: Studies in Translatology*, 2004, (3): 208 - 219.

Malmkjaer, K. *Translation in undergraduate degree programmes* [M]. Amsterdam &

Philadelphia: John Benjamins, 2004.

Massey, G. & Ehrensberger-Dow, M. Investigating information literacy: A growing priority in translation studies [J]. *Across Languages and Cultures*, 2011a, 12 (2): 193 -211.

Massey, G. & Ehrensberger-Dow, M. Technical and instrumental competence in the translator's workplace: Using process research to identify educational and ergonomic needs[J]. *ILCEA. Revue de l'Institut des Langues et Cultures d'Europe, Amérique, Afrique, Asie et Australie*, 2011b, (14): 1 - 14.

Melis, N. M. & Albir, A. H. Assessment in translation studies: Research needs[J]. *Meta*, 2001, 46(2): 272 - 287.

Mellinger, C. D. Translators and machine translation: Knowledge and skills gaps in translator pedagogy[J]. *The Interpreter and Translator Trainer*, 2017, 11 (4): 280 - 293.

Moore, M. G. Editorial: Three types of interaction[J]. *The American Journal of Distance Education*, 1989, 3(2): 1 - 6.

Mossop, B. The workplace procedures of professional translators [C]//A. Chesterman, N. G. San Salvador & Y. Gambier. *Translation in Context*. Amsterdam & Philadelphia: John Benjamins, 1998: 39 - 48.

Munday, J. *Evaluation in translation: Critical points of translator decision-making* [M]. London & New York: Routledge, 2012.

Muñoz Martín, R. Situating translation expertise: A review with a sketch of a construct [C]//J. Schwieter & A. Ferreira. *The Development of Translation Competence: Theories and Methodologies from Psycholinguistics and Cognitive Science*. Newcastle upon Tyne: Cambridge Scholars Publishing, 2014: 2 - 56.

Neubert, A. *Text and translation*[M]. Leipzig: Enzyklopädie, 1985.

Neubert, A. Competence in language, languages, and in translation[C]//C. Schäffner & B. Adab. *Developing Translation Competence*. Shanghai: Shanghai Foreign Language Education Press, 2012: 3 - 18.

Nida, E. A. *Toward a science of translation*[M]. Leiden: E. J. Brill, 1964.

Nida, E. A. & Taber, C. R. *The theory and practice of translation* [M]. Brill Archive, 1974.

Nord, C. *Text analysis in translation: Theory, methodology, and didactic application of a model for translation-oriented text analysis*[M]. Amsterdam: Rodopi, 1991.

Nord, C. Translation as a process of linguistic and cultural adaptation[C]//C. Dollerup & A. Loddegaard. *Teaching Translation and Interpreting: Insights, Aims, Visions*. Amsterdam & Philadelphia: John Benjamins, 1994: 59 - 67.

Nord, C. *A functional typology of translations* [M]. Amsterdam & Philadelphia: John Benjamins, 1997: 43 - 66.

Nord, C. *Translating as a purposeful activity: Functionalist approaches explained*[M]. Shanghai: Shanghai Foreign Language Education Press, 2001.

O'Brien, S. Pauses as indicators of cognitive effort in post-editing machine translation output[J]. *Across Languages and Cultures*, 2006, 7(1): 1 - 21.

O'Brien, S. Eye tracking in translation process research: Methodological challenges and solutions[C]//I. M. Mees, F. Alves & S. Göpferich. *Methodology, Technology and Innovation in Translation Process Research: A Tribute to Arnt Lykke Jakobsen.* Frederiksberg: Samfundslitteratur, 2010: 251 - 266.

O'Brien, S. Towards predicting post-editing productivity[J]. *Machine Translation*, 2011, 25: 197 - 215.

Olvera Lobo, M. D. Teleworking and collaborative work environments in translation training[J]. *Babel*, 2009, 55(2): 165 - 180.

Olvera Lobo, M. D., Robinson, B. & Castro Prieto, R. M. A professional approach to translator training (PATT)[J]. *Meta*, 2007, 52(3): 517 - 528.

O'malley, J. M. & Chamot, A. U. *Learning strategies in second language acquisition*[M]. Cambridge: Cambridge university press, 1990.

Orozco, M. & Hurtado Albir, A. Measuring translation competence acquisition[J]. *Meta*, 2002, 47(3): 375 - 402.

PACTE. Acquiring translation competence: Hypotheses and methodological problems in a research project[C]//A. Beeby, D. Ensinger & M. Presas. *Investigating Translation.* Amsterdam & Philadelphia: John Benjamins, 2000.

PACTE. Building a translation competence model[C]//F. Alves. *Triangulating Translation Perspectives in Process Oriented Research.* Amsterdam & Philadelphia: John Benjamins, 2003.

PACTE. Investigating translation competence: Conceptual and methodological issues[J]. *Meta*, 2005, 50(2): 609 - 619.

PACTE. Results of the validation of the PACTE translation competence model: Translation project and dynamic translation index [C]//S. O'Brien. *Cognitive Exploration of Translation.* London & New York: Bloomsbury, 2011.

Pavlović, N. Directionality features in collaborative translation processes: A study of novice translators[D]. Tarragona: Universitat Rovira i Virgili, 2007.

Pavlović, N. & Jensen, K. T. H. Eye tracking translation directionality[C]//A. Pym & A. Perekrestenko. *Translation Research Projects 2.* Tarragona: Intercultural Studies Group, 2009: 93 - 109.

Penkale, S. & Way, A. SmartMATE: An online end-to-end MT post-editing framework [C]//*Workshop on Post-Editing Technology and Practice*, 2012: 51 - 59.

Pinto, M. R., De Medici, S. & Van Sant, C. Ergonomics, gerontechnology, and design for the home-environment[J]. *Applied Ergonomics*, 2000, 31(3): 317 - 322.

Pinto, M. R. & Sales, D. A research case study for user-centred information literacy instruction: Information behaviour of translation trainees [J]. *Journal of Information Science*, 2007, 33(5): 531 - 550.

Pinto, M. R. & Sales, D. INFOLITRANS: A model for the development of information competence for translators[J]. *Journal of Documentation*, 2008, 64(3): 413 - 437.

Pokorn, N. K. *Challenging the traditional axioms: Translating into a non-mother tongue* [M]. Amsterdam & Philadelphia: John Benjamins, 2005.

Poplin, D. E. *Communities: A survey of theories and methods of research* [M]. New York: Macmillan, 1979.

Prassl, F. Translators' decision-making processes in research and knowledge integration

[C]//S. Göpferich, F. Alves. & I. M. Mees. *New Approaches in Translation Process Research*, 2010, 39: 57.

Presas, M. Bilingual competence and translation competence [C]//C. Schäffner & B. Adab. *Developing Translation Competence*. Shanghai: Shanghai Foreign Language Education Press, 2012: 19 - 32.

Prieto-Velasco, J. A. & Fuentes-Luque, A. *A collaborative multimodal working environment for the development of instrumental and professional competences of student translators: An innovative teaching experience* [M]. London & New York: Routledge, 2018: 76 - 91.

Pym, A. Translation error analysis and the interface with language teaching [J]. *The Teaching of Translation*, 1992: 279 - 288.

Pym, A. Redefining translation competence in an electronic age. In defence of a minimalist approach[J]. *Meta*, 2003, 48(4): 481 - 497.

Pym, A. What technology does to translating[J]. *Translation and Interpreting*, 2011, 3 (1): 1 - 9.

Pym, A. Translation skill-sets in a machine-translation age [J]. *Meta*, 2013, 58(3): 487 - 503.

Pym, A. Translator associations — From gatekeepers to communities[J]. *Target*, 2014, 26(3): 466 - 491.

Pym, A., Orrego-Carmona, D. & Torres-Simón, E. Status and technology in the professionalisation of translators. Market disorder and the return of hierarchy [J]. *Journal of Specialised Translation*, 2016, 25: 33 - 53.

Quah, C. K. *Translation and technology*[M]. London: Springer, 2006.

Raído, V. E. *Translation and web searching*[M]. London & New York: Routledge, 2014.

Rayner, K. Eye movements in reading and information processing: 20 years of research [J]. *Psychological Bulletin*, 1998, (3): 372 - 422.

Rayner, K. & Pollatsek, A. *The psychology of reading* [M]. Englewood Cliffs, N. J.: Prentice-Hall, 1989.

Reiss, K. *Translation criticism-potentials and limitations: Categories and criteria for translation quality assessment*[M]. London & New York: Routledge, 2000.

Riazi, A. M. & Candlin, C. N. Mixed-methods research in language teaching and learning: Opportunities, issues and challenges[J]. *Language teaching*, 2014, 47(2): 135 - 173.

Rivers, W. M. *Interaction as the key to teaching language for communication* [M]. Cambridge: Cambridge University Press, 1987.

Robbins, P. & Aydede, M. A short primer on situated cognition [C]//P. Robbins & M. Aydede. *The Cambridge handbook of situated cognition*. Cambridge: Cambridge University Press, 2009: 3 - 10.

Robbins, P. & Aydede, M. *The cambridge handbook of situated cognition*[M]. Cambridge University Press, 2009.

Robert, I. S., Remael, A. & Ureel, J. J. J. Towards a model of translation revision competence[J]. *The Interpreter and Translator Trainer*, 2017, 11(1): 1 - 19.

Roturier, J., Mitchell, L. & Silva, D. The accept post-editing environment: a flexible and customisable online tool to perform and analyse machine translation post-editing[C]//

面向人工智能的翻译能力研究：理论、方法与实证

Proceedings of the 2nd Workshop on Post-editing Technology and Practice, 2013: 119 -128.

Saldanha, G. & O'Brien, S. *Research methodologies in translation studies* [M]. London & New York: Routledge, 2014.

Schäffner, C. & Adab, B. *Developing translation competence* [M]. Shanghai: Shanghai Foreign Language Education Press, 2012: 7 - 16.

Schäffner, C. Researching translation and interpreting [J]. *Translation Research and Interpreting Research*, 2004: 1 - 9.

Schäffner, C. *Translation research and interpreting research* [M]. Bristol: Multilingual Matters, 2004.

Schiaffino, R. & Zearo, F. Measuring quality in translation: The translation quality index and other methods [C]//*44th ATA Conference Phoenix*, 2003: 1 - 7.

Sekino, K. An investigation of the relevance-theoretic approach to cognitive effort in translation and the post-editing process [J]. *Translation and Interpreting*, 2015, 7(1): 126 - 141.

Seleskovitch, D. Interpretation, a psychological approach to translating [C]//Anderson, R., Bruce W. & R. W. Brislin. *Translation: Applications and Research*. New York: Halsted Press, 1976: 92 - 116.

Shreve, G. M. Cognition and the evolution of translation competence [C]// J. H. Danks, et. al. *Cognitive Processes in Translation and Interpreting*. Thousand Oaks: Sage, 1997: 120 - 136.

Sweller, J. Cognitive load during problem solving: Effects on learning [J]. *Cognitive Science*, 1988, 12(2): 257 - 285.

Tashakkori, A. & Teddlie, C. *Sage handbook of mixed methods in social & behavioral research* [M]. Thousand Oaks: Sage, 2021.

Tatsumi, M. & Roturier, J. Source text characteristics and technical and temporal post-editing effort: What is their relationship? [C]//*Proceedings of the Second joint EM+/CNGL Workshop*, 2010: 43 - 51.

Tennent, M. Training for the new millennium: Pedagogies for translation and interpreting [C]//M. G. Davies. *Minding the Process, Improving the Product: Alternatives to Traditional Translator Training*. Amsterdam & Philadelphia: John Benjamins, 2005.

Tirkkonen-Condit, S. Uncertainty in translation processes [C]//S. Tirkkonen-Condit & R. Jääskeläinen. *Tapping and Mapping the Processes of Translation and Interpreting: Outlooks on Empirical Research*. Amsterdam & Philadelphia: John Benjamins, 2000: 123 -142.

Tirkkonen-Condit, S. & Jääskeläinen, R. *Tapping and mapping the processes of translation and interpreting: Outlooks on empirical research* [M]. Amsterdam & Philadelphia: John Benjamins, 2000.

Tomozeiu, D., Koskinen, K. & D'Arcangelo, A. Teaching intercultural competence in translator training [J]. *The Interpreter and Translator Trainer*, 2016, 10(3): 251 - 267.

Toury, G. The notion of 'native translator' and translation teaching [C]//W. Wills & G. Thome. *Die Theories des Übersetzens und ihr Aufschlusswert für dir Übersetzungs-und*

Dolmetschdidaktik. Tübingen: Narr, 1984.

Toury, G. Monitoring discourse transfer: A test-case for a developmental model of translation[J]. *Interlingual and Intercultural Communication: Discourse and Cognition in Translation and Second Language Acquisition Studies*, 1986: 79-94.

Toury, G. *Descriptive translation studies and beyond*[M]. Amsterdam & Philadelphia: John Benjamins, 1995.

Tryuk, M. *On ethics and interpreters*[M]. Frankfurt am Main: Peter Lang, 2015.

Vygotsky, L. S. & Cole, M. *Mind in society: Development of higher psychological processes*[M]. Harvard: Harvard University Press, 1978.

Wagner, E. D. In support of a functional definition of interaction[J]. *American Journal of Distance Education*, 1994, 8(2): 6-29.

Wagner, E. D. Interactivity: From agents to outcomes[J]. *New Directions for Teaching and Learning*, 1997, 71: 19-26.

Wang, J., Yu, W. C. W. & Wu, E. Empowering mobile assisted social e-learning: "Students' expectations and perceptions"[J]. *World Journal of Education*, 2013, 3 (2): 59-70.

Wang, L. & Wang, X. How to evaluate literary translations in the classroom context: Through error analysis or scale-based method? [J]. *Current Trends in Translation Teaching and Learning*, 2020.

Wang, L. & Wang, X. Building virtual communities of practice in post-editing training: A mixed-method quasi-experimental study[J]. *The Journal of Specialised Translation*, 2021, 36: 193-219.

Wang, X., Wang, T., Muñoz Martín, R. & Jia, Y. Investigating usability in post-editing neural machine translation: Evidence from translation trainees' self-perception and performance[J]. *Across Languages and Cultures*, 2021, 22(1): 100-123.

Wang. J., Napier, J., Goswell, D. & Carmichal, A. The design and application of rubrics to assess signed language interpreting performance[J]. *The Interpreter and Translator Trainer*, 2015, 9(1): 83-103.

Wells, G. *Learning through interaction: The study of language development* [M]. Cambridge: Cambridge University Press, 1981.

White, M. D. & Iivonen, M. Questions as a factor in web search strategy[J]. *Information Processing and Management*, 2001, 37(5): 721-740.

Williams, J. & Chesterman, A. *The map: A beginner's guide to doing research in translation studies*[M]. Manchester: St. Jerome Publishing. 2002.

Wilss, W. *The science of translation: Problems and methods*[M]. Tübingen: Gunter Narr Verlag, 1982.

Wilss, W. Methodological aspects of the translation process[C]//F. Eppert. *Transfer and Translation in Language Learning and Teaching*. Singapore: Singapore University Press, 1983.

Wilss, W. *Knowledge and skill in translator behavior*[M]. Amsterdam & Philadelphia: John Benjamins, 1996.

Wu, W. *Productive Bilingualism and Translator Education*[DB/OL]. (2005)[2022-11-7]. https://www.translationdirectory.com/articles/article2175.php.

参考文献

Yang, Y. & Wang, X. Modelling the intention to use machine translation for student translators: An extension of technology acceptance model [J]. *Computers and Education*, 2019, 133: 116-126.

Yang, Y., Wang, X. & Yuan, Q. Measuring the usability of machine translation in the classroom context[J]. *Translation and Interpreting Studies*, 2021, 16(1): 101-123.

Zhao, R. Processes of translating: A comparison of expert and student translators translating an expository text from English to Chinese[D]. Pittsburgh: Carnegie Mellon University, 2004.

巴尔胡达罗夫.语言与翻译[M].北京: 中国对外翻译出版社,1985.

鲍川运.翻译师资培训: 翻译教学成功的关键[J].中国翻译,2009,30(2): 45-47.

蔡静.基于网络的翻译教学交互质量研究[J].考试周刊,2009,(37): 45-47.

陈吉荣.认知翻译研究的新趋势——戈夫瑞克认知翻译理论述评[J].天津外国语大学学报,2013,20(6): 33-38.

陈琳,姜蓉,毛文秀,文燕银,张高飞.中国教育信息化起点与发展阶段论[J].中国远程教育,2022,(1): 37-44+51.

陈凌,陈广益.在线教翻译——基于QQ即时通讯软件的实证研究[J].上海翻译,2014,(2): 38-43.

陈水平.项目翻译教学模式: 意义、问题与对策——项目翻译教学的行动研究[J].外语教学理论与实践,2013,(3): 82-87+97.

成思,吴青.从问题解决视角分析学习日志中的笔译能力发展动态[J].中国翻译,2016,37(1): 51-57.

崔启亮.MTI翻译技术教学体系设计[J].中国翻译,2019,40(5): 80-86.

崔启亮.论机器翻译的译后编辑[J].中国翻译,2014,(6): 68-73.

戴建春.基于QQ网络平台的交互式课外翻译教学模式的构建及应用[J].外语电化教学,2011,(2): 61-66.

邓军涛,许勉君,赵田园.人工智能时代的口译技术前沿与口译教育信息化[J].外语电化教学,2021,(4): 67-72+79+10.

邓志辉.认知学与翻译学结合的新起点——《翻译与认知》评介[J]. 中国翻译, 2011,32(03): 68-71.

丁韧.网络信息搜索行为研究: 以我国高校学生为例[M].武汉: 武汉大学出版社. 2013.

丁韧,马费成,刘永波.基于场景测试的高校学生网络信息搜索能力评价[J].图书情报知识,2011,(3): 72-76.

董洪学,张坤媛.云计算学习平台下MTI翻译工作坊教学模式研究[J].外语电化教学,2016,(1): 56-61.

段自力.网络辅助课程与翻译教学整合实证研究[J].中国翻译,2008,(2): 46-50+96.

方梦之.应用(文体)翻译学的内部体系[J].上海翻译,2014,(2): 1-6.

封一函.教室网络中的交互式翻译教学[J].中国翻译,2001,(2): 37-40.

冯佳.译入/译出认知负荷比较研究——来自眼动追踪的证据[J].中国外语,2017,(4): 79-91.

冯佳,王克非.探悉翻译过程的新视窗: 键盘记录和眼动追踪[J].中国翻译,2016,(1): 12-18.

冯庆华.翻译教学体系的探索[J].中国翻译,2002,(2): 79-80.

冯全功,崔启亮.译后编辑研究:焦点透析与发展趋势[J].上海翻译,2016,(6):67-74+89+94.

冯全功,张慧玉.全球语言服务行业背景下译后编辑者培养研究[J].外语界,2015,(1):65-72.

傅敬民.翻译能力研究:回顾与展望[J].外语教学理论与实践,2015,(4):80-86,95.

甘利人,岑咏华,李恒.基于三阶段过程的信息搜索影响因素分析[J].图书情报工作,2007,(2):59-62.

龚锐.笔译过程中的译语方向性研究[D].上海:上海外国语大学,2014.

韩林涛,刘和平.语言服务本科人才培养:"翻译+技术"模式探索[J].中国翻译,2020,41(3):59-66+188.

何田田,张振虹.翻译职业能力新框架探究——基于欧盟笔译硕士项目[J].新西部(理论版),2015,(10):139-140.

贺显斌."欧盟笔译硕士"对中国翻译教学的启示[J].上海翻译,2009,(1):45-48.

贺莺.网络论坛与笔译实践教学研究[J].中国翻译,2007,(06):29-32+95.

胡安江.翻译专业教学管理与人才培:新趋势、新变局与新思路[J].中国翻译,2021,42(01):68-74+191.

胡珍铭,王湘玲.翻译能力本质的元认知研究[J].外语教学理论与实践,2018a,(03):91-97+62.

胡珍铭,王湘玲.评教整合的翻译教学模式构建与实践——以培养文本分析能力为导向[J].外语界,2018b,(06):79-86.

黄旦华."互联网+"背景下大学英语翻译教学模式创新研究[J].教育理论与实践,2017,37(15):53-54.

黄河燕,陈肇雄.基于多策略的交互式智能辅助翻译平台总体设计[J].计算机研究与发展,2004,(07):1266-1272.

黄忠廉.翻译方法论[M].北京:中国社会科学出版社,2009。

姜秋霞,杨平.翻译研究实证方法评析——翻译学方法论之二[J].中国翻译,2005,(01):23-28.

蒋霞,曾路.以社会建构主义理念培养职业译员——夏威夷大学应用翻译课取益[J].上海翻译,2017,(04):50-55.

金艳.体验式大学英语教学的多元评价[J].中国外语,2010,7(01):68-76+111.

孔慧怡.'99全国暑期英汉翻译高级讲习班学员资料调查[J].中国翻译,2000,(02):60-62.

李晨.翻译能力实证研究——以中南大学翻译硕士为例[J].现代交际,2011(2):30-30.

李德超.TAPs翻译研究的前景与局限[J].外语教学与研究,2004,(05):385-391+401.

李德超.TAPs翻译过程研究二十年:回顾与展望[J].中国翻译,2005,(01):29-34.

李德超,王巍巍.关于有声思维法口译研究[J].外语教学与研究,2011,43(06):900-910+960-961.

李惠红.翻译学方法论作[M].北京:国防工业出版社,2010.

李明,仲伟合.翻译工作坊教学探微[J].中国翻译,2010,31(04):32-36+95.

李小撒,柯平.同伴互评在翻译教学中的应用效果及其教学法意义[J].外语教学理论与实践,2013,(02):83-88.

李占喜.《翻译过程研究的方法与策略》介绍[J].外语教学与研究,2012,44(05):

789－793.

刘和平.翻译能力发展的阶段性及其教学法研究[J].中国翻译,2011,32(01):37－45.

刘和平.翻译教学模式:理论与应用[J].中国翻译,2013,34(02):50－55.

刘和平.远程翻译专业教学管理的创新与发展[J].中国翻译,2020,41(06):66－68.

刘宏伟,王湘玲."人己通"外译模式与中国传统文化对外传播研究[J].湖南大学学报(社会科学版),2020,34(04):99－106.

刘立香.翻译过程的有声思维实验研究[C]//福建省外国语文学会.福建省外国语文学会2006年年会暨学术研讨会论文集(上).集美大学,2006:9.

刘润清.外语教学中的科研方法[M].北京:外语教学与研究出版社,1999.

吕亮球.翻译工作坊教学模式探究[J].上海翻译,2014,(04):48－51.

马艺之,易永忠."互联网+"时代背景下MTI学生翻译能力的培养[J].课程教育研究,2016,(27):90－91.

苗菊.翻译能力研究——构建翻译教学模式的基础[J].外语与外语教学,2007,(04):47－50.

莫爱屏,吴迪,刘吉林.社会建构模式下职业化译者能力培养新探[J].外语教学理论与实践,2015,(03):68－73+93+96.

穆雷,邹兵.中国翻译学研究现状的文献计量分析(1992—2013)——对两岸四地近700篇博士论文的考察[J].中国翻译,2014,35(02):14－20+127.

穆雷.翻译研究方法概论[M].北京:外语教学与研究出版社,2011。

穆雷.翻译理论在翻译教学中的作用[J].外语与外语教学,2004,(03):43－46.

钱春花.交互性教学对学习者翻译能力的驱动[J].外语界,2010,(02):19－24.

任大玲.翻译教学与翻译技术并重的项目型翻译能力培养课程模式[J].外语电化教学,2013,(03):42－48.

潘文国.译入与译出——谈中国译者从事汉籍英译的意义[J].中国翻译,2004,25(2):40－43.

任英杰,徐晓东.相互启发:学习共同体内认知机制的探究[J].远程教育杂志,2014,32(4):76－85.

阮全友.基于QQ平台的实践共同体对学生思辨能力的培养[J].外语电化教学,2014,(2):48－54.

司显柱.朱莉安·豪斯的"翻译质量评估模式批评"[J].外语教学,2005,26(3):79－84.

孙崇勇,刘电芝.认知负荷主观评价量表比较[J].心理科学,2013,36(1):194－201.

谭载喜.西方翻译简史[M].北京:商务印书馆,2004.

仝亚辉.PACTE翻译能力模式研究[J].解放军外国语学院学报,2010,33(5):88－93.

万兆元.基于多媒体与博客(圈)的交互式翻译教学模式探索[J].电化教育研究,2012,33(4):95－98+104.

王爱琴."实习式"翻译实践教学模式探索与思考[J].外语教学理论与实践,2011,(1):83－88.

王晨爽,文军.MTI翻译技术课程教学:现状与对策[J].外语电化教学,2016,(6):80－83.

王华树.信息化时代背景下的翻译技术教学实践[J].中国翻译,2012,33(3):57－62.

王华树.语言服务行业技术视域下的MTI技术课程体系构建[J].中国翻译,2013,34(6):23－28.

王华树.人工智能时代翻译教育技术研究：问题与对策[J].中国翻译,2021,42(3)：84-88.

王华树,李莹.新时代我国翻译技术教学研究：问题与对策——基于《翻译专业本科教学指南》的思考[J].外语界,2021,(3)：13-21.

王华树,王少爽.信息化时代翻译技术能力的构成与培养研究[J].东方翻译,2016,(1)：11-15+73.

王华树,张静.信息化时代口译译员的技术能力研究[J].北京第二外国语学院学报,2015,(10)：25-32.

王克非,秦洪武.论平行语料库在翻译教学中的应用[J].外语教学与研究,2015,47(5)：763-772+801.

王丽,戴建春.基于微信的交互式翻译移动教学模式的构建与应用[J].外语电化教学,2015,(2)：35-41.

王律,王湘玲,邢聪聪.问题解决视角下的控制加工与译文质量研究[J].外国语,2019,42(6)：71-82.

王少爽.面向翻译的术语能力：理论、构成与培养[J].外语界,2011,(5)：68-75.

王少爽.西方学界翻译过程实证研究的方法论体系[J].东北大学学报(社会科学版),2012,14(5)：455-460.

王少爽.翻译质量研究的新视角——《职业化翻译中的质量：评估与改进》述评[J].外国语,2017,40(1)：108-112.

王树槐.西方翻译教学研究：特点、范式与启示[J].上海翻译,2009,(3)：43-49.

王树槐.翻译教学论[M].上海：上海外语教育出版社,2013.

王树槐,王若维.翻译能力的构成因素和发展层次研究[J].外语研究,2008,(5)：80-88.

王湘玲.建构主义的项目式翻译能力培养研究[M].长沙：湖南大学出版社,2012.

王湘玲,毕慧敏.建构基于真实项目的过程教学模式——兼评《翻译能力培养研究》[J].上海翻译,2008,(2)：52-56.

王湘玲,陈广姣,周祥艳.国际机器翻译译后编辑认知研究路线图(2011—2021)[J].外国语,2023,46(5)：90-100.

王湘玲,陈罗霞.翻译认知过程视角下译者控制加工与自动化加工研究[J].湖南大学学报(社会科学版),2013,27(1)：105-108.

王湘玲,贺晓兰.项目驱动的协作式翻译教学模式构建[J].外语教学,2008,(5)：94-97.

王湘玲,贾艳芳.21世纪国外机器翻译译后编辑实证研究[J].湖南大学学报(社会科学版),2018,32(2)：82-87.

王湘玲,蒋坚松.论从翻译的主体性到主体间性[J].外语学刊,2008,(06)：106-108.

王湘玲,赖思.人工翻译与神经网络机器翻译译后编辑比较研究——基于隐喻翻译的眼动追踪与键盘记录数据[J].外语教学理论与实践,2021,(3)：133-145.

王湘玲,莫娇,梁萍.电子翻译工具与EFL学生翻译工具能力之培养[J].外语与外语教学,2010,(6)：75-78.

王湘玲,沙璐.基于动态评价理论的翻译技术教学评价模式构建[J].外语界,2021,(5)：58-65.

王湘玲,汤伟,王志敏.西方翻译能力研究：回眸与前瞻[J].湖南大学学报(社会科学版),2008,22(2)：103-106.

王湘玲,王律,陈艳杰.基于"翻译实验室"模式的学生译者 ICT 能力培养研究[J].外语电化教学,2014,(3): 68－74.

王湘玲,王律,尹慧.基于社交 APP 的翻译移动学习共同体模式构建与实验研究[J].外语电化教学,2017,(4): 31－37.

王湘玲,王婷婷.人工翻译与机器翻译译后编辑对比实证研究[J].外国语言与文化,2019,3(4): 83－93.

王湘玲,危安,蒋坚松.从口译会场人员看口译质量的一项实证研究[J].外语与外语教学,2008,(3): 59－62.

王湘玲,杨艳霞.国内 60 年机器翻译研究探索——基于外语类核心期刊的分析[J].湖南大学学报(社会科学版),2019,33(4): 90－96.

王一方,郑冰寒.英译汉过程中译者的认知资源分配模式——基于眼动、键击和反省法的实证研究[J].中国外语,2020,17(4): 87－94.

王育伟.中翻英过程中查证行为实证研究[D].上海: 上海外国语大学,2014.

文军,李红霞.以翻译能力为中心的翻译专业本科课程设置研究[J].外语界,2010,(2): 2－7.

伍小君."交互式"英语翻译教学模式建构[J].外语学刊,2007,(4): 121－123.

吴耀武.疫情背景下的翻译教学改革与学科创新发展[J].中国翻译,2020,41(6): 61－65.

项霞,郑冰寒. 隐喻的理解与表达: 基于英译汉视译过程的实证研究[J]. 外语教学与研究, 2011, 43(03): 422－436+481.

肖开容,文旭. 翻译认知过程研究的新进展[J]. 中国翻译, 2012, 33(06): 5－10+127.

肖维青.多元素翻译能力模式与翻译测试的构念[J].外语教学,2012,33(1): 109－112.

肖维青,钱家骏.翻译技术教学研究进展与趋势(2000—2020)——基于国内外核心期刊论文的对比分析[J].外语界,2021,(1): 62－70.

谢天振.现行翻译定义已落后于时代的发展——对重新定位和定义翻译的几点反思[J].中国翻译,2015,36(3): 14－15.

许钧.简论翻译过程的实际体验与理论探索[J].外语与外语教学,2003,(4): 33－39+51.

许钧,穆雷.中国翻译学研究 30 年(1978—2007)[J].外国语,2009,(1): 77－87.

闫国利,白学军.眼动研究心理学导论[M].北京: 科学出版社,2012.

闫国利等.阅读研究中的主要眼动指标评述[J].心理科学进展,2013,(4): 589－605.

颜林海.翻译认知心理学(修订版)[M].北京: 社会科学出版社,2015.

杨武能.阐释、接受与再创造的循环——文学翻译断想[J]. 中国翻译,1987, (6):3－6.

杨武能.尴尬与自如傲慢与自卑——文学翻译家心理人格漫说[C]//许钧.翻译思考录.武汉: 湖北教育出版社,1998: 262－272.

杨艳霞,王湘玲.中外机译应用研究的可视化分析(1998—2018)[J].上海翻译,2019,(5): 33－39+95.

杨艳霞,王湘玲.泛在学习时代译者思辨能力培养路径研究[J].外语学刊,2020,(5): 65－70.

杨志红,王克非.翻译能力及其研究[J].外语教学,2010,(6): 91－95.

杨自俭.对译学建设中几个问题的新认识[J].中国翻译,2000,21(5): 4－7.

叶苗.翻译教学的交互性模式研究[J].外语界,2007,(3): 51－56+91.

张培.应用语言学研究中的混合法[J].中国外语,2014,11(2): 80－87.

张培.混合方法与语言教师认知研究[J].中国外语,2015,12(5): 86－93.

郑冰寒.翻译过程的三元数据分析模式[J].上海翻译,2008,(3): 36－41.

郑冰寒.英译汉过程中选择行为的实证研究[M].北京: 外语教学与研究出版社,2012.

郑冰寒,谭慧敏.英译汉过程中翻译单位的实证研究[J].外语教学与研究,2007,(2): 145–154+161.

祝朝伟.基于翻译能/力培养的MTI课程设置研究[J].外语界,2015,(05):61–69.

常用术语表

英　　文	中　　文
accuracy	准确度
ACRL（the Association of College and research Libraries）	美国大学与研究型图书馆协会
actor network theory	行为者网络理论
adaptation effect	适应效应
advanced beginner	高级学习者阶段
amounts	总量
analysis of correlation	相关分析
analysis of covariance	协方差分析
analysis of regression	回归分析
analysis of time series	时间序列分析
ANOVA（analysis of variance）	方差分析
approximation	渐近性
area of interest	兴趣区
associate translator	联想译者
automatic processing	自动化加工
average	平均数
average confidence interval length	平均置信区间长度

英　　文	中　　文
average fixation time	平均注视时长
bilingual competence	双语能力
bilingualism	双语主义
blink frequency	眨眼频率
bookmark	书签
CISI（competence of information searching through Internet）	网络信息搜索能力
coefficient of multiple correlation	多重相关系数
coefficient of partial correlation	偏相关系数
cognitive effort	认知负荷
cognitive load	认知负荷
Cognitive Load Theory	认知负荷理论
communicative competence	交际能力
communicative competence in at least two languages	至少两种语言的交际能力
communicative competence in the two languages	双语交际能力
community	共同体
competence-developing stage	能力培养阶段
complexity	复杂性
componential models	多成分模型
compound translator	复合译者
conceptual level	概念层面
confidence interval	置信区间
confidence limit	置信限
confidence lower limit	置信下限
confidence upper limit	置信上限
consistency	相合性
consistency check	一致性检验
continuous assessment	过程评估
contrastive knowledge	对比知识
controlled processing	控制加工
coordinate translator	协同译者

面向人工智能的翻译能力研究：理论、方法与实证

英　文	中　文
creativity	创造性
culture-bound activity	受文化制约的活动
(culture-bound) function marker	(受文化制约的)功能标记
cut and paste operation	复制粘贴
data triangulation	数据多元互证
decision making	决策制定
decoding skill	解码技能
deletion	删除
diagnostic assessment	诊断性评价
direct translation	正向翻译
discourse analysis	言语分析
disposition	(译者)性格
distance education	远程教育
distance learning	远程学习
domain competence	特定领域能力
down-top processing	自下而上加工
drafting stage	初稿撰写阶段/起草阶段
electroencephalogram (EEG)	脑电图
embeddedness	具境性
embodiment	具身性
empirical research	实证研究
empowerment	赋能
encoding skill	编码技能
encyclopedic knowledge	百科知识
end revision and monitoring stage	修订阶段
environmental triangulation	环境多元互证
exchange	交换
expertise	专家译者阶段
extension	延伸性
extra-linguistic competence	语言外能力

英　文	中　文
eye-mind assumption	眼-脑假说
eye-tracker	眼动仪
eye-tracking	眼动追踪法
factor analysis	因子分析
fast post-editing	轻度译后编辑
field	语场
final assessment	结果评估
fixation count	注视次数
fixation frequency	注视频率
formative assessment	形成性评价
full post-editing	充分译后编辑
functional magnetic resonance imaging（fMRI）	功能性磁共振成像
functionalist approach	功能主义方法
gaze time	凝视时间
genre	体裁
hetero-assessment	外界评估
heterogeneity	异质性
historicity	历史性
hypothesis testing	假设检验
immediacy assumption	即时加工假说
information literacy	信息素养
information literacy for translators	译者信息素养
information processing modes	信息加工方式
information retrieval	信息检索
Information searching behavior	信息搜索行为
initial assessment	初始评估
insertion	键入
instrumental competence	工具能力
interaction	交互
interview	访谈法

面向人工智能的翻译能力研究：理论、方法与实证

英　文	中　文
introspection	内省法
inverse translation	逆向翻译
investigator triangulation	研究者多元互证
IPS-I-model	互联网模型
key-logging	键盘记录法
knowledge about/of translation	翻译知识
knowledge about translation competence	翻译专业知识能力
knowledge of translation process	翻译过程的知识
Kolmogorov-Smirnove test	柯尔莫哥洛夫-斯米尔诺夫检验
language-summation/two language-summation model	两种语言能力简单相加
learner-centered	以学习者为中心
light post-editing	轻度译后编辑
linguistic level	语言层面
long-term memory	长时记忆
machine translation post-editing	机器翻译译后编辑
market-oriented translation competence	以市场为导向的翻译能力
meta-competence	元能力
method	方法
methodology	方法论
methods triangulation	方法多元互证
mobile learning community	移动学习共同体
mode	语式
monitoring	监控阶段
multicomponent competence	多成分能力
natural translation	自然翻译
negotiation	协商
nonparametric test	非参数检验
normal distribution	正态分布
novice	初学者阶段
observation	现场观察法

英　　文	中　　文
oneway ANOVA	单因素方差分析
online collaborative teaching	在线协作式教学
open-endedness	开放性
orientation stage	译前准备阶段
parallel processing	平行加工
parsing stage	解析阶段
pause	停顿
peer assessment	同伴互评
perceptual stage	感知阶段
performance-based competence	基于语言行为的翻译能力
physiological measurement	生理测量法
planning	规划阶段
positive philosophy	实证哲学
post-drafting stage	后初稿撰写阶段
post-editing	译后编辑
post-editing effort	译后编辑负荷
post-searching stage	后检索阶段
practice-oriented text type	实用性文本类型
pragmatics	语用
pre-drafting stage	前初稿撰写阶段
pre-searching stage	预检索阶段
pre-test	前测
professional approach to translator training	职业译者培训
professional competence	职业能力
professional instrumental competence	工具职业能力
profession-related ability	翻译职业的相关能力
proficiency	熟练阶段/熟练程度
psycho-physical disposition	译者的心理-生理因素
psycho-physiological competence	心理-生理能力
psycho-physiological components	心理-生理要素

面向人工智能的翻译能力研究：理论、方法与实证

英　文	中　文
pupil dilation	瞳孔直径变化
questionnaire method	问卷法
rank sum test	秩和检验
rank test	秩检验
reception-reproduction problem	接受-产出问题
register	语域
resourcing skill	获取信息资料的能力
restructuring	重组
retrospection	内省法
revision	修改
rhetorical device	修辞手段
rhetorical level	修辞层面
scaffolding	支架
schematic representation	图示
screen recording	屏幕记录法
searching effectiveness	检索效率
searching efficiency	检索效能
searching engine	搜索引擎
searching stage	检索阶段
searching time	检索时间
self-assessment	自我评估
semantics	语义
serial processing	序列加工
situated cognition	情境认知
situationality	情境性
skewing effect	扭曲效应
Skopos theory	翻译目的论
social-constructivism	社会建构主义
source-language knowledge	源语知识
strategic competence	策略能力

英　　文	中　　文
subject area（"real world"）knowledge	相关主题知识
subordinate translator	从属译者
summative assessment	终结性评价
super-competence	超能力
target-language knowledge	目标语知识
teacher-centered	以教师为中心
technical effort	技术负荷
temporal effort	片时负荷
tenor	语旨
text linguistics	文本语言学
text production	文本产出
text reception	文本接受
text-analytical competence	文本分析能力
text-reproductive competence	文本产出能力
text-type knowledge	文本知识
textual	语篇的
textual function	文本功能
theory triangulation	理论多元互证
think-aloud protocols（TAPs）	有声思维法
tools and research competence	工具及研究能力
top-down processing	自上而下加工
total task time	总任务时长
transference competence	转换能力
transfering	转换阶段
Translation Automation User Society	翻译自动化用户协会
translation brief	翻译纲要
translation competence	翻译能力
translation directionality	翻译方向性
translation norms & translation assignment	翻译信念与翻译规范
translation process model	翻译过程模型

面向人工智能的翻译能力研究：理论、方法与实证

英　文	中　文
translation process research	翻译过程研究
translation quality	翻译质量
translation quality assessment	翻译质量评估
translation quality assessment model	翻译质量评估模型
translation routine activation competence	翻译习惯激活能力
translator's self concept/professional ethos	译者的自我观照或职业精神
trial-and-error	试错式
triangulation	多元互证模式
two-way analysis of variance	双因素方差分析
utilization stage	运用阶段
verbal report	口述报告
web-page searching	网页检索
working memory	工作记忆
workshop	工作坊